A MULHER NO TEMPO DAS CATEDRAIS

RÉGINE PERNOUD

A MULHER NO TEMPO DAS CATEDRAIS

Tradução
Miguel Rodrigues

QUADRANTE

QUADRANTE EDITORA
Rua Bernardo da Veiga, 47 | Tel.: 3873-2270
CEP 01252-020 | São Paulo - SP
atendimento@quadrante.com.br
www.quadrante.com.br

Direção geral
Renata Ferlin Sugai

Direção editorial
Hugo Langone

Produção editorial
Gabriela Haeitmann
Ronaldo Vasconcelos
Juliana Amato
Daniel Araújo

Capa
Gabriela Haeitmann

Diagramação
Sérgio Ramalho

A mulher no tempo das catedrais
Régine Pernoud
Título original: *La Femme au temps des cathédrales*
1ª edição

Dados Internacionais de Catalogação na Publicação (CIP)

Pernoud, Régine, 1909-1988
A mulher no tempo das catedrais / Régine Pernoud; tradução de Miguel Rodrigues – 1ª ed. – São Paulo: Quadrante Editora, 2023.

ISBN: 978-85-7465-458-4

1. Santas cristãs - França - Biografia I. Título

CDD–944.026092

Índices para catálogo sistemático:
França : História : Biografia 944.026092

1ª edição, 2023
1ª reimpressão, 2024

Sumário

Introdução

Devo o título desta obra ao cônego E. Berrar: é o que ele me propôs para uma conferência na Notre Dame de Paris.

Mas a ideia de estudar a história da mulher surgiu-me muito mais cedo, quando trabalhava em meu livro sobre a burguesia na França; uma observação foi se impondo pouco a pouco: o lugar da mulher no seio da sociedade parecia diminuir lentamente na proporção em que o poderio do burguês se afirmava, se fortalecia, em que o poder político se associava ao poder econômico e administrativo.

Desde este momento, através dos sobressaltos que vão do Antigo Regime ao advento da Monarquia de Julho, a mulher foi completamente afastada da cena. As *Memórias* de uma mulher inteligente como foi Elisa Guizot mostram o apagamento desiludido que lhe fora exigido.

Foi pois uma reação natural que me levou, anos depois, a seguir o burguês desde o seu nascimento aos tempos modernos, a estudar o lugar da mulher na sociedade, especialmente nas épocas a que poderíamos chamar pré-burguesas, se o termo não fosse demasiado restritivo: no tempo de Heloísa, de Alienor, da rainha Branca e mesmo mais tarde, quando entra em cena a mulher mais conhecida do mundo, Joana d'Arc.

No conjunto, a sua evolução faz pensar nas rodas da fortuna, onde se vê um personagem que sobe, triunfa durante algum tempo, mas depois começa a descer e recai no fundo. De acordo com esta imagem tão familiar à iconografia medieval, o apogeu corresponderia à idade feudal: do século X ao fim do século XIII. Os fatos e os personagens reunidos nesta obra parecerão, penso, tão convincentes ao leitor como a mim própria; as mulheres exercem então, incontestavelmente, uma influência que não tiveram nem as belas mulheres da Fronda do século XVII, nem as severas anarquistas do XIX.

Essa influência decresce manifestamente durante os dois séculos seguintes, para os quais reservo a designação de tempos medievais. Os séculos XIV e XV apresentam, com efeito, uma idade "média", no decurso da qual a mentalidade muda, especialmente no que diz respeito à mulher.

E a roda da fortuna não tarda a arrastá-la para um eclipse, de que apenas emerge de novo no século XX.

Mas é indispensável procurar as origens do movimento verificado: como foi possível da antiguidade clássica greco-romana, ou mesmo do passado celta e germânico, chegar ao estatuto da mulher da idade feudal? De onde veio esta mutação evidente, ainda que lenta, a impor-se nos costumes (o historiador sabe, por experiência, como toda necessidade leva tempo a impor-se e que uma maturação é necessária, inexoravelmente, da semente ao fruto)?

Não nos espantará ver esta questão das origens posta com a entrada, pela primeira vez, duma rainha na nossa história.

E, se é possível, a propósito desta busca das origens, duvidar da análise, os fatos em si são, de qualquer forma, incontestáveis.

Pode-se decerto reprovar a esquematização frequente ou a simplificação em excesso; é inevitável quando tentamos condensar em três centenas de páginas o que necessitaria, para ser tratado como lhe convém, de outros tantos volumes. Certamente, cada questão abordada poderá servir de ponto de partida para outros trabalhos que outros autores realizarão, espero, em nossa época, na qual esta questão da história da mulher tanto cativa a atenção e já suscitou teses, estudos e investigações que levarão a sínteses mais completas e ricas do que a minha. Escreveríamos nós, e sobretudo em história, se não nos resignássemos de início a ser incompletos?

De qualquer maneira, como esta obra não é destinada aos eruditos, procurou-se ao máximo torná-la leve; as notas foram condensadas e colocadas no fim do volume; esboçam, no entanto, uma bibliografia, no sentido de que as referências indicadas pertencem a obras com uma bibliografia para cada assunto, permitindo novas pesquisas.

Esta obra percorre um milênio ou cerca disso, com uma mutação surpreendente no ponto de partida, que começou a fazer girar a roda da fortuna; não é esta, de resto, tradicionalmente encarnada por uma mulher?

PRIMEIRA PARTE

Antes do tempo das catedrais

1

Clotilde

Foi com a chegada duma mulher que a nossa história se transformou na história de França. Clóvis, rei dos francos sálios, que, originários dos arredores de Tournai, conquistaram boa parte do norte da Gália, manda buscar em Genebra, para que se torne sua esposa, Clotilde, sobrinha de Gondebaud, rei dos burgúndios.

"Por ocasião de uma das numerosas embaixadas enviadas por Clóvis à Burgúndia", escreve Gregório de Tours, o historiador destes francos que vão "fazer a França", "os seus enviados encontraram a jovem Clotilde. Informaram Clóvis da graça e da sabedoria que nela verificaram e das indicações que recolheram sobre a sua origem real. Sem demora, ele pediu-a em casamento a Gondebaud; este [...] entregou-a aos enviados, que se apressaram a levá-la a Clóvis. Quando a viu, o rei ficou encantado e desposou-a, se bem que uma concubina lhe tivesse já dado um filho, Thierry."

Quando se estuda a história do Ocidente, é impressionante ver a que ponto foi masculina até este século V. Quantas mulheres se podem citar durante os séculos de existência de Roma e da sua dominação? Certamente retém-se o nome de Agripina, a mãe de Nero, mas ela deve-o mais a Racine do que a Tácito. Numerosas moedas trazem a efígie de Faustina, mas que se sabe dela? Os manuais de história romana que se impunham outrora aos estudantes, tão prolixos sobre a civilização antiga, não mencionavam sequer esta imperatriz, que tem a seu favor apenas o perfil na medalha.

Com Clotilde, a presença da mulher torna-se evidente e a sua influência, uma certeza; esta jovem, que vem do território dos helvécios, é de família real; os seus familiares são reis da Burgúndia (nossa futura Borgonha). Todos os historiadores salientaram o papel fundamental que teve, conseguindo que o esposo pagão se convertesse à fé cristã. O batismo de Clóvis, quer para os eruditos mais escrupulosos, quer para os cronistas mais divagantes, constitui o primeiro passo da nossa história, e a sua representação no topo da Catedral de Reims atravessou os séculos. Ora, foi uma mulher que a conseguiu. Decisão essencial, na medida em que o conjunto do povo sobre o qual Clóvis, através de sucessivas vitórias, vai pouco a pouco exercer uma supremacia (talvez mais nominal do que real, mas que pela primeira vez lhe dará unidade), é cristão. O poder laico, o do imperador romano, da força militar ou da administração civil, deslocou-se e desmoronou-se no decurso deste século V; somente a organização religiosa, a que duma cidade à outra liga entre si os bispos da Gália, subsistiu, evitando ao país soçobrar. Fazendo-se batizar, Clóvis obteve o apoio dos bispos e, através deles, o do conjunto dum povo cuja evangelização fora conseguida desde o século precedente.

Esta conversão tem, pois, ao mesmo tempo, um caráter religioso e político. Clotilde, no entanto, não a terá obtido sem dificuldade.

Gregório de Tours dá-nos sucessivamente conta das suas súplicas, dos seus fracassos e das desconfianças do rei. Tal como no-la transmite o historiador, a argumentação da rainha em face do pagão que adorava os seus ídolos não deixa de ser interessante: "Os deuses que vós venerais não são nada, incapazes que são de se valerem a si próprios ou de prover às necessidades de outrem. São ídolos de madeira, de pedra ou de metal... São mágicos, o seu poder não é de origem divina. O Deus a quem é necessário prestar culto é aquele cuja palavra retirou do nada o céu, a terra, o mar e tudo o que eles contém [...]. É por efeito da sua vontade que os campos produzem as colheitas, as árvores os frutos, as vinhas as uvas; pela sua mão foi criado o gênero humano. Graças à sua liberalidade, toda a criação está ao serviço do homem, lhe está submetida e o cumula de benefícios". Clóvis hesita, quer "uma prova" da divindade deste Deus, uma prova de poder. E o que se vai passar será desanimador para Clotilde: tem um primeiro filho; insiste em que seja batizado e, antes mesmo da aprovação de Clóvis, manda, diz Gregório de Tours, "ornamentar a igreja de panos e tapeçarias, para que o rito incite à crença aquele que as suas palavras não conseguiam tocar". Clóvis é com certeza sensível à beleza das coisas; prová-lo-á mais tarde, quando, entrando na igreja de Reims, para estupefato na entrada, perguntando se é este o paraíso. A criança é pois batizada e recebe o nome de Ingomer; morre alguns dias depois.

A reação de Clotilde que Gregório de Tours nos transmite desmente de forma impressionante os nossos preconceitos a respeito destas épocas "supersticiosas": duramente atingida pela morte do filho, pela cólera do esposo, uma e outra contrariando os seus mais ardentes desejos, declara serenamente: "Agradeço a Deus Todo-poderoso, criador de todas as coisas, que fez a honra à minha indignidade de abrir o seu reino àquele que engendrei. A minha alma não foi atingida pela dor porque, sei-o, levado deste mundo na inocência batismal, o meu filho se alimenta da contemplação de Deus".

Pouco depois, Clotilde põe no mundo outro filho, Clodomiro; fá-lo batizar como o primeiro; como este, cai doente pouco depois; mas, acrescenta o cronista, "graças às orações de sua mãe, o menino restabelece-se por ordem do Senhor".

Só mais tarde, e depois duma experiência pessoal em que a sua própria força sofreu um revés, Clóvis invocará "o Deus de Clotilde" e pedirá o batismo. É inútil descrever esta cena, demasiadas vezes contada, senão para sublinhar a presença de Clotilde perto da pia batismal em que o marido mergulhou e onde recebeu a unção e a água benta das mãos do bispo São Remi.

Os eruditos têm discutido muito sobre a data deste batismo; sabe-se que se realizou no dia de Natal, mas as estimativas deixam, digamos, uma ambiguidade de uma dezena de anos entre a data tradicional de 496 e a de 506, que alguns propuseram. A estimativa mais prudente situa o acontecimento entre 496 e 498. Sempre foi dito que, de seguida, Clóvis teria arrastado três mil dos seus guerreiros. Os francos sálios tornaram-se no conjunto cristãos e católicos; reúnem-se assim ao povo que estão em vias de submeter.

Importa precisar que Clotilde é católica: os chefes "bárbaros" que submeteram os diversos territórios do Ocidente são também cristãos, quer se trate dos visigodos instalados no sul do Loire, quer dos burgúndios, mas são arianos, logo hereges. Pode-se zombar da "ingenuidade" da fé popular nestes tempos distantes; esta ingenuidade não impede que o povo esteja perfeitamente consciente do interesse que apresenta para um cristão o fato de crer ou não que Cristo, Filho de Deus, é o próprio Deus — dito de outra forma, de crer ou não no dogma da Santíssima Trindade. Existirão muitos cristãos, no nosso século XX, capazes de discernir o que diferencia a fé em Cristo "consubstancial ao Pai" (tal como foi definida no Concílio de Niceia, cerca de duzentos anos antes do batismo de Clóvis) da crença numa simples semelhança com o Pai? Estariam muitos dispostos a admitir que faz parte da essência mesma da fé que Cristo seja uma das três pessoas divinas — e não simplesmente "emissário" ou "mandatário" de Deus? Mais de uma pessoa, podemos pensar, julgaria que se trata apenas de sutilezas, de argúcias de teólogos — com o risco de, se um tal dentre eles visse a sua proposição condenada, protestar contra um autoritarismo contrário à "liberdade"; enquanto, na época de Clotilde, a fé na Santíssima Trindade, num Deus trino e único como o da visão de Abraão, parece justificar até o martírio. Clotilde é pois católica, diferentemente de seu tio Gondebaud, e é a adesão à fé católica que obtém do esposo.

E o seu povo, por sua vez, pode ser personificado por uma mulher, pois Clóvis não tarda a escolher como local preferido de residência a antiga Lutécia, a cidade dos parisienses (*parisii*). Ora, se existe em Paris uma personalidade célebre, é certamente a virgem de Nanterre, Genoveva. Nascida por volta de 422, Genoveva tem perto de setenta anos no momento em que Clotilde desposa Clóvis, mas apenas morrerá um ano depois do próprio Clóvis, a 3 de janeiro de 512, aos 89 anos.

Clotilde e Clóvis conhecem Genoveva quando, numa pequena casa próxima do antigo batistério de Saint-Jean-le-Rond, leva a vida das reclusas — daquelas que chamaríamos religiosas de clausura. Três vezes por dia sai de casa para se deslocar à igreja mais próxima e cantar no ofício divino. Vida toda de silêncio e oração, de recolhimento e apagamento: as reclusas fazem uma longa quaresma da Epifania à Páscoa, e delas apenas se ouve o cantar dos Salmos quando se reúnem na igreja. Porém, Genoveva elevou a voz numa circunstância; foi no ano de 451 — tinha ela 28 anos —, no momento em que a população de Paris, enlouquecida com a aproximação dos hunos, preparava-se para deixar a cidade num desses lamentáveis êxodos que o nosso século XX pode imaginar melhor do que qualquer outro. Os hunos são invasores terríveis, mais pavorosos ainda do que os que conhecemos no nosso tempo; fazem parte daqueles mongóis contra quem os chineses edificaram a Grande Muralha; à frente deles tinha fugido a maior parte destes "povos bárbaros" que se repartiam por todo o nosso território no século V, e é à pressão dos mongóis que se atribui o vasto movimento de migrações.

Seguindo Átila, os hunos dirigiam-se a Paris depois de terem incendiado, no 10 de abril precedente, véspera da Páscoa, a cidade de Metz. Na ocasião, Genoveva, diante da porta do batistério, exorta a população a que não fuja, prometendo a todos que os hunos não entrarão na cidade. A profecia, no momento, pareceu tão insensata que alguns se atiraram a Genoveva e ameaçam lançá-la ao Sena; Genoveva faz-lhes frente, impede a população de correr para o que teria sido o seu próprio desastre — e os acontecimentos dão-lhe razão. Os hunos, rechaçados em Orléans e em Troyes graças à decisão dos bispos de Aignan e Loup, que souberam manter a coragem dos sitiados, são definitivamente vencidos na famosa batalha do Campus Mauriaci (sem dúvida Méry-sur-Seine). Desde então fala-se de Genoveva em todo o mundo conhecido. Até na Síria: sabe-se com toda a certeza que Simeão Estilita, o eremita que vivia sobre uma coluna, encarregou os mercadores sírios de saudarem por ele a virgem Genoveva, quando passassem por Paris.

É extraordinário verificar o papel ativo que as mulheres tiveram no domínio da evangelização, numa época em que o Ocidente hesita entre paganismo, arianismo e fé cristã. Sob esta influência, Clóvis distinguiu-se entre os bárbaros, fazendo-se batizar em comunhão com Roma, enquanto, em seu redor, ostrogodos, visigodos, vândalos e burgúndios tinham abraçado a heresia de Ário, que, nascida dois séculos antes, se propagara não somente no Oriente, mas também no Ocidente, entre as vastas populações "bárbaras".

Neste século VI, Clotilde não está isolada: na Itália, Teodolinda, bávara que se casa com o rei lombardo Agilulfo, também ariano, consegue dar o batismo católico ao filho Adaloaldo; a conversão do norte da Itália à fé cristã será mais ou menos o prolongamento desta ação de uma mulher. Na Espanha, o duque de Toledo, Leovigildo, restaura a autoridade real e em 573 casa-se com uma católica, Teodósia, que o converte ao catolicismo. Precisemos que tem a quem sair, pois é irmã de três bispos: Leandro, Fulgêncio e o grande Isidoro de Sevilha. Cerca de vinte anos mais tarde, em 597, Berta de Kent, na Inglaterra, conseguirá que o rei Etelberto seja batizado. Evocando esta ação mais ou menos simultânea das mulheres do nosso Ocidente, Jean Duché observava com um sorriso: "Exercerá o mistério da Trindade uma fascinação sobre as mulheres? [...] Na Espanha, como na Itália, na Gália ou na Inglaterra, foi necessário que uma rainha fosse a precursora do catolicismo."

Isso resume um fato duplo da civilização: a entrada das mulheres na história, no momento em que se desenvolve a fé cristã, e o zelo que manifestam para a implantar — tudo ao mesmo tempo. Aos países enumerados seria necessário acrescentar a Germânia, onde as religiosas foram ardentes auxiliares de São Bonifácio, e até a Rússia, onde a primeira batizada foi Olga, princesa de Kiev, enquanto, mais tarde, os países bálticos deveram a sua conversão a Edviges da Polônia. Por todo lado se verifica a ligação entre a mulher e o Evangelho, ao menos se seguirmos passo a passo os acontecimentos e povos na sua vida concreta.

De fato, é de perguntar se nisto não haverá mais do que uma simples coincidência.

Para compreender o que foi, na origem, a libertação da mulher, é conveniente saber qual era a condição feminina no Ocidente, isto é, no mundo romano, no século I da nossa era: a este respeito, juristas e historiadores do direito informam-nos com perfeita clareza. De fato, melhor do que às obras literárias, ou aos exemplos individuais citados aqui e ali, é ao direito, mais precisamente à história do direito, que convém reportarmo-nos se queremos conhecer os costumes. O direito revela-os e modela-os também: em sua história refletem-se as evoluções e as interferências perpétuas entre governantes e governados, entre o que é desejado e o que é vivido.

Ora, o direito romano é, sem dúvida, o mais conhecido entre os sistemas de legislação antigos; foi objeto de abundantes e detalhados estudos. A admiração que desde o século XIII lhe foi prestada, e mais ainda desde o século XVI, traduziu-se em múltiplos tratados, investigações e comentários; e, posteriormente, no século XIX, as suas disposições foram na maior parte adotadas pelo nosso Código Napoleônico.

No que diz respeito à mulher, o essencial deste direito foi brilhantemente exposto pelo jurista Robert Villers: "Sem exagero nem paradoxo, a mulher em Roma não era sujeito de direito. [...] A sua condição pessoal, as relações com os parentes ou o marido são da competência da *domus*, onde o pai, o sogro ou o marido são os chefes todo-poderosos [...]. A mulher é unicamente um objeto"[3].

Mesmo quando a sua condição melhora, no período imperial, tornando-se um pouco menos rigoroso o poder absoluto do pai, os historiadores verificam: "A ideia que prevalece nos juristas do Império — e neste ponto eles apenas exprimem o sentimento comum dos romanos — é a duma inferioridade natural da mulher". A mulher também não exerce qualquer papel oficial na vida política e não pode ocupar nenhuma função administrativa: nem na assembleia dos cidadãos, nem na magistratura, nem nos tribunais. No entanto, a mulher romana não está confinada ao gineceu, como estava a mulher grega, nem como estará mais tarde a mulher nas civilizações do islã, prisioneira num harém;

pode participar das festas, dos espetáculos, dos banquetes, ainda que não tenha outro direito senão o de estar sentada, enquanto na época o costume manda que se coma deitado. De fato, o poder do pai quanto ao direito de vida ou de morte sobre os seus filhos permanece total: por exemplo, a sua vontade quanto ao casamento da filha continua "muito importante"; em caso de adultério, só ele tem direito de matar a filha infiel, tendo o esposo apenas o direito de matar o cúmplice; o adultério do filho, pelo contrário, não será sancionado senão no Baixo Império, com a restituição do dote da mulher.

Em conclusão, a mulher, tal como o escravo, não existe propriamente perante o direito romano; se o legista se preocupa com a sua sorte, é sobretudo a propósito da devolução ou da administração dos bens: ele fixa a parte da herança paterna que lhe cabe e proíbe-lhe (pela Lei Voconia, no ano de 169 a.C.) herdar grandes fortunas — disposição dificilmente controlável e, por isso mesmo, pouco aplicada; no século III d.C., toma algumas medidas no sentido de impedir que o seu dote seja totalmente confundido com os bens do marido, que administra o todo. A condição feminina só mais tarde se suaviza: sob o Império, e sobretudo o Baixo Império; e é também apenas neste último período que se preveem, em sua defesa, algumas sanções em matéria de rapto ou violação.

De resto, qualquer que seja a proteção que pouco a pouco o aparelho legislativo lhes conceda — e isto aconteceu assim em muitas civilizações —, com a pregação do Evangelho um acontecimento decisivo produz-se na vida das mulheres. A palavra de Cristo, pregada pelos apóstolos em Roma e nas diversas partes do Império, não comportava nenhuma medida de "proteção" para a mulher, mas enunciava da forma mais simples e mais radical a igualdade fundamental entre o homem e a mulher: "Quem quer que repudie a sua mulher e despose outra comete um adultério; e, se uma mulher repudia o marido e desposa outro, comete um adultério" (Mc 10, 11-12; Mt 19, 9). A esta equação categórica, que provocara entre os companheiros de Jesus uma estupefação indignada ("se tal é a condição do homem relativamente à mulher, mais vale não se casar!"), juntaram-se múltiplos traços trazidos pelos Evangelhos: foi a uma mulher que Cristo fez pela primeira vez a revelação, importante, da vida nova: adorar Deus em espírito e em verdade; Ele recusou condenar a mulher adúltera, dizendo-lhe simplesmente: "Vai e não voltes a pecar"; e foi às mulheres que primeiro apareceu depois da Ressurreição.

Esta atitude, este ensinamento sem precedentes, vai ter uma primeira consequência ilustrada pela curiosa advertência do padre Georges Naidenoff[4].

Tendo tomado nota dos nomes citados no Petite Larousse para os séculos II e III da nossa era, encontrou muito mais mulheres do que homens na sua lista. Entre os nomes de homens, além do de Plotino, do escritor Aulu-Gelle e do grande Orígenes, o dicionário apenas menciona o de São Sebastião; em contrapartida, nomeia 21 mulheres, entre as quais Zenóbia, rainha de Palmira, e Faustina, mulher do imperador Antonino; as outras dezenove são santas, mulheres que a Igreja colocou sobre os altares. Esta abundância de nomes femininos, que subsistiram para o grande público mesmo quando desapareceram os dos efêmeros imperadores destes dois séculos, sublinha a importância destas santas, quase todas mulheres novas, mortas por afirmarem a sua fé. Ágata, Inês, Cecília, Lúcia, Catarina, Margarida, Eulália e tantas outras terão mesmo — seria inútil procurar o equivalente no mundo antigo — sobrevivido na memória dos homens.

Em suma, entre o tempo dos apóstolos e o dos Padres da Igreja, durante trezentos anos de enraizamento, de vida subterrânea simbolizada na imagem das "catacumbas", quem é que está em questão na Igreja? As mulheres. São as mulheres que se celebram. No famoso acontecimento dos mártires de Lyon, Blandine está presente ao lado do bispo de Esmirna, São Potino; uma tal atenção prestada a uma escrava, que, por isso, teria podido ser condenada à morte por ordem do senhor, deve ter sido muito chocante nos meios pagãos. Mais chocante ainda a reivindicação de jovens como Inês, nascida no seio de uma família aristocrata, ou Cecília, ou Lúcia, ou tantas outras a quem a lenda certamente embelezou, mas de quem sabemos com toda a certeza que foram contestatárias no seu mundo e no seu meio. Que pretendiam então? Recusar o esposo que lhes era destinado pelo pai e guardar a virgindade "com os olhos postos no reino de Deus".

Avaliamos mal nos nossos dias o que as reivindicações tinham de anormal, mesmo de monstruoso, naquele tempo: como já vimos, em Roma, a *patria potestas*, o poder paterno sobre a família era absoluto, em especial sobre as crianças na altura do nascimento; todos os juristas realçaram o que chamamos "o desaparecimento forçado das filhas segundas"; com efeito, se o pai devia conservar os filhos à nascença, por causa das necessidades militares (salvo se fossem defeituosos ou julgados muito fracos), em geral guardava apenas uma filha, a mais velha; numa família romana só excepcionalmente vemos mencionadas duas filhas. E é significativo que cada rapaz receba um *praenomen* (nome próprio), marca de personalidade que o distingue dos irmãos, enquanto a moça, geralmente a mais velha, possui apenas um nome de família, o da família paterna; por exemplo, na *gens* Cornélia, a rapariga chama-se Cornélia, mas os irmãos são Públio Cornélio, Gaio Cornélio etc.[5] A filha não tem, portanto, nome pessoal apenas o do pai.

E eis que as meninas a quem o pai deixara viver à nascença num gesto de bondade ou no desejo de perpetuar a família desobedeciam às suas ordens, recusavam o casamento, com vista ao qual a vida lhes fora conservada, afirmavam com arrogância uma vontade própria que toda a sociedade lhes negava. Elas entravam em contradição com as estruturas íntimas da civilização, as leis, os costumes do mundo romano, isto é, do mundo conhecido de então; para apreciar o escândalo, temos apenas pontos de comparação, apesar de tudo bastante fracos, com as sociedades islâmicas, que, no entanto, recebem hoje ecos do mundo ocidental, onde a liberdade da mulher geralmente já não é posta em questão. Em Roma e no Império Romano, a novidade da atitude destas mulheres era radical. Negar a autoridade do pai de família, o único cidadão total, proprietário, chefe militar e sacerdote, no seu lar e na sua cidade, era abalar o fundamento de toda uma sociedade. É compreensível que, perante uma pretensão tão exorbitante, o pai tenha usado do direito de vida e de morte que de qualquer maneira lhe era conferido por lei.

É apenas por volta de 390, no fim do século IV, que a lei civil retira ao pai de família o direito de vida e de morte sobre os seus descendentes[6]. Com a difusão do Evangelho desaparece a primeira e a mais decisiva das discriminações entre os sexos: o direito de viver concedido tanto às moças como aos rapazes[7]. Desde esse momento, a visão cristã do homem e o respeito pela vida proclamado pela Bíblia, pelo Evangelho, entraram suficientemente nos costumes, de forma a implantar-se pouco a pouco o respeito pela pessoa, que para os cristãos se estende a toda vida, mesmo — e é quase paradoxal na época — à da criança recém-nascida ou para nascer. Na verdade, escreve sobre o assunto um dos últimos historiadores: “A jurisdição antiga é implacavelmente lógica consigo própria. O direito ao infanticídio é um dos atributos da *patria potestas*. Se um pai pode recusar a criança que a mãe acaba de pôr no mundo, com mais razão se lhe reconhecem os direitos sobre o embrião, embrião que não possui nenhuma qualidade jurídica, nem sequer é considerado como humano". Pelo contrário, para os cristãos, intervir na geração, seja em que momento for, é alterar a obra de Deus. E compreende-se que São Basílio tenha julgado que era uma distinção demasiado sutil, em caso de aborto, o saber se "o feto estava formado ou não".

Citemos com mais precisão o estudo de R. Étienne sobre a consciência médica antiga: "A medicina antiga parece ter feito pouco caso da vida do recém-nascido. Hipócrates pôs como natural a questão de saber 'quais as crianças que convém educar'. Sorano, sem se comover, define a puericultura como a arte de decidir 'quais são os recém-nascidos que merecem ser criados'. Esta impiedosa seleção não caracteriza apenas uma atitude científica, mas também a de uma sociedade inteira. Com efeito, Cícero, que não podemos acusar de falta de humanidade, pensava que a morte duma criança se suporta *aequo animo* ("de ânimo leve"). Sêneca julgava razoável o afogamento de crianças débeis e fracas. Tácito qualifica como excêntrico o costume dos judeus de não quererem suprimir nenhum bebê; e, quando Justino evoca o respeito dos cristãos pela vida das crianças, explicita: 'mesmo que seja o recém-nascido'".

A sociedade antiga sempre respeitou mais ou menos o casal e reconheceu a sua função social; por causa desta função, a esposa e a mãe gozavam dum respeito indiscutível, que se reencontra — ensina-nos a etnologia — num bom número de sociedades através do mundo, acrescido, consoante os casos, de diversos tabus que garantem esse respeito e, em caso de necessidade, o reforçam. Em Roma, a prostituta também goza de um estatuto de fato, sendo a sua função social de alguma forma reconhecida. E sabemos como, até no mundo moderno, as sociedades nascidas do budismo proclamaram o respeito pelas mães, prestando-lhes honras que não saberiam conceder à mulher enquanto tal.

Mas Cristo acrescentou à declaração sobre a igualdade total do homem e da mulher, nas suas relações recíprocas, uma pequena frase enigmática: "Há eunucos que assim nasceram do seio das mães, há os que se transformaram pela ação dos homens e há os que assim se fizeram a si próprios para alcançar o reino dos Céus" (Mt 19, 12). Esta pequena frase não foi verdadeiramente compreendida pelos apóstolos; só quando o Evangelho entra nos costumes e começa a ser verdadeiramente vivido, depois do Pentecostes, é que ela toma todo o seu valor e o "compreenda quem puder!" de Cristo, que assim terminava a sua frase, pôde ser apreciado em toda a sua extensão.

Ora, as mulheres desde muito cedo parecem ter compreendido, e isto desde as primeiras pregações do Evangelho, que lhes estava a ser outorgada a liberdade de escolha. Aquilo de que jamais tinham usufruído, aquilo que nenhuma lei do imponente aparelho legislativo da República e do Império previa, era-lhes dado pelo Evangelho. Tinham o direito de escolher a sua existência. Esta liberdade, cedo compreenderam, valia a pena ser adquirida, mesmo pelo preço da vida.

Terão estas contestatárias medido em toda a sua extensão o valor da sua reivindicação? Não é certo, e de resto pouco importa. Temos visto, mais de uma vez no decurso da história, uma palavra ou um gesto adquirir uma importância insuspeitada mesmo para quem o executa. De resto, historicamente falando, a sua reivindicação de liberdade continha todas as outras; pronunciar livremente o voto de virgindade tornava-se uma proclamação de liberdade pessoal e de autonomia de decisão. Estas jovens mulheres, estas raparigas que morriam porque tinham feito uma escolha livre e se dedicavam a um esposo diferente daquele que lhes destinavam, fundam a autonomia da pessoa. São Paulo disse-o: "Já não existe nem grego, nem judeu, nem homem, nem mulher"; o que conta doravante é a "pessoa". Até esta época, *persona* era a máscara que se utilizava no teatro e que distinguia a personagem. Desde então, o termo ganha um significado novo, que corresponde a uma nova realidade: por isso, os cristãos tiveram necessidade de forjar um vocabulário para a pregação do Evangelho; e, tal como as palavras "salvação", "graça", "caridade", "eucaristia" foram forjadas ou ganharam sentido renovado sob a influência da Boa-nova ou para a difundir, também surge este sentido, esta palavra "pessoa". Doravante, não apenas a mulher, mas também o escravo e a criança são pessoas. O termo está, de resto, ligado a cada uma das pessoas da Santíssima Trindade; e este sentido, ardentemente discutido nos primeiros concílios, torna-se inseparável da significação profunda de que se reveste para a humanidade.

A primeira beneficiada será a mulher. A situação dada às virgens e às viúvas desde a Igreja primitiva merece, com efeito, uma atenção especial. São dois tipos de solidão que no mundo antigo, judeu ou pagão, acarretavam uma espécie de maldição. Sem chegar à sua imolação na fogueira do esposo defunto, como em certas religiões asiáticas, a viúva é considerada o ser sacrificado por excelência; na antiguidade clássica, só algumas viúvas ricas escapam ao desalento que é a sorte normal daquela que perdeu o marido. Ora, se nos reportarmos aos Atos dos Apóstolos, verifica-se que as viúvas são as primeiras assistidas na comunidade cristã. Muito cedo, de resto, se passa da assistência a uma verdadeira função atribuída tanto às viúvas como às virgens, a ponto de São Paulo explicar detalhadamente as qualidades necessárias às viúvas para ocuparem o seu lugar na Igreja e assumirem um papel ativo: é suficiente percorrer as epístolas ou o discurso de São Lucas para verificar o lugar que têm as mulheres na difusão do Evangelho desde a Igreja primitiva.

Quanto à virgindade, era objeto, na Roma pagã, dum certo respeito, que se manifesta por vezes de forma surpreendente para nós: é conhecida a história do algoz que, porque era interdito matar uma virgem, violou a filha de Sejano antes de a estrangular... As vestais, guardiãs do fogo sagrado da cidade, eram muito respeitadas, mas as que violavam o seu voto de castidade eram enterradas vivas. Designadas pelo pai e conduzidas por ele ao templo logo na primeira infância, aí ficavam durante trinta anos; o seu estatuto trazia portanto, uma vez mais, a marca da *patria potestas*, do poder paternal, enquanto o voto de virgindade, feito pelos cristãos, tanto por homens como por mulheres, estabeleceu de fato o valor da pessoa perante o casal. É de uma importância radical para a mulher, daí o seu papel fundamental na propagação da fé, particularmente no interior da aristocracia romana: "Uma primeira conversão, em meados do século IV, diz respeito às mulheres [...]. Os homens, no conjunto, permanecem pagãos [...]. Na geração seguinte aceitam desposar cristãs, e, por meio destas, a nova religião aclimata-se cedo, de tal forma que, a partir do ano 400, torna-se dominante"[8]. Na primeira geração, apenas Pamáquio pode ser citado como senador cristão; depois, o meio senatorial romano, até aí bastião da resistência pagã perante os imperadores cristãos, adota, por sua vez, o Evangelho.

Impressiona o dinamismo, a capacidade de invenção destas mulheres que o Evangelho libertou. Há um exemplo marcante: o de Fabíola. O nome evoca um romance famoso que tinha por enquadramento precisamente a Igreja das catacumbas; mas, como acontece com frequência, a Fabíola da história ultrapassa sensivelmente a da lenda. Fabíola faz parte das damas da aristocracia romana que se tornaram discípulas de São Jerônimo; impressionada por ver o número de peregrinos que chegam a Roma, onde se veem sem recursos, funda para eles uma "casa dos doentes", *nosokomion*. Dito de outra maneira, Fabíola funda o primeiro hospital. Trata-se de uma inovação capital, e é inútil sublinhar a importância que terá no decurso dos séculos. Um pouco mais tarde dará de novo provas de imaginação, criando em Óstia, porto de desembarque dos peregrinos, o primeiro centro de hospedagem, *xenodochion*. Muitas vezes se reprovou à mulher certa falta de imaginação: Fabíola oferece um desmentido impressionante a esta reputação e, quando se visitam as obras-primas de arquitetura funcional e de realização artística que são os hospitais de Tonnerre ou de Beaune, deveríamos lembrar que são o fruto, o resultado da obra de uma mulher atenta às necessidades do seu tempo, que são aliás necessidades de todos os tempos; o exemplo duma Madre Teresa aí está para prová-lo. O sistema hospitalar da Idade Média extremamente desenvolvido e o dos hospícios que ladeiam as estradas de peregrinação testemunham a fecundidade desta herança. Poder-se-ia escrever todo um capítulo sobre as religiosas hospitalares; contentemo-nos em recordar aqui a fundação, em Paris, do Hôtel-Dieu, em 651, onde durante 1200 anos religiosas e religiosos cuidaram gratuitamente dos doentes. Para dar uma ideia de sua atividade é suficiente lembrar o memorial da superiora, irmã Philippe du Bois, redigido a 13 de dezembro de 1368, que indica que o consumo diário do Hôtel-Dieu se eleva a 3.500 lençóis e outros panos. Nesta mesma data de 1368, o hospital parisiense de Saint-Jacques, próximo do Hôtel-Dieu, dava asilo a 16.690 peregrinos num ano.

Voltando aos contemporâneos de Fabíola, é necessário assinalar as duas Melânias, a velha e a sua neta, herdeira dos imensos domínios da avó (sabe-se que, na província de África, metade das terras pertencia a seis proprietários!). Melânia, a jovem, e seu esposo Pinien distribuem este imenso território entre os escravos (mais de mil). Pinien vem a ser bispo, seguindo Santo Agostinho, bispo de Hipona, e Melânia retira-se para a Terra Santa, para Jerusalém, onde a avó fundara uma comunidade de mulheres piedosas; no movimento de libertação dos escravos, Melânia teve uma ação concreta, precisa.

Não será surpreendente que esta mutação, que representa o desaparecimento da escravatura, se não tenha se destacado mais? Os manuais escolares são mudos a respeito dum fato social cuja importância primordial parece ter escapado um pouco aos historiadores. O retorno da escravatura na época renascentista deveria ter-lhes chamado a atenção para o processo inverso, que se tinha iniciado a partir do século IV. O escravo totalmente desprovido de direitos, o escravo-objeto, como existia no mundo romano, não podia, evidentemente, sobreviver por muito tempo à difusão do Evangelho. No século IV, a libertação dos escravos estava muito facilitada; desde Constantino, uma das reformas estipulando que os membros da família do escravo não seriam separados implicava o direito à família e ao casamento, o que até aí lhe tinha sido recusado. Enfim, o papel da Igreja na libertação de fato está consagrado no Código Justiniano, segundo o qual a estada no mosteiro com o desejo de ingresso suspende toda a servidão. Justiniano abolira a lei romana do Baixo Império que proibia a libertação de mais de cem escravos ao mesmo tempo. Os concílios não deixarão de editar medidas para humanizar a sorte do escravo e, pouco a pouco, conduzir ao seu reconhecimento enquanto pessoa humana. Assim, são visíveis os progressos entre o Concílio de Elvira, em 305, que impõe sete anos de penitência a quem tenha matado o escravo, e o Concílio de Orléans (511), onde é proclamado o direito de asilo nas igrejas para os escravos fugitivos, ou o de Eauze (551), que concede liberdade ao servo a quem o senhor tenha obrigado a trabalhar ao domingo[9]. Mas, para compreender a evolução que se produziu, é preciso lembrar que na ocasião do Concílio de Elvira estamos ainda em plena civilização pagã, onde o assassinato dum escravo não é de maneira nenhuma considerado crime, mas legalmente permitido.

Podemos também chamar a atenção para os cânones dos Concílios de Orange (441) e de Arles (452), onde se precisa que os donos de escravos que tivessem procurado asilo nas igrejas não poderiam compensar essa fuga apoderando-se de escravos dos padres. Para seguir a influência da mentalidade cristã, que pouco a pouco penetrava nos costumes, há ainda todo um estudo por fazer sobre a legislação civil propriamente dita, relativamente ao qual é preciso verificar que foi começado apenas no estrito quadro jurídico. No século V, São Cesário exclama, respondendo àqueles que o condenavam por ter pago a libertação de escravos: "Gostaria bem de saber o que diriam os que me criticam se estivessem no lugar dos cativos que resgatei. Deus, que se deu a si mesmo como preço pela redenção dos homens, não se zangará comigo por resgatar cativos com o dinheiro do seu altar". Do mesmo modo, nos séculos VI e VII todas as compilações de casos levados a tribunal contêm fórmulas de libertação concedidas por razões de ordem religiosa.

Há portanto uma verificação que se impõe: no decurso desta época, habitualmente considerada brutal, deu-se a modificação talvez mais importante da história social — o escravo, que era apenas uma coisa, torna-se pessoa; e aquele que daqui em diante se chamará servo goza dos direitos essenciais da pessoa: subtraído a esse poder de vida e de morte que o dono tinha sobre ele, poderá constituir família, ter um lar, levar a vida à sua vontade, com uma única restrição à liberdade: a obrigação de se manter numa determinada terra, segundo modalidades que estudaremos com mais facilidade na época feudal propriamente dita. Finalmente, é necessário voltar às piedosas mulheres agrupadas em redor de São Jerônimo nos fins do século IV para descobrir as raízes da cultura religiosa feminina. De fato, o mosteiro onde se encontraram Paula, Eustáquia e as suas companheiras, fundado em Belém, é um verdadeiro centro de estudos; é certo que, sob o impulso do infatigável tradutor e exegeta a quem se deve o texto da Vulgata, a atividade intelectual de que dão testemunho é perfeitamente natural. Paula, por exemplo, aprende o hebraico, "e conseguiu-o tão bem que cantava os Salmos em hebraico e falava esta língua sem a misturar com a língua latina", escreverá São Jerônimo. O estudo dos Salmos, da Sagrada Escritura e dos seus primeiros comentadores é familiar às monjas de Belém e é a seu pedido, por exemplo, que São Jerônimo compõe o *Comentário sobre Ezequiel.*

Vai, pois, estabelecer-se toda uma tradição de saber, com ponto de partida neste primeiro mosteiro feminino de Belém. Os mosteiros masculinos reunirão sobretudo seres desejosos de austeridade, de reconhecimento, de penitência; os mosteiros femininos, na sua origem, foram marcados por uma intensa necessidade de vida intelectual tanto quanto espiritual.

Quando consideramos a vida da Igreja, aquilo que foi a sua perspectiva na época feudal, verificamos que as mulheres foram claramente os auxiliares mais devotados, mais fervorosos. E, entre os séculos IV e V, é curioso encontrar em embrião, entre mulheres que agiam com tal espírito de invenção, o traço que vai caracterizar a civilização feudal:

por meio de Fabíola, que cria os primeiros hospitais, de Melânia, que resolve abolir a escravatura nos seus domínios, de Paula, que cuida da sua instrução e da das moças agrupadas em seu redor, podemos discernir os elementos da vida dominial, o começo dos mosteiros onde se desenvolveu a alta cultura, bem como os começos da cavalaria, em que a dupla influência da Igreja e da mulher contribuirá para a educação do varão, inculcando-lhe o ideal do príncipe letrado e a preocupação da defesa do fraco.

E é por aí que temos de começar, pelo estudo da religiosa, este tipo de mulher totalmente desconhecido na antiguidade.

2

Um novo tipo de mulher: a religiosa

A avenida dos Aliscans é hoje um local de passeio para os habitantes de Arles e, para os turistas, uma dessas curiosidades que "valem o desvio", como dizem os guias de turismo. Por mais descaracterizado que tenha sido ao longo do tempo, o antigo cemitério guarda na penumbra das grandes árvores que o abrigam uma atmosfera que impõe o recolhimento; aí, o espírito mais positivo torna-se romântico ou compreenderá que isso é possível. As manchas de sol que iluminam aqui e ali os sarcófagos restantes (uma centena dentre vários milhares), as ruínas da igreja de Santo Honorato (uma única das dezessete que serviam o cemitério), tudo isso forma um quadro, uma aquarela, mais do que uma realidade atual. E, no entanto, foi neste local que vimos nascer, organizar-se, multiplicar-se no nosso solo o mundo das religiosas.

No ano de 513, a pedido da sua irmã Cesária, o bispo de Arles, São Cesário, redige uma norma para as virgens agrupadas em redor da igreja de São João: trata-se do primeiro mosteiro de mulheres instituído na Gália — esta Gália de que uma parte se tornou pouco depois o reino dos francos. Se os poucos vestígios que restam de Saint-Jean-le-Mougtier, de Saint-Blaise e da abside paleocristã bordejando as muralhas não permitem fazer uma ideia do antigo mosteiro, é possível, pelo contrário, reconstituir a vida duma monja no século V a partir da norma de São Cesário, muito próxima da que São Bento elaborara alguns anos mais cedo para os primeiros monges do Ocidente.

É inútil procurar um horário, um emprego do tempo, indicações precisas: tal como havia feito Bento, Cesário preocupou-se, antes de mais, com o espírito, animando um modo de vida sem complacência, mas também sem rigidez.

Deste modo, o período de noviciado da religiosa não está determinado. Normalmente está em "experiência" durante um ano, mas compete à superiora decidir, segundo o grau de fervor da postulante, se a duração da prova deve ser prolongada ou diminuída. É de notar também que a norma não menciona qualquer austeridade no comer e no beber; o que interessa é a vontade de renúncia, de desprendimento de si, que marca também a regra de São Bento. Sem dúvida que esta é de fato a forma de austeridade mais dura. Pelo menos é motivada pelo amor absoluto, que não guarda nada para si: não ter vestuário pessoal, nem dinheiro, nem quarto particular, ter dado tudo o que se possuía antes de entrar no mosteiro — tais são os artigos sobre os quais insiste São Cesário. Às viúvas, particularmente, recomenda que não guardem nada para si; sem dúvida a sua idade e a sua condição tornam difícil este desprendimento, que a juventude pratica com mais generosidade, mas que não tenham nada em seu poder. No interior do mosteiro não haverá distinção entre ricos e pobres, nobres e plebeus; todos usarão hábitos semelhantes, brancos, fabricados pela comunidade e desprovidos de ornamentos. A norma menciona os banhos como um ato higiênico necessário a seguir sem murmurar. Todas virão diariamente buscar certo peso de lã para fiar e se ocuparão do seu trabalho em silêncio. Cada uma, por seu turno, deverá trabalhar na cozinha, o que implica que não há nestes conventos primitivos irmãs confessas votadas aos trabalhos domésticos. Todas, enfim, aprenderão as letras e consagrarão duas horas pela manhã à leitura diária. A este respeito, Pierre Riché fez notar que uma aquisição importante para o futuro da humanidade se deve às monjas: "o hábito de ler em silêncio, unicamente com os olhos"[10]. Os antigos, como sabemos, sempre liam em voz alta. Santo Agostinho espanta-se ao ver o seu amigo Santo Ambrósio, bispo de Milão, praticar esta leitura mental. Na falta desta prescrição, as duas regras da leitura e do silêncio obrigatório teriam sido contraditórias. A dissociação entre a leitura e a palavra é, pois, um presente das monjas aos tempos futuros.

Em suma, a regra impõe o silêncio: falar apenas o estritamente indispensável. À mesa, silêncio absoluto: será suficiente indicar por gesto o que eventualmente possa faltar.

A abadessa decide os períodos de oração, durante os quais, evidentemente, não se deverá falar nem trabalhar.

Além da oração e do estudo, a sua principal obrigação é a assistência aos doentes, que são tratados na enfermaria — logo, num edifício separado.

Para mais detalhes sobre como decorre o dia duma monja, é necessário reportarmo-nos a uma compilação de costumes muito mais tardia do que a Regra de São Cesário, pois data do século IX, trezentos anos depois[11].

A monja levanta-se quando ainda é noite, faz o sinal da cruz e invoca a Santíssima Trindade; passado o tempo destinado "às necessidades corporais", segue diligente para o oratório, recitando o Salmo XXIV: *Ad te Domine levavi animam meam* [...]; junta-se discretamente às companheiras, inclina-se diante do altar, ocupa o seu lugar e põe-se em oração "na presença do Senhor, mais de coração do que de boca, de forma que a sua voz esteja mais próxima de Deus do que de si mesma". A sineta marcará o momento em que a comunidade deve se agrupar no coro para ler o ofício.

Ao fim deste primeiro ofício de matinas, que tem lugar cerca da meia-noite, segue-se um tempo de silêncio absoluto: as monjas descansam de novo; depois, quando se anuncia a aurora (cerca das seis horas da manhã; mais cedo no verão), ao som do sino, todas vêm cantar as laudes, seguidas do ofício de prima, após o qual confessam as próprias faltas. Passado um tempo de repouso, durante o qual podem ler, é prescrito que se lavem e depois voltem à igreja para cantar as terças e ouvir a Missa.

A celeireira e as que estão designadas para a ajudar deixam a igreja antes das outras para preparar o que denominam o misto e que corresponde ao nosso café da manhã: um quarto de libra de pão e bebidas.

Em seguida reúnem-se em capítulo na sala capitular; "saúdam-se humildemente umas às outras", ao que aquela que para isso foi designada lhes dá o calendário do mês, a fase da Lua e o santo do dia. Este calendário é inseparável da liturgia, de tal forma que os missais e os livros de horas lhe concedem um "lugar" privilegiado; os manuscritos quase sempre têm iluminuras; muitas vezes comportam pequenas cenas: trabalhos estacionais, vidas de santos... Enfim, está de tal forma ligado ao culto local que os eruditos reconhecem a origem dos livros de horas e a sua data por meio dos santos nele adorados particularmente. É a este calendário que se recorre nas orações diárias e no grau de solenidade da festa (são então numerosas, e isso repercute no mundo do trabalho).

Geralmente é a freira a quem compete a direção do coro que conhece o calendário, pois a ela compete a liturgia. De seguida lê-se, sempre na sala do capítulo, uma passagem da regra, e vem a cerimônia da confissão: as religiosas acusam-se das faltas que podem ter cometido na observação daquela regra; recebem então a absolvição; se a falta é grave, prescreve-se uma penitência e, depois, a abadessa dirige-lhes uma curta alocução. Em seguida, tempo livre. As religiosas podem falar no claustro ou noutro lado, mas o silêncio permanece absoluto e contínuo na igreja, no dormitório e no refeitório. Cerca do meio-dia é o ofício de sexta e a segunda Missa. Toca então o sino: apelo ao lavar das mãos para se passar ao refeitório. Não se sabe bem se se trata já dos "cem toques" que estarão mais tarde em uso em todos os conventos: batiam-se cem pancadas no sino ou no gongo para anunciar as refeições; isto dava tempo para terminar o que se estava a fazer, mesmo que com precipitação, de maneira a que na última das cem pancadas estivessem todos prontos para entrar no refeitório. Daí a expressão "estar nos cem toques", que, como muitas outras — particularmente "ter voz no capítulo" etc. —, passaram da vida religiosa para a vida profana.

As monjas ocupam o seu lugar à mesa e não podem começar a refeição sem a chegada da abadessa, que tem o cuidado de não se fazer esperar.

Nenhuma voz se eleva senão a da leitora. Durante a semana, as religiosas de serviço servem, começando pelas que entraram em último lugar e acabando na abadessa.

Depois da refeição vem a hora da sesta; as que não desejam dormir podem fazer o que quiserem, sob a condição de não perturbarem as outras. Ao levantar, juntam-se para cantar as nonas (cerca das 15 horas). Depois, a um sinal da superiora, todas poderão beber o vinho que tiveram o cuidado de reservar à mesa para a bebida da tarde. Três pancadas no sino marcarão então a hora do trabalho manual. O dia terminará com uma refeição mais ligeira, seguida das vésperas e, ao cair do dia, das completas, durante as quais se apagarão as lâmpadas para chegar cedo ao dormitório.

Na realidade, este emprego do tempo varia ao longo do ano: da Páscoa ao mês de outubro, o dia é muito mais comprido, o que leva a modificar a hora das matinas e do café da manhã. No conjunto, os tempos de coro, de refeição ou de repouso, bem como de trabalho manual sucedem-se em frações sensivelmente iguais.

No livro dos costumes, a regra é acrescida de conselhos que vêm desenvolver tal ou tal ponto. Em primeiro lugar: que seja guardado silêncio na igreja, salvo para o que Deus deva ouvir. Nada fazer, nada dar, nada tomar sem autorização. Evitar as discussões, as querelas: a que se calar primeiro será considerada a melhor. Não rir nem falar alto; não comer nem beber antes da hora, senão as mais frágeis e mais novas, "em relação a quem se considerará antes de mais a fraqueza". Não conversar com um homem senão na presença de alguém seguro. Não sair sem autorização da superiora.

De fato, a clausura (ou seja, a obrigação de permanecer no interior do mosteiro) quase não existe; as monjas saem. No entanto, o livro dos costumes precisa que elas devem fazê-lo apenas duas a duas e permanecer fora o mínimo tempo possível. Só a Regra de São Columbano estipula uma clausura severa, mas os conventos que a seguem são poucos.

Prescrições de clausura existem para os mosteiros mistos, o que se compreende facilmente. Em certos conventos de cistercienses, como em Coyroux, no Limousin, filiado à Abadia de Obazine, insiste-se na necessidade da clausura; os monges de Obazine tomam a seu cargo a sobrevivência material das monjas, levando-lhes o necessário, mas para isso foi instalada na entrada de Coyroux uma espécie de roda que se abre dum lado enquanto permanece fechada do outro; serve, assim, para as trocas. No século XIII, São Domingos terá o cuidado de cercar de sólidas muralhas o primeiro convento que fundou, em Prouille: tratava-se de cátaros convertidos que era urgente, em terra "albigense", proteger das represálias dos ex-correligionários.

Mas é apenas em 1298 que o Papa Bonifácio VIII editará o decreto *Periculoso*, que prescreve a todas as religiosas de votos solenes uma clausura absoluta; certa santa cartuxa, Roseline de Sabran, cumprirá penosamente esta nova obrigação, mesmo nesta ordem sempre tão austera. A sua biografia conta a última visita que fez à tia Jeanne de Villeneuve, religiosa como ela, e sobretudo ao pai, o castelão dos Arcos, então idoso e doente, que ela não poderia voltar a ver em resultado de decisão pontifícia.

Por mais surpreendente que possa parecer, a clausura rigorosa das ordens só veio a ser formalmente ordenada no extremo final do século XIII.

No entanto, no próprio século XIII encontramos religiosas que não estão obrigadas à vida conventual: diríamos que trata-se de leigas consagradas vivendo no mundo. Trata-se das beguinas, de quem falaremos mais tarde.

Se a raiz da vida religiosa feminina no Ocidente foi Saint-Jean d'Arles, não tardarão a estabelecer-se outros mosteiros em toda parte. Poder-se-ia estabelecer a geografia das monjas na Idade Média nos séculos V, VI e VII e, posteriormente, na época carolíngia. Ela atesta o dinamismo de movimentos ainda mal conhecidos, uma vez que as religiosas não se beneficiaram da atenção prestada aos "monges do Ocidente"; é verdade que foram certamente menos numerosas do que aqueles — contrariamente ao que se passará nos tempos modernos, por exemplo no século XIX, quando a vida religiosa feminina foi muito importante e se podiam contar muito mais freiras do que frades. E, no entanto, certos mosteiros animados por mulheres exerceram uma influência impressionante. Foi necessária a obra do romanista suíço Reto Bezzola para a revelá-la — ainda que mal — ao público francês.

Santa Cruz de Poitiers é um dos primeiros mosteiros que devemos mencionar, e nele vão aparecer os primeiros sinais, os indícios do que virá a ser a tradição cortês, sem a qual não poderemos compreender nem a literatura, nem a civilização feudais.

A sua história começa pelas desventuras da rainha Radegunda. Filha do rei Bertário da Turíngia, foi levada como escrava para a corte do rei franco Clotário I, assim como o seu jovem irmão; a sua beleza não tarda a chamar a atenção do rei, que a desposa; mas, algum tempo depois, num acesso de fúria, Clotário manda massacrar o irmão de Radegunda, que foge — primeiro para Soissons, para junto do bispo Medardo, venerado como santo, e mais tarde para Poitiers, para o mosteiro que ela mesma tinha fundado.

Clotário tenta em vão fazê-la voltar ao lar; quando ele morre, Radegunda toma o hábito nesse Mosteiro de Santa Cruz, onde vivia em recolhimento, envolta numa fama de santidade que a tornou célebre em toda a Gália. Com Inês, a abadessa do convento e sua filha espiritual, deslocou-se a Arles para estudar a Regra de São Cesário; um exemplar desta regra foi redigido em sua intenção pela abadessa Liliola, que confiou o manuscrito ao rei franco Chilperico, a fim de que o levasse em mãos ao Mosteiro de Santa Cruz no ano de 570.

Venâncio Fortunato era então intendente de Santa Cruz de Poitiers. Este poeta, que marcou com um traço tão profundo a literatura da época, nasceu perto de Trévise, em Valdobiadene, por volta do ano de 530; frequentou as escolas da Aquileia e de Ravena. Penetrado da poesia antiga, de Virgílio, de Ovídio, representava uma cultura refinada, ainda florescente na Itália, mas que já não tinha representantes nos outros lugares desde que o Império Romano sucumbira e, com ele, os restos da sua cultura.

Em 565, ameaçado de cegueira, Fortunato empreende uma peregrinação ao túmulo de São Martinho de Tours.

Para chegar até lá, atravessa os territórios germânicos, ocupados por bávaros e alamanos, "incapazes", diz, "de distinguir um ruído roufenho duma voz harmoniosa, ou o canto do cisne do grito do ganso"; assim, este poeta requintado, letrado, informado, foi desencorajado pelas populações, que manejavam melhor a espada do que a pena; "entre eles eu não era nem músico nem poeta, mas um rato roendo migalhas de poesia. Eu não cantava, cantarolava apenas, enquanto o auditório, sentado, de taça de bordo na mão, fazia brindes atrás de brindes e debitava mil brincadeiras".

Fortunato encontraria na Gália um clima mais favorável à sua arte. De fato, cedo se torna o poeta oficial, distinguindo-se primeiro por um longo epitalâmio por ocasião do casamento do rei Sigeberto da Austrásia com Brunehaut, em Metz, no ano de 566. Daí em diante todos os acontecimentos oficiais na corte dos reis francos serão ocasião propícia para confiar no talento de Fortunato, quer se trate de festins de casamento, quer de consolações para os mortos. Falou-se muito sobre os costumes brutais na corte dos reis francos — dando-se como exemplo a terrível Fredegunda —, sem nunca mencionar uma corrente poética que se desenvolvia, estimulada em particular pelas mulheres e também, vale dizer, pelos bispos; foi assim que Fortunato rapidamente se tornou correspondente de Gregório de Tours e do bispo Leôncio de Bordeaux; é longa a lista das mensagens enviadas a prelados ou gente da Igreja, para quem compunha também epitáfios em verso.

Fortunato não tarda a ser atraído pela rainha Radegunda; chega a Poitiers em 567, toma o hábito e assegura a intendência do Convento de Santa Cruz antes de se tornar capelão, em cerca de 576; para Radegunda e Inês, compõe poemas que irão assegurar a sua fama; é a pedido delas que redige os dois hinos *Pange lingua gloriosi* e *Vexilla regis prodeunt*, que continuaram a ser cantados na Igreja até o século XX, 1500 anos depois da sua criação.

São já poemas corteses que Fortunato dirige à rainha e à abadessa, impregnados de admiração, de amor, de respeito. Reto Bezzola mostrou quanto estes novos sentimentos são devidos ao culto da Virgem, tão importante nos cinco primeiros séculos do cristianismo e que conduz a uma visão inédita da mulher, a qual será desenvolvida nos tempos feudais[12].

Uma "verdadeira comunhão espiritual" se estabelece entre o jovem poeta e a rainha, então com cinquenta anos: trata-se de uma espécie de "união mística" em que se exprime o fervor amoroso em toda a pureza e já um sofrimento que, dirão mais tarde os trovadores, é inseparável da alegria (sentida).

> *Mere honorée, soeur douce*
> *Que je révere d'un creur piem: et fidele,*
> *D'une affection céleste, sans nulle touche corporelle,*
> *Ce n'est pas la chair qui aime en moi,*
> *Mais ce que souhaite l'esprit...*
> *Quels mots dirai-je à une mere aimée, à une douce soeur,*
> *Seul en l'absence de l'amour de mon coeur?*

Por ocasião da consagração de Inês (que não teria mais de vinte anos) como abadessa do convento, Fortunato saúda a virgem, a mãe, a dama: *virgo, mater, domina*, os mesmos nomes com que é saudada a Virgem Maria.

Em outras palavras, podemos observar na Abadia de Santa Cruz de Poitiers o primeiro esboço do que será o ideal da mulher na poesia cortês e na rainha Radegunda — a primeira das damas que, inspirando a poesia, influenciaram o seu tempo e lhe transmitiram nova doçura.

Na França, a geografia das monjas comporta para o século VI, além de São João de Arles e Santa Cruz de Poitiers, dois mosteiros: um nos Andelys, instituído pela rainha

Clotilde, e outro em Tours, criado por uma dama nobre chamada Ingetrude e pela sua filha Bertegunda. Esta última, sendo já casada, teve de voltar ao lar, sob ameaça de excomunhão.

No século seguinte distingue-se no norte de França, entre outros, o Mosteiro de Chelles, fundado pela rainha Batilde, uma antiga cativa como Radegunda, famosa por sua extrema beleza. Esta inglesa, casada com Clóvis II, fez prova das suas qualidades de administradora, substituindo o marido à cabeça do reino quando, afetado pela doença, ficou incapaz de governar. Batilde retirou-se depois para o seu convento de Chelles.

Cerca de cem anos mais tarde, esta abadia terá como abadessa a irmã de Carlos Magno, Gisela, mulher instruída que estará relacionada com o sábio Alcuíno, que lhe dedica algumas das suas obras, e também com Teodulfo, bispo de Orléans, que lhe oferece um precioso livro de Salmos. Nesta época, em que estão na moda os sobrenomes poéticos, Gisela será chamada Lúcia, segundo o costume da Academia Palatina, da qual o imperador fez um instrumento de renovação para a cultura, que procurou favorecer.

Voltando a Batilde, distingue-se ela pela humildade total com que toma parte em todos os trabalhos domésticos da comunidade. Apoiou-a na vida monástica o famoso bispo de Noyon, Elói, que foi e continua a ser patrono dos ourives: "Sentado perante a obra que tinha decidido empreender", lê-se na sua biografia, "Elói tinha sob o olhar um livro de orações, desejoso, qualquer que fosse a natureza do trabalho a que se dedicava, de considerar como divino o mandato de que era incumbido; assim carregava uma dupla carga: punha a mão ao serviço dos homens e o espírito ao serviço de Deus".

A vida de Santo Elói está semeada de acontecimentos, tendo alguns passado ao folclore, como a anedota do rei

Clotário II, que lhe confiou ouro para execução dum trono e, cheio de estupefação, viu que lhe entregavam não apenas um, mas dois tronos de ouro, feitos por ourives cuja habilidade igualava a honestidade. É comovente verificar, ligada à vida religiosa no século VII, uma manifestação da vida artística que atravessou, ela também, os séculos: os belos brincos, os fechos de livros, as fivelas, os guarda-espadas da época merovíngia testemunham uma habilidade técnica perfeita, demonstrada hoje pelos trabalhos de E. Salin, A. France-Lanord e outros especialistas. Pense-se nas descobertas recentes, como a do túmulo da rainha Aregunda, devida a Michel Fleury, em São Dinis: continha, entre outros tesouros, um anel de sinete com o nome e o monograma da rainha gravados, alfinetes e brincos cinzelados, bonitas fivelas de ouro trabalhado, uma esplêndida fivela de ouro em filigrana contendo pedras coloridas e pérolas, tudo duma extrema qualidade artística[13].

Semelhantes obras de incrustação ou ourivesaria estão ligadas ao fervor religioso na personalidade do ourives Elói, consagrado bispo de Noyon. Elói não se contenta em manter o Mosteiro de Chelles; funda mesmo dois conventos: um em Paris que, diz-se, reuniu trezentas religiosas, umas nobres e outras de origem muito humilde (simples servas), sob a direção duma monja chamada Áurea; e outro na cidade de Noyon.

Não longe da Abadia de Chelles, e fundada na mesma época, está Nossa Senhora de Jouarre, cuja história está ligada ao movimento dos religiosos e religiosas da Irlanda, que penetra então na Europa. Na França, a irlandesa Fara funda Faremoutiers, enquanto a sua compatriota Austreberta cria Pavilly.

Jouarre deve a sua origem a Adon, argentário — nós diríamos "tesoureiro" — do rei Dagoberto, que por volta de 630 deixa a corte para instituir um mosteiro duplo de homens e mulheres segundo a regra do irlandês São Columbano, confiando a direção à prima Teodechilde (ou Telchilde). Supõe-se, de resto, que ela veio também de Faremoutiers. Houve assim trocas constantes entre os três estabelecimentos.

É, portanto, todo um núcleo de vida monástica que se vai espalhar nesta região e que os arqueólogos dos nossos dias redescobriram, identificando os famosos túmulos de Teodechilde e do irmão Agilberto, bispo de Paris, provavelmente retirado para Jouarre perto de 680; são as obras mais características da escultura dos tempos merovíngios, espécies notáveis da sobrevivência da arte céltica, que sofreu uma renovação com a chegada dos irlandeses à França.

Muito estreitas entre os mosteiros na França, as relações são também numerosas entre as religiosas da Île-de-France e as da Irlanda ou da Grã-Bretanha. Talvez tenha havido uma influência pessoal de Batilde, que era inglesa; é assim que vemos entre as religiosas de Chelles a princesa Ereswida da Nortúmbria; as duas filhas do rei de East Anglia, Syre e Aubierge, são recebidas em Faremoutiers, onde mais tarde se tomam abadessas; aí habita também a filha do rei de Kent, Earcongotha; na mesma época (630), Eanswith, a filha dum outro rei de Kent, funda um convento em Folkestone; Mildred, abadessa do Convento de Thanet, tinha sido educada no Convento de Chelles.

A maior parte destes estabelecimentos será devastada pelas invasões dos vikings no fim do século VII; alguns sobrevivem, mas serão metodicamente destruídos mais tarde, em 1539, às ordens do rei Henrique VIII. Entre estes é necessário mencionar, pelo menos, o mais célebre: Whitby, na costa leste da Inglaterra, um lugar magnífico sobre a falésia, dominando o oceano nesta região algo selvagem do Yorkshire, batida tanto pelos ventos como pelas sucessivas vagas de assalto; foi em York, no dia de Páscoa de 627, que foram batizados Eduíno, o primeiro rei dinamarquês convertido, e a sua pequena sobrinha Hilda. Eduíno foi assassinado pouco depois pelos anglo-saxões pagãos, que dispersaram as comunidades cristãs recém-nascidas, mas Hilda sobreviveu. Ingressa no convento de Hartlepool, perto de Durham, fundou mais tarde em Whitby um mosteiro duplo; a sua grande instrução permitiu-lhe a direção dos estudos. Frades e religiosas cantarão durante séculos o ofício divino na esplêndida abadia, da qual uma parte subsiste ainda no nosso tempo, dirigindo dramaticamente para o céu as muralhas arrendadas.

Dois grandes acontecimentos para a igreja da Grã-Bretanha tiveram a Abadia de Whitby como cenário: o Sínodo de 664, que pôs fim às diferenças de ritos que subsistiam entre as igrejas célticas e a de Roma, e ainda a carreira do poeta Caedmon, simples moço de estrebaria da abadia que, certa noite, enquanto dormia na cavalariça, teve uma visão ordenando-lhe que cantasse "a criação do mundo, as origens do homem e toda a história da Gênese". Hilda, que ouviu falar do sonho do criado, mandou-o chamar e encorajou-o a abraçar a vida religiosa; foi assim que Caedmon, tornado frade, pôde dar livre curso aos talentos de poeta e músico: graças à iniciativa da abadessa[14].

Além da qualidade de protetoras das artes e das letras, estas religiosas irlandesas e inglesas teriam uma influência considerável na evangelização da Germânia. E aqui é necessário determo-nos um pouco, porque, entre as fortes personalidades que são a maior parte das grandes abadessas da Alta Idade Média e dos princípios do Sacro Império, as dos países germânicos são particularmente interessantes e exerceram uma influência notável.

O frade Vinfrido, mais conhecido pelo nome de Bonifácio, originário de Wessex e que foi para os germanos o que São Martinho tinha sido para os gauleses ou São Patrício para a Irlanda, mantinha correspondência com as religiosas inglesas, entre as quais Etelfleda, abadessa de Whitby. Ao seu chamado, várias religiosas se deslocam à Germânia para o ajudar no trabalho apostólico e suscitar novas fundações; entre elas, Lioba deixa o Convento de Wimbourne para se tornar abadessa de Bischofsheim; Tecla toma a direção de Kizzingen, e é também uma religiosa inglesa, abadessa de Heidenheim, que escreve a vida dum outro apóstolo: Willibaldo, continuador de São Bonifácio; as cartas deste último para as suas monjas estão impregnadas da doçura amistosa que já tínhamos notado nas relações entre Fortunato e Radegunda. Assim escreve a uma delas, Eadburgh: "Irmã bem-amada, com os vossos presentes de livros santos reconfortaste o exilado na Germânia com uma luz espiritual; porque, no sombrio afastamento, entre os povos germânicos, nós cairíamos na tristeza da morte se não tivéssemos a Palavra divina como lâmpada aos nossos pés e iluminando o nosso caminho. Confiando-me inteiramente ao vosso amor, suplico-vos que oreis por mim".

Os presentes a que Willibaldo faz alusão são prática corrente no tempo. Trata-se sobretudo de manuscritos recopiados em sua intenção. Assim, existe uma carta de Adelmo de Malmesbury (639-709) agradecendo às religiosas de Barking terem-lhe enviado o fruto do seu trabalho; felicita-as, nomeando cada uma: Justina, Cuthburg, Osburg, Ealdigth, Escolástica, Hidburg, Burngith, Eulália e Tecla, e compara-as a abelhas procurando aqui e acolá o mel da ciência que lhe comunicaram. Ao mesmo tempo, chama às religiosas "flores da Igreja, pérolas de Cristo, joias do Paraíso".

A vida monástica na Alemanha desenvolve-se magnificamente. As abadessas, frequentemente aparentadas às imperatrizes e sempre sustentadas por elas, são, no conjunto, mulheres notáveis que fazem dos conventos centros de cultura ao mesmo tempo que de oração, enquanto as alianças familiares lhes permitem um papel importante na vida política.

Reto Bezzola sublinhou "a forte influência do elemento feminino sobre a classe dominante na Alemanha do século X e do princípio do XI", a ponto de não podermos estudar corretamente o início do Império Germânico, em seu período saxônico, sem dar lugar simultaneamente às soberanas e às abadessas. Quando, em 919, o duque de Saxe, Henrique, o Passarinheiro, sucede a Conrado, duque da Francônia, que recolhera a parte alemã do império de Carlos Magno, a ação da sua esposa Matilde é tão importante como a do próprio imperador. Juntos fundam o mosteiro feminino de Quedlinbourg, onde serão inumados os dois. Matilde está muito ligada às beneditinas, de quem recebera educação em Herford, perto de Corvey, na Vestefália; é provavelmente o mais antigo mosteiro feminino no país germânico; fundado no século IX (Tetta, a primeira abadessa com nome na história, veio de Soissons, em 838), é seguido pelo de Gandersheim, na Vestefália, e, posteriormente, pelos de Essen e de Quedlinbourg. Nestes mosteiros, as religiosas recebem uma sólida educação; aprendem não somente o latim, língua litúrgica, mas também o grego, as letras em geral e o Direito. A influência pessoal de Matilde, que tomou o hábito em Quedlinbourg, onde passa os últimos anos, prolonga-se na neta Hadewich, casada com o duque da Suábia, e na bisneta Gisela, que desposa o rei Estêvão da Hungria, enquanto Edviges de Méranie, no século seguinte, tomará parte ativa na evangelização da Silésia, onde desposou o duque Henrique, o Barbudo. Na Germânia, como, de resto, em todo o Ocidente, a difusão da fé cristã será obra de mulheres.

As abadessas não são apenas educadoras ou protetoras das letras. Têm pessoalmente, enquanto criadoras, um papel de primeiro plano: o primeiro grande nome da literatura alemã do século X é o da abadessa de Gandersheim, Rosvita, "talvez o escritor mais original da Alemanha na época dos Otões", segundo o historiador de literatura alemã E. Tonnelat[15].

Rosvita escrevia para as suas religiosas tanto narrações em verso, que se liam no refeitório, quanto comédias encenadas no convento, imitando as de Terêncio, mas de espírito cristão; isto, de resto, projeta alguma luz sobre o papel do teatro, mesmo nos conventos: em Gandersheim — como na Inglaterra, onde Beda, o Venerável, faz alusão a paraliturgias teatrais durante a noite de Páscoa —, o teatro é considerado meio de educação tanto quanto de distração.

Rosvita compõe também, em 965, o longo poema *Gesta Ottonis*, a gesta do imperador Otão I, o Grande, para uso do seu filho Otão II, então com dez anos de idade; redige também a história do seu próprio convento. Vale observar que, em suas obras, essa religiosa soube fazer o elogio tanto do casamento como da vida consagrada, mostrando um e outra como duas maneiras de ser fiel a um ideal semelhante[16].

As abadessas não são, de resto, as únicas a distinguir-se pelo saber e pelos escritos. Entre as religiosas comuns distinguem-se personalidades impressionantes. Tal é o caso de Matilde de Magdeburgo, que em 1250 compôs a primeira obra mística em língua vulgar, *A luz da divindade*, enquanto ainda era beguina. Passou os últimos anos da vida no Mosteiro de Helfta, perto de Eisleben, onde morreu em 1282. O mesmo mosteiro abrigou então Gertrudes, a Grande, autora de outra obra mística: *O arauto do amor divino*; e também as duas irmãs famosas na história da espiritualidade: Gertrudes e Matilde de Hackeborn.

Entre todas as notáveis religiosas do século XII, é necessário dar maior atenção a duas que deixaram obras importantes: Herrad de Landsberg e Hildegarda de Bingen.

Os turistas que hoje visitam o Mosteiro de Santa Odília, na Alsácia, podem contemplar em seus muros a cópia ampliada das miniaturas dum manuscrito desaparecido, o famoso *Hortus deliciarum* [Jardim das delícias]; trata-se do título duma obra enciclopédica devida à abadessa Herrad de Landsberg, que a compôs em cerca de 1175-85. Em 255 folhas de grande formato e 69 menores, o manuscrito continha tudo o que a abadessa considerava necessário à instrução das religiosas: "Semelhante a uma viva abelhinha", escreve ela, "extraí o suco das flores da literatura divina e filosófica e formei um favo escorrendo mel"; quer dizer que a obra, com numerosos extratos da Bíblia, dos Padres da Igreja e de diversos autores dos séculos XI e XII, apresentava-se como uma súmula do saber, ao uso da época; estava ilustrada com uma série de miniaturas, de que felizmente foi tirada cópia antes da destruição do manuscrito no incêndio da Biblioteca de Estrasburgo em 1870, pois são atualmente uma das fontes mais seguras para o emprego das técnicas na época feudal[17]. Através dos desenhos de utensílios agrícolas, de atrelagem e ferragem dos cavalos, duma roda de prensa, de armas, de vestuário e mesmo de autômatos manobrados por fios, toda uma parte da vida cotidiana do século XII sobreviveu nestas 336 miniaturas, que nos reservam também a surpresa de alguns retratos de religiosas, algumas representadas com longos vestidos muitas vezes recobertos por um manto drapeado, a cabeça coberta de véus que emolduram o rosto, caindo muito elegantemente ao lado.

Mais importante ainda na história geral é a personalidade de Santa Hildegarda; a pequena cidade de Bingen, nas margens do Reno, cujo nome é inseparável do seu, celebrou em 1979 o oitavo centenário da morte desta santa[18]; veem-se ainda os restos — parcialmente restaurados — do mosteiro que administrava e onde morreu: um soberbo conjunto românico quase inteiramente destruído em 1632 pela invasão sueca. Nascida em 1098, em Bockelheim (ou, mais provavelmente, em Bermersheim, como foi estabelecido recentemente), Hildegarda foi a décima criança numa família da pequena nobreza; a saúde sempre delicada não a impediu de viver mais de oitenta anos e desenvolver uma atividade extraordinária. Aos oito anos foi confiada a Jutta, monja que reunira uma pequena comunidade no claustro de Disibodenberg. Hildegarda tomou o hábito aos quinze anos e foi em seguida designada para suceder à abadessa Jutta, em 1136; só mais tarde, por volta de 1147, com dezoito das suas religiosas, se fixa em Bingen, no Rupertsberg (monte de São Ruperto), dominando o Reno. Posteriormente — e antes de morrer, a 17 de setembro de 1179 —, fundou outro convento, desta vez na margem direita do rio.

> Desde a infância, antes mesmo que os meus ossos, nervos e veias se tivessem firmado, até agora, quando sou mais do que septuagenária, vejo sempre na minha alma esta visão. A bel-prazer de Deus, a minha alma tanto sobe nas alturas do Céu e nas diversas regiões do ar, como passeia entre povos diferentes, que habitam regiões longínquas, lugares desconhecidos [...]. Estas coisas não as ouço com os ouvidos, não as percebo pelos pensamentos do coração, nem pela ação combinada dos cinco sentidos; vejo-as somente através da alma, e os olhos do meu corpo permanecem abertos, porque nunca sofri o desfalecimento do êxtase; vejo-as acordada, de dia e de noite [...]. A luz que distingo não é local, mas infinitamente mais brilhante do que a nuvem que envolve o Sol... Para mim, esta luz chama-se sombra da luz viva. Tal como o Sol, a Lua e as estrelas se refletem na água, também os escritos, os discursos, as virtudes e certas obras humanas revestidas de formas resplandecem para mim nesta luz. Guardo por muito tempo a memória de tudo o que vi ou apreendi nesta visão; assim, lembro-me quando a vi e ouvi; simultaneamente, vejo, ouço, sei e num instante apreendo o que sei. Ignoro tudo o que não vejo nesta luz.

As confidências de Hildegarda resumem a sua existência; sujeita a visões sobrenaturais desde os três anos, começa a escrevê-las em 1141. Estas recolhas constituem as suas três obras principais: o *Livro das glórias da vida*, o *Livro das obras divinas* e, mais ainda, o primeiro e o mais importante, o chamado *Scivias*, que podemos traduzir por *Conhece os caminhos do Senhor*; atribuem-se-lhe também muitos outros, alguns com certeza, como um livro de "simples medicina" e o livro de "medicina composta", que é uma espécie de história natural; outra obra, *Ignota lingua*, é talvez uma proposição de reforma do alfabeto e da transcrição do alemão e do latim; por fim, e sobretudo, uma abundante correspondência, já que Hildegarda não tarda a ser consultada por toda espécie de personagens, contando-se entre eles o papa Eugênio III; Conrado, imperador da Alemanha, e o seu sobrinho e sucessor Frederico Barbarossa; ou São Bernardo de Claraval, assim como numerosos bispos e prelados. Curiosamente, a luz donde emana a sua visão e a voz que lhe dita as ordens chama-lhe *homo*. *O homo fragilis, et cinis cineris, et putredo putredinis, dic et scribe que vides et audis*, lê-se no início do *Scivias*: "Ó homem frágil, cinza da cinza e pó do pó, diz e escreve o que vês e ouves". É evidente que o termo *homo* sempre significou "ser humano", homem ou mulher, mas, como frequentemente foi utilizado de modo um tanto tolo, não deixa de ter interesse chamar aqui a atenção para o fato.

O manuscrito original do *Scivias* subsiste com 35 miniaturas ilustrando as visões (n. 1 da Biblioteca de Wiesbaden). Trata-se de uma obra extraordinária, verdadeira enciclopédia do conhecimento do mundo do século XII, mas que fala também de questões de teologia que a Igreja não tinha ainda bem nítidas e se estende aos domínios da poesia e da música, pois Hildegarda, para quem o louvor e a harmonia são essenciais à vida do homem e à da Igreja, compôs 74 hinos, sequências ou sinfonias diversas, das quais, para algumas pelo menos, a música ou se conservou, ou se reconstituiu.

"Aqueles que, sem legítima razão", escreve, "fazem silêncio nas igrejas habituadas aos cânticos em honra de Deus não merecem ouvir no Céu a admirável sinfonia dos anjos louvando o Senhor"; ela está de acordo com o seu tempo, o das simples magnificências da arte românica e do canto gregoriano.

Hildegarda não escrevia por si: ditava a dois secretários, que foram, sucessivamente, o frade Volmar e um outro cujo nome é bem conhecido: Guiberto de Gembloux, de quem foi um pouco diretora espiritual. Depois da sua morte, muitos outros viverão da sua espiritualidade e prolongarão a sua influência, sensível em especial entre as beguinas do Brabante. A sua é uma obra estranha, ao mesmo tempo científica e mística, toda impregnada de poesia, ora descritiva, ora apocalíptica. À proximidade da morte multiplicaram-se os "sinais de fogo", ao passo que aparecia uma nova claridade, "semelhante ao círculo lunar". A análise da sua obra deu a conhecer que possuiu presciência da lei da atração, tal como da ação magnética dos corpos, enquanto as profecias mostravam os astros imóveis no final dos tempos, o que a certos cientistas pareceu anunciar a lei da degradação da energia; pôde-se discernir também nas obras de Hildegarda o que viria a ser objeto das descobertas científicas quinhentos anos após a sua morte: o Sol como centro do "firmamento", a circulação do sangue etc. Se acrescentarmos que, numa carta aos prelados de Mogúncia, Hildegarda precisa, a propósito dos hereges (trata-se provavelmente dos cátaros): "Afastai este povo da Igreja, expulsando-o, e não matando-o, porque eles são feitos também à imagem de Deus", ficaremos convencidos de que a obra e a pessoa de Hildegarda apresentam uma originalidade considerável no seu tempo e mereceriam ser mais conhecidas.

3

As mulheres e a educação

A questão da instrução e da educação das mulheres é uma das primeiras que se nos apresenta, dada a importância que lhe é atribuída, não sem razão, na nossa época. Nos mosteiros verificamos, desde o início, o zelo e o gosto pelo saber que as religiosas manifestam, e já acentuamos de passagem algumas tornadas célebres, através dos tempos, pela cultura. Em que medida tiveram a preocupação de transmitir o saber, de criar escolas, de ensinar? Como eram as mulheres instruídas nos tempos feudais e medievais? Terão estudado? E quais eram as matérias abordadas? Numa palavra, como era concebida a educação?

Quando procuramos responder a estas questões, é a obra de uma mulher que nos vem primeiro ao espírito. Isto numa época alta, pois escreveu em meados do século IX, em pleno período imperial. Não se trata, além disso, de uma religiosa, mas de uma leiga, uma mãe de família.

Dhuoda

Durante anos, os jovens franceses aprenderam na escola que o mais antigo tratado de educação se devia a Rabelais, seguido de perto por Montaigne. Ninguém se lembrava de falar de Duoda.

Naturalmente, durante muito tempo o nome de Duoda apenas era conhecido apenas entre raros especialistas da Alta Idade Média. Hoje, o seu *Manual para o meu filho* está traduzido e publicado em edição acessível[19]. Pierre Riché, a quem se deve a iniciativa, lembra que "é a única obra literária do gênero". Trata-se, em todo o caso e de longe, do mais antigo tratado de educação, dado que foi composto em meados do século IX (mais exatamente entre 30 de novembro de 841 e 2 de fevereiro de 843). Que fosse obra de uma mulher não tem nada de surpreendente: não são as questões da educação primeiramente de competência da mulher? Aquela que cria e alimenta as crianças não será mais dotada do que ninguém para saber instintivamente como lhes facilitar a plena maturidade, lhes permitir adquirir a sua personalidade própria, a sua "realização"?

Temos aí, em todo o caso, um testemunho infinitamente precioso sobre a mentalidade e o grau de cultura do século IX, ainda tão obscuro para nós.

Duoda pertencia a uma família nobre, talvez mesmo à família imperial; como tem cerca de quarenta anos quando escreve, pôde conhecer, na infância, Carlos Magno. Em 841, ano em que empreende a redação da obra, o Império desconjunta-se; o filho de Carlos Magno, o Luís a quem outrora dávamos o sobrenome de "o Bonacheirão", viu os filhos voltarem-se contra a sua autoridade. Depois da sua morte, em junho de 840, disputam o poder. Duoda começa a escrever exatamente no ano da batalha de Fontenay-en-Puisaye (22 de junho de 841), que não resolveu o conflito entre os três filhos: Carlos, o Calvo; Luís, o Germânico, e Lotário, que reivindica o Império; sem falar de Pepino, a quem coube a Aquitânia. É exatamente nesta ocasião que serão pronunciados os famosos "juramentos de Estrasburgo", em 842, que unem os soldados de Luís e de Carlos; trata-se do primeiro texto em língua francesa, chamada românica, e em língua alemã, a que se chamará mais tarde o alto-alemão. Era necessário que, dum lado e do outro, os soldados dos dois campos pudessem compreender os compromissos que assumiam com o juramento! Duoda escreve em latim, a língua da gente culta.

Nestes tempos atribulados, durante as épocas de guerra, são sobretudo as famílias nobres que assumem os riscos e correm os perigos. A própria vida de Duoda e dos que lhe estão mais próximos é testemunho disso: o esposo, Bernardo de Septimânia, é condenado à morte em Toulouse, em 844, sob a acusação de traição por ter apoiado Pepino da Aquitânia contra Carlos, o Calvo, ao qual se ligara por momentos. O filho de Duoda, Guilherme, também incerto nos compromissos, será igualmente decapitado por traição em 849, cinco anos depois do pai.

No momento em que escreve, Duoda não pode saber para que tragédias caminham o esposo e o filho mais velho, então com dezesseis anos. Está separada de um e do outro; instalada em Uzes, teve necessidade, após o nascimento do segundo filho, de deixar de seguir Bernardo em seus deslocamentos incessantes. Sem dúvida, em Uzes toma pessoalmente parte na defesa da marca de Gothie: "Para defender os interesses do meu senhor e mestre Bernardo", escreve, "e a fim de que a ajuda que lhe dou na marca e nas restantes regiões se não deteriore e ele não tenha de se separar de ti e de mim, como acontece com outros, endividei-me pesadamente; para responder a numerosas necessidades, muitas vezes pedi emprestadas grandes somas, não apenas a cristãos, mas também a judeus; reembolsei tanto quanto possível e reembolsarei o que resta logo que puder". É pois provável que, tal como muitas damas da época, intervenha de forma ativa na administração e na defesa do feudo quando da ausência do marido e dos dois filhos: o mais velho, Guilherme, fora "encomendado" ao rei Carlos, isto é, quase entregue como refém ao rei em sinal de fidelidade, enquanto Bernardo de Septimânia guardou ao pé de si Bernardo, o segundo, talvez para o defender, mas certamente para o educar.

O *Manual* de Duoda, portanto, é um pouco uma maneira de se juntar ao marido e aos filhos. Indica expressamente que a obra foi composta por ela "do princípio ao fim, na forma e no conteúdo, na melodia dos poemas e na articulação no decurso da prosa". Com efeito, apesar de citar numerosos poetas, encontramos no *Manual*, especialmente no princípio e no fim, as suas próprias criações.

De resto, os poemas são bem do seu tempo: cada um contém um enigma a descobrir. Assim, o primeiro é um acróstico em que as letras iniciais compõem uma frase: *Duoda saúda o seu querido filho Guilherme*; com a exortação: *Lege*, "lê".

O tom que adota não tem nada de autoritário ou de doutoral: "Muitas coisas claras para muitos permanecem escondidas para nós e, se aos meus semelhantes de espírito obscurecido falta inteligência, o mínimo que posso dizer é que me falta mais ainda. [...] Apesar de tudo, sou tua mãe, meu filho Guilherme, e é a ti que dirijo hoje as palavras do meu manual". Assim começa o prólogo da obra. Duoda não teve ocasião de se mostrar mãe abusiva com os seus dois filhos; visivelmente, também não foi essa a sua intenção. Os conselhos que dá são formulados com uma ternura cheia de respeito: "Peço-te e sugiro-te humildemente...", "Exorto-te, meu filho...", "Eu, tua mãe, por vil que seja, segundo a pequenez e os limites do meu entendimento...". Nada há de magistral nestes ensinamentos.

Qual o primeiro princípio que propõe? Amar: "Ama Deus, procura Deus, ama teu irmão, teu pai, ama os amigos e os companheiros no meio de quem vives na corte real ou imperial, ama os pobres e os infelizes"; enfim, "ama todo o mundo para seres amado por todos, acarinha-os para seres acarinhado; se amares todos, todos te amarão; se amas cada um, amar-te-ão todos". E ainda: "Quanto a ti, meu filho Guilherme, preza e reconhece aquele ou aqueles por quem desejas ser reconhecido; ama, venera, acolhe e honra toda a gente, a fim de mereceres receber de todos a reciprocidade". Uma imagem vem ilustrar o preceito fundamental que percorre toda a obra: a do rebanho de veados que atravessa um rio largo. "Um a seguir ao outro, a cabeça e o pescoço apoiados no dorso do precedente, apoiam-se uns aos outros, e assim, um pouco aliviados, podem mais facilmente atravessar o rio com rapidez; é tal a sua inteligência e a sua sagacidade que, quando se apercebem de que o primeiro está fatigado, o colocam na cauda, e o mais próximo toma a cabeça para aliviar e reconfortar os outros; e, substituindo-se assim uns aos outros no decorrer da travessia, a afeição fraternal inspira sucessivamente a cada um a indulgência para com os outros". Tal passagem ilustra bem o tom do *Manual* de Duoda, pois apoia o tema de seu ensinamento continuamente com histórias e anedotas significativas. Nisto, pertence bem à sua época; é tanto um estilo do espírito como uma pedagogia familiar, e não somente no seu tempo, mas também no que a precede e a segue. Durante o período clássico, procurar-se-á convencer através de raciocínios e deduções, de teorias e análises que se integram num sistema de pensamento, ainda que, até ao fim da época medieval, se prefiram exemplos tirados da vida, da experiência humana e, principalmente, da *Bíblia*.

Duoda e o filho estão tão intimamente impregnados do Antigo e do Novo Testamento que ela não se dá ao trabalho sequer de relembrar a história dos personagens evocados; que os jovens Samuel e Daniel tenham sido capazes de julgar os velhos, que Jonas seja o símbolo da fidelidade e Absalão, da revolta: é suficiente fazer a isso alusão sem maior insistência. É um traço cultural que marca toda a civilização da época, válido tanto para os cristãos como para os judeus, se bem que, para estes, as alusões a Pedro ou a Paulo, o apóstolo por excelência, não possam ser significativas como são para Duoda e o filho. Esta é uma primeira verificação que se impõe à leitura do *Manual*: a Bíblia é considerada Palavra do próprio Deus. Esta revelação é o fundamento de todo o saber, de toda a doutrina, num grau incompreensível para nós. Hoje, no convento mais piedoso, as alusões de Duoda não seriam imediatamente compreendidas como ela sabia que aconteceria com o filho de dezesseis anos.

De resto, a oração deste tempo, tanto para cristãos como para judeus, baseia-se quase inteiramente nos Salmos, pelo menos a oração pessoal. Duoda recomenda a oração ao filho, declarando-se ela mesma incapaz de se comprazer na oração longa ou curta; enche-se de esperança Naquele que dá aos seus fiéis o gosto da oração desde que peçam; considera natural recitar as horas canônicas sete vezes por dia, e são sempre os Salmos que lhe vêm à pena; consagrará um capítulo inteiro (XI) a insistir nos Salmos, mostrando como, em todas as circunstâncias da vida, a sua leitura dá conforto e luz.

Poder-se-ia pensar que Duoda, no seu desejo de educação ditado por uma grande piedade, agitaria perante o filho as penas do Inferno e multiplique as advertências contra o pecado. Ora, curiosamente, a parte propriamente moral tem pouca importância no *Manual*. Fala, é certo, das diversas tentações que assaltam a alma, das más inclinações que é necessário combater: a arrogância, a luxúria, "esta peste que é o rancor", a cólera; tudo isto ocupa apenas algumas páginas, uma dezena no máximo, nas trezentas e setenta da edição. De fato, os conselhos de Duoda são espantosamente positivos. Primeiro, e antes de mais: "ler e rezar". Ela repete frequentemente este conselho: "No meio das preocupações mundanas do século, não deixes de procurar muitos livros, onde poderás, por meio dos ensinamentos dos santos padres e mestres, descobrir e aprender sobre Deus criador mais do que está escrito aqui [...]". "Tu tens e terás livros para ler e folhear, para meditar, aprofundar, compreender, e poderás mesmo encontrar facilmente doutores que te instruirão. Fornecerão modelos do que podes fazer de bom para cumprir o teu duplo dever" (sem dúvida junto do seu pai e do seu senhor). Só dedica palavras duras para os hipócritas: "Pessoas que aparentemente vencem no mundo e são ricas de bens, e, no entanto, por obscura malícia, não cessam de invejar e afligir os outros o mais que podem, fingindo honestidade [...]. Estes, convido-te a vigiá-los, a afastar-te deles, a evitá-los". Quanto ao resto, é questão de opor "os contrários aos contrários", a paciência à cólera etc., e procurar e respeitar os bons conselheiros: os padres, por exemplo.

Um apólogo de grande originalidade está desenvolvido complacentemente: "Um homem contando um sonho diz-nos: 'Foi como se cavalgasse, como se corresse, como se num banquete tivesse na mão todas as taças [...]. Acordado do meu sonho, não tinha nada a ver, nem a agarrar, desprovido e fraco, perdido, tateando, fiquei só com o como se'." E isto dá lugar a uma série de desenvolvimentos sobre o "como se". "Os que vivem mal correm para o abismo, e que possuem eles senão o 'como se'? Aqueles que passam a vida num gozo sem vergonha, que possuem senão o 'como se'?" A todos os 'como se', a tudo o que provoca o desejo e susta ambições desordenadas, Duoda opõe a "verdadeira árvore, a verdadeira e autêntica vinha". E desenvolve outro aspecto do apólogo: "Uma árvore bela e nobre produz folhas nobres e bons frutos: é o que se passa com o homem capaz de grandeza e fidelidade". E acrescenta: "É sobre tal árvore que te convido a enxertar, meu filho". Para concluir: "Se propões ao teu coração estas lições proveitosas e outras ainda, a tristeza afastar-se-á de ti, ela que é 'como se'; e a 'verdade' chegará, pressentimento dos bens futuros: uma alegria nunca vista, nem ouvida, uma alegria que nunca habitou no coração do homem [...]".

Para guardar os preceitos no espírito, as noções essenciais, Duoda recorreu a um meio singular, uma espécie de aritmética simbólica muito curiosa, ao mesmo tempo poesia e mnemotécnica. É verdade que era um processo familiar no seu tempo, de raízes ainda bíblicas, tal como esta ciência dos números; mas Duoda desenvolveu-a a ponto de poder ser utilizada pelo filho como um trabalho elementar (muito elementar, é evidente!) de cômputo, digamos de cálculo. Há primeiro os números 1 e 3, que lembram a Trindade divina e suscitam as três virtudes: Fé, Esperança e Caridade, a que devem corresponder três diligências: "Procura pelo pensamento, pergunta pela palavra, impressiona pelas obras". Há os sete dons do Espírito Santo, aos quais ela assimila "os sete dias da semana ou as sete idades da evolução do mundo, as sete lâmpadas sagradas que iluminam o santo dos santos". Há em seguida as oito bem-aventuranças, cujo comentário é a ocasião de ditar a atitude perante os outros: "Se encontrares um pobre e um indigente, presta-lhes o socorro que puderes, não apenas por palavras, mas também por atos. Da mesma maneira, convido-te a conceder generosamente hospitalidade aos peregrinos, tal como às viúvas e aos órfãos, às crianças sem socorro e às pessoas mais desprotegidas, ou a todos aqueles que vejas na miséria. Que estejas sempre pronto a agir para os consolar". Amar a pureza, a justiça, o espírito de paz, a doçura, mostrar compaixão fraterna por todos os que têm necessidades. "Se assim fizeres, a luz brilhará como a aurora e a claridade resplandecerá eternamente sobre os teus passos". Enfim, para lhe permitir lembrar-se melhor dos diversos preceitos, dedica-se a um último cálculo: "Os sete dons do Espírito Santo e as oito bem-aventuranças do Evangelho dão um total de quinze". A lição completa-se, fazendo notar que "sete vezes dois, catorze, junta um e faz quinze, e ainda sete vezes sete, quarenta e nove, junta um e faz cinquenta. Continua a juntar um e a multiplicar, que chegarás a um número grande [...]. Dirás ainda: três vezes três igual a nove, junta um e faz dez, e pelo mesmo processo chegarás a dez mil".

Não se trata de uma simples tábua de adição ou multiplicação; para Duoda, chegar a cinquenta é atingir o Salmo ao mesmo tempo da penitência e da alegria; chegar a cem é atingir um total que simboliza a beatitude celeste.

Para concluir, Duoda fala da ambição de ser para o filho uma segunda vez sua mãe. "Segundo os doutores, são reconhecidos dois nascimentos em cada homem: um carnal, outro espiritual; mas o nascimento espiritual é mais nobre do que o carnal. A estes dois nascimentos correspondem duas mortes: a primeira, aquela por que passam todos os homens, a segunda; que pode ser evitada: 'Os vencedores não serão atingidos pela segunda morte'", afirma, citando o *Apocalipse*.

Por fim, após novos acrósticos cuja chave desta vez é o próprio nome de Guilherme, Duoda fala de si, e entende-se através do texto que está separada do marido e dos filhos pela falta de saúde e por perigos que não designa: "Não ignoras quanto, devido às minhas enfermidades contínuas e a certas circunstâncias — à imagem do que diz o apóstolo: 'Perigos por parte dos da minha raça, perigos por parte dos gentios etc.' —, tenho sofrido devido à fragilidade do corpo [...]. Com a ajuda de Deus e graças ao teu pai Bernardo, escapei com segurança a todos os perigos, mas presentemente o meu espírito reflete sobre estas libertações". Também implora ao Senhor, "de coração humilde e com todas as forças", que lhe permita menos negligência na oração e pede ao filho que reze por ela com assiduidade; recomenda-lhe também que pague as dívidas, que cuide do seu irmão menor, e lembra-lhe os nomes da sua linhagem. Compõe, enfim, um epitáfio, sempre sob a forma de acróstico, mas desta vez a chave é o seu próprio nome. Ainda faz algumas recomendações sobre a leitura dos Salmos e termina a 2 de fevereiro com uma evocação à Virgem, de quem se celebra a festa nesse dia.

Mãe terna, Duoda é também uma mulher notavelmente instruída. A sua obra alimenta-se na Bíblia e nos Padres da Igreja, cujas citações traduzem espontaneamente o seu pensamento íntimo, os estados de alma, as alegrias, as penas, as inquietações. Compiladas pelos editores, as citações da Escritura, do Antigo e do Novo Testamento enchem oito páginas com duas colunas. Pouco importa, de resto, o número: o que nos impressiona é verificar como o pensamento está impregnado das Sagradas Escrituras. Sem dúvida que isto não é específico de Duoda. Até o fim do período medieval verificaremos nos sermões, nas conversações, em toda a produção literária, em verso ou em prosa, e até nas farsas e trovas, numa frequência semelhante, constantes referências ao Novo e ao Antigo Testamento. Pode-se dizer que o recurso à Sagrada Escritura forma a estrutura de tudo o que foi dito, escrito, pensado, durante os séculos feudais e medievais. Este é um fundo donde se tira espontaneamente e fora do qual não se pode compreender a obra quer dos contemporâneos de Duoda, quer mesmo, mais tarde, dos de François Villon. Há poucos anos, um dos comentadores deste autor se deu conta de que um verso seu — "O que está escrito, está escrito" — fora extraído do Evangelho e funcionava como uma espécie de chave para compreender todo o poema. Mas, de fato, não há nenhum texto no Ocidente, entre os séculos VI e XV, que possa ser abordado e entendido sem a chave da linguagem das Escrituras.

No entanto, estaríamos enganados se pensássemos que Duoda apenas leu a Bíblia. Cita vários poemas, por exemplo os de Prudêncio, que sabemos terem alimentado em parte a vida intelectual da Idade Média. Conhece bem Santo Agostinho e Gregório Magno, e reporta-se também com facilidade aos que eram considerados "os grandes clássicos": o gramático Donat e Isidoro de Sevilha, que, até o século XIII e mais tarde ainda, foi leitura-base para todo o homem instruído. Refere-se também a certas obras, como a Regra de São Bento, recolha de sentenças ou provérbios, provavelmente também livros de orações de que se sabe ter havido vários na época carolíngia. Não ignora os seus contemporâneos Alcuíno, Rabano Mauro, Ambrósio Autperto.

Por fim, como mulher extremamente instruída que é, tece o texto de expressões tiradas do grego, mesmo do hebraico, a ponto de mais de uma vez ter posto problemas aos seus tradutores; gosta também — e pensamos então no espírito dum Isidoro de Sevilha — de tirar partido das etimologias. É inútil dizer que pouco lhe importa que as etimologias sejam científicas. Nesse campo ainda, encontramos uma espécie de método mnemotécnico que permite, a propósito duma palavra, fazer uma exegese e, por associação de ideias, todo um desenvolvimento: assim, o próprio termo "manual", *manualis*, lhe dá ocasião de dizer tudo o que evoca a mão, sinal de poderio, enquanto *alis* evoca *ales*, "calhandra", cujo canto acompanha o fim da noite e "pressagia as primeiras horas do dia". Assim, a palavra *manualis* permite-lhe falar do poder de Deus e da luz de Cristo. Modo de pensar familiar na época, procedendo por analogias, por alusões, por imagens que se seguem uma à outra, cada qual chamando a seguinte[20], fora, inútil dizê-lo, o de todo raciocínio e de toda a lógica.

Acrescentemos que tem múltiplos interesses e que não trata-se de uma mulher confinada aos livros de oração. É uma mulher ativa, observadora, curiosa, do seu tempo: evoca, como vimos, a defesa da marca de Gothie, pela qual se endividou pesadamente; mas outros detalhes mais simples mostram-na no cotidiano, como o prólogo do *Manual*, que faz alusão ao jogo de mesas — uma espécie de jogo de damas — ou, ainda, e talvez mais impressionante, ao ofício dos ourives: "Os que trabalham os metais, quando tratam de estender o ouro para o aplicar, esperam o dia e a hora convenientes e oportunos, a hora e a temperatura desejadas, de forma que o ouro utilizado nesta decoração, brilhante e cintilante entre os metais mais esplêndidos, torne-se ainda mais vivo". Eis um assunto que deixaria supor o interesse de Duoda pelos trabalhos artesanais. Da mesma maneira encontramos, aqui e ali, expressões que são já as da sociedade feudal: a glória da linhagem, o serviço dos companheiros de armas, a fidelidade ao senhor, a adesão, a dedicação aos grandes dignitários etc.

Nas últimas páginas do *Manual*, Duoda torna-se mais grave. Parece pressentir o fim próximo: a obra transforma-se num testamento espiritual. Não se sabe exatamente qual foi o fim da sua existência, nem quando morreu; mas sabe-se, já o vimos, que o filho Guilherme, a quem destinou a obra, tendo, como o pai, Bernardo de Septimânio, traído o seu juramento de fidelidade e tentado apoderar-se da marca da Espanha conquistando Barcelona, teve um fim trágico: foi decapitado ainda antes de atingir os 24 anos. O seu segundo filho, Bernardo, pelo contrário, logrou uma carreira mais longa, pois provavelmente trata-se de Bernardo Plantevelue; foi o pai de outro Guilherme, que mereceu passar à história sob o nome de Guilherme, o Piedoso, e graças ao qual foi fundada, em 910, a Abadia de Cluny. Assim, mesmo que o *Manual* de Duoda não tenha sido aproveitado por seu filho, um outro Guilherme, seu neto, parece ter posto em prática os conselhos da antepassada; e a ilustre abadia, que marca no Ocidente o início da reforma religiosa e que produziu tais flores de arte e piedade não apenas na Borgonha, mas no Ocidente inteiro — e, em particular, nos caminhos de Compostela —, teve, em seu nascimento, influência feminina.

As que leem e as que escrevem

São raros os testemunhos que digam respeito a contemporâneas de Duoda; no entanto, conhecem-se algumas cuja cultura está provada, por exemplo, pela sua correspondência, como a que trocou com São Bonifácio, apóstolo dos Saxões, a abadessa de Minster, na ilha de Thanet, chamada Eadburge; ou ainda Fausta, abadessa de Saint Jean d'Autun, para quem um padre chamado Gundoino, compôs uma obra datada do "terceiro ano do reino de Pepino", o que nos conduz ao século VIII. Por outro lado, existe também um manuscrito dos primeiros anos do século IX, copiado por nove religiosas, que nele inscreveram os seus nomes: Girbalda, Gislildis, Agleberta, Adruhic, Altilde Gisledrude, Eusébia, Vera, Inês. Tinha por destino Hildeboldo, arcebispo de Colônia, que exerceu o seu ministério entre 795 e 819.

Evidentemente que as menções são mais frequentes nos tempos feudais. Os poetas do século XII elogiaram muitas vezes as qualidades intelectuais das mulheres que os rodearam. Baldrico de Bourgueil, escrevendo o epitáfio duma certa Constança, diz que era tão sábia como a Sibila; faz também o elogio duma certa Muriel, que tem fama de recitar versos numa voz doce e melodiosa. Não é surpreendente que *Belle Doëtte*, uma das mais antigas canções de tela — trata-se, como se sabe, de canções populares, assim denominadas porque, diz-se, as mulheres as cantavam enquanto fiavam —, comece por estes dois versos:

> *Belle Doëtte as fenêtres se sied,*
> *Lit en un livre, mais au coeur ne l'en tient.*

Assim, esta pequena obra anônima dos princípios do século XII, ou ainda mais antiga, mostra a heroína a ler sem, porém, insistir nisso, como se se tratasse duma ocupação habitual. Igualmente, a estátua de Leonor da Aquitânia em Fontevraud figura-a com um livro aberto entre as mãos.

São numerosas as damas nobres que fazem cópias dos saltérios, que de resto irão ocupar quase todos um lugar na história da arte. De tal modo isso se dá que o erudito Carl Nordenfalk consagra várias páginas do seu estudo sobre a iluminura românica a estes evangeliários, saltérios, livros de horas, feitos para o uso duma clientela de "damas de qualidade"[21]. Encontramos entre elas rainhas ou princesas, como Margarida da Escócia (falecida em 1093), Judite de Flandres (1094), Matilde da Toscana (1115); por vezes, apenas damas de nascimento elevado, como a inglesa chamada Cristina que levou uma vida de eremita na vizinhança do Mosteiro de Saint-Albans e para quem foi composto o famoso saltério de Albani, conservado na Biblioteca de Hildesheim. Nenhum historiador da arte ignora as obras magníficas que são o saltério da rainha Mélisande de Jerusalém, hoje em Londres, no Museu Britânico; os de Santa Elisabete, guardado em Cividale; ou de Ingeborg, rainha de França, na Biblioteca Nacional de Paris; sem contar o da rainha Branca, na Biblioteca do Arsenal. Seria necessário mencionar também, em Berlim, o saltério dito de Salaberge, que pertenceu à abadessa do Mosteiro de Laon, dedicado a Sainte-Marie-Saint-Jean, que foi, desde a Alta Idade Média, um centro notável de estudo e oração. Foi fundado por Santa Salaberga, cuja biografia é um dos textos importantes que nos restam da época merovíngia; "o mais antigo monumento de história literária laonesa conservado" na Biblioteca de Laon (n. 423) possui uma assinatura feminina, a de Dulcia, na margem dum manuscrito de Isidoro de Sevilha; enquanto outro (n. 63) foi provavelmente executado pela abadessa Hildegarda, meia-irmã do rei Carlos, o Calvo.

Foi apoiando-se em verificações deste gênero, chamando a atenção para obras copiadas por damas, que o romanista Karl Bartsch concluiu, em 1883: "Na Idade Média, as mulheres liam mais do que os homens". E poderia ter ido mais longe, acrescentando que não se contentavam apenas com a leitura: também escreviam com frequência, e os manuscritos que testemunham o saber da época foram muitas vezes copiados por mãos femininas.

Com efeito, temos correspondências completas a propósito de manuscritos, entre elas aquela que é trocada entre um certo Sindoldo e uma irmã designada somente pela inicial H., de Lippoldsberg, certamente entre 1140 e 1168. Ele pede-lhe que execute uma "compilação de matinas", para o que envia 24 cadernos de pergaminho, couro, cores e seda com instruções precisas: "Para este trabalho gostaria que me fizésseis letras maiúsculas de efeito decorativo, segundo o arranjo que vos indiquei. Para a transcrição do saltério, reservai para cada página apenas três linhas para o início dos versículos"; e, como se tratava de um erudito preocupado com a autenticidade do que mandava escrever, insiste, a propósito das festas dos santos apóstolos: "Não transcrevais as oito lições das paixões, pois são apócrifas, salvo a paixão de Santo André". A religiosa, por sua vez, responde: "A compilação de matinas de que a vossa caridade nos confiou a transcrição, sabei que foi copiada com o maior zelo até a Páscoa, mas que não prossegui o trabalho por mais tempo; com efeito, durante o inverno e até a Páscoa, escrevendo isto e aquilo para não perder o treino, não pude terminar este trabalho. Espero, no entanto, poder remeter ao vosso mensageiro o livro enfim terminado na natividade da Bem-aventurada Virgem Maria [8 de setembro]. E, como me dou conta", acrescenta, "de que faltam três cadernos de pergaminho, enviai-os pelo vosso mensageiro logo que seja possível, e também dois tratados sobre as regras da arte da redação, assim como a planta chamada genciana para a nossa irmã G."[22].

Dispomos hoje de indicações muito completas sobre o que estas mulheres escreviam — com a palavra sendo tomada no seu sentido mais concreto, significando "copiar", e não "compor". Consta da importantíssima compilação intitulada *Colofões dos manuscritos ocidentais das origens ao século XVI*, a qual, cobrindo apenas metade da ordem alfabética dos nomes dos autores, comporta já quatro volumes, dados à estampa em Friburgo pelos cuidados das Edições Universitárias, entre 1965 e 1976. O colofão é "a última palavra" reservada ao copista quando terminava a obra, exprimindo a sua consolação e, por vezes, o desejo duma recompensa pelo seu esforço.

Scriptori pro pena sua detur pulcra puella ("Queiram dar ao copista uma bonita jovem"), pede, sem vergonha, um deles.

Outros contentam-se com votos mais inofensivos: *Hic liber est scriptus, qui scripsit sit benedictus* ("Este livro está escrito, seja bendito quem o escreveu"). Acrescentam então o nome, muitas vezes num anagrama, testemunhando o gosto pelo enigma que caracteriza os tempos feudais.

Com efeito, nem sempre se pensa no que foi outrora esse estafante ofício. Sobre a matéria dura que é o pergaminho — muito menos suave do que o papel, que só começa a ser utilizado, sabe-se, em meados do século XIII —, alinhar, uns atrás dos outros, os capítulos de tratados comportando duzentos ou trezentos fólios (duas páginas) não constituía uma tarefa fácil. Um copista insiste: "Quem não sabe escrever não acredita em como é trabalhoso. Fatiga os olhos, magoa os rins e torce todos os membros. Tal como um marinheiro deseja chegar ao porto, assim o copista deseja chegar à última palavra" (texto do século X num manuscrito da Biblioteca Nacional, Latim 2447, fól. 236). Daí esta recomendação: "Ó feliz leitor, lava as tuas mãos e pega assim no livro; passa as folhas lentamente e coloca os dedos longe das letras etc." Concebe-se então que tenha necessidade de se manifestar redigindo um colofão; nem todos os manuscritos o contêm; a maior parte dos copistas trabalhou no mesmo anonimato que os escultores das catedrais ou os iluministas destes mesmos manuscritos. De resto, esta prática do colofão, por muito episódica que seja, persistiu até a invenção da imprensa por Gutenberg, que — precedido talvez por alguns judeus de Avignon, na primeira metade do século XV — teve a ideia de imitar os artesãos de imagens xilográficas, isto é, gravadas sobre madeira, e sobretudo de reproduzir separadamente cada letra, de maneira a poder constituir indefinidamente novas palavras e novas frases. É inútil insistir: todos conhecem as origens da tipografia.

A compilação dos colofões reserva uma surpresa: entre os copistas referenciados, um bom número são mulheres, o que nos indica da forma mais evidente a proporção não desprezível de mulheres que sabiam não apenas ler, como também escrever.

Podemos assim estabelecer uma lista de nomes de mulheres letradas em toda a Europa para quem o anonimato não existiu. Assim, desde o século XII, na Alemanha, são várias Ermengardas; uma delas viveu no tempo de Judita, superiora de Lamspringe (o que permite datar a "cópia" entre 1178 e 1191); também uma Inês, abadessa de Quedlinburg, e outra Inês que, em Admont, partilhou o trabalho com uma chamada Regelinda. Um pouco mais tarde, no século XIII, encontramos outra Inês, agora do convento de São Pedro de Pádua; na mesma época, uma das irmãs assina com o nome completo: Metilda Wolders, enquanto, num claustro de cistercienses, certa Elisabete, em 1260, inscreve uma menção bem explícita: *O rate pro scriba que scripsit lume librum: Nomen ejus Elisabeth* ("Orai pela copista que escreveu este livro: o seu nome é Elisabeth").

Com o tempo, os colofões tornaram-se menos raros: por um lado, temos um maior número de manuscritos dos dois séculos "medievais"; por outro, verifica-se mais nesta época a necessidade de marcar individualmente o esforço despendido: esse desejo de personalização é caracterizado pelo gosto pelo retrato, pela assinatura, que começa a aparecer nas cartas-missivas, tal como nas obras escritas.

Nos séculos XIV e XV pode-se escolher entre os nomes femininos das copistas: Eufrásia, abadessa de Florença, e uma outra, religiosa em Perúsia; Inês, clarissa em Vilingen; irmã Maria Luebs, ecônoma de Saint-Godelive, em Ghistelles; Maria Brückerin, penitente de Estrasburgo, e numerosas outras Marias italianas. Uma multidão de Margaridas: uma, religiosa em Bruges, copia um manuscrito que será iluminado pela irmã Cornélia; outra, reclusa de Heslyngton, na Inglaterra; duas outras ainda, religiosas em Leida; duas cartuxas em Santa Catarina de Nuremberg; Margarida de Nossa Senhora de Treves menciona expressamente que acabou a sua obra no ano de 1467, na vigília da Visitação (2 de julho). Margarida Scheiffartz, da

Capela de Schillinx, em Budapeste, faz notar alegremente que não escreveu, mas fez as iluminuras da obra: *Omnis pictura et floratura istius libri depicta ac florata est per me Margaretam Scheiffartz*; Margarida, filha de Alexis Saluces, entrou em 18 de fevereiro de 1470 para o Convento de Santa Maria e Santa Brigitte, em Gênova, e começou a escrever o seu breviário em 15 de março.

Podem-se assim, a propósito de cada nome feminino, multiplicar os exemplos, mas a sua enumeração completa seria fastidiosa. Ao lado dessas Margaridas, que escrevem tanto em Leida como em Oxford e em Frauenthal, e que por vezes escrevem o nome em língua vulgar, vemos: Margriete Doersdael, nos Países Baixos; Margriete der Weduwen, em Bruxelas; Greta von Wynschel, em Schõnau; Margaret Zürlin, em Eischstadt; seria necessário indicar as Joanas, as Isabéis, as Julianas, as Madalenas, as Eusébias, as Elisabetes e tantas outras, enquanto se espera (o catálogo termina, dissemo-lo já, na letra M) que os próximos levantamentos falem das Susanas, das Teresas ou das Úrsulas, que não podem deixar de se manifestar.

Não há apenas religiosas entre as copistas. Os colofões, comportam leigas, ainda que menos numerosas. Na Alemanha assinalam-se duas nobres chamadas Elisabete, uma no princípio e outra no fim do século XIV, ou ainda uma Marien von Loyn, ou uma italiana que assina simplesmente Maria — e poderíamos recomeçar uma enumeração semelhante com outras leigas, como Madalena Rosentalerin ou Margarida de Chauvigny. Não se deve supor que apenas damas nobres recebiam a instrução necessária para escrever: encontram-se uma Maria Coppin, filha de um escudeiro; Maria Regniêre, filha do poeta João Régnier; Maria Michiels, que tem expressamente o ofício de copista; Marieta, mulher de "Person, o escrivão", residindo em Reims; Joana Lefêvre; Jeannette Grebord etc.

Não podemos nos estender sem correr o risco de cansar o leitor — esses colofões são uma fonte preciosa e convincente, como todas aquelas que não foram escritas para a história e nem constituem testemunhos de expressão individual, como poderia ser a opinião de tal ou tal contemporâneo sobre o interesse com que concorrem para a instrução das mulheres.

Todavia, muitas citações dispersas no decorrer dos tempos permitiriam ir mais longe; assim, no século XV, Joana d'Arc declara, no princípio da sua carreira pública, que não sabe "nem a, nem b". No entanto, um pouco mais tarde, a madrinha, testemunhando no processo de reabilitação, declara: "Isso ouvia-a eu ler num romance" (a propósito das lendas da árvore das fadas); o que leva a pensar que se faziam leituras em Domrémy, provavelmente durante os serões de inverno. J. W. Adamson, estudando a educação das mulheres na época medieval, verifica que "certos documentos deixariam entrever que gente humilde, homens e mulheres, saberiam ler e escrever: numa aldeia da Inglaterra, um grupo de aldeões de condição humilde lê livros em inglês no dia da Assunção, em 1534"[23]. Por outro lado, Eileen Power chamou a atenção para numerosos testamentos nos quais os livros são destinados às mulheres — testamentos, em sua maior parte, tardios; é o caso de João Raventhorp, capelão na Catedral de York que, em 1432, lega à sua criada Inês de Celayne um livro de fábulas. Mais tarde, em 1451, Thomas Cumberworth deixa à sobrinha Ana *My boock of the talys of Canterbury*, famosa obra de Chaucer, enquanto Joana Hilton dá à sua irmã Catarina *unum librum de Romanse*, que não indica qual é.

Onde e por quem as mulheres eram educadas? Sabe-se que as filhas de grandes famílias tinham perto de si uma preceptora que figura por vezes nos atos; tal é o caso de Beatriz, intitulada *magistra comitisse Andegarensis* numa carta de Arembourge, condessa de Anjou, no século XII. Muito mais comum era que os conventos de mulheres se encarregassem da educação das meninas e, com frequência — o que não pode deixar de surpreender —, dos meninos. Com efeito, desde o início do século VI, e por ocasião da fundação do primeiro mosteiro de mulheres na Gália — o Mosteiro de Saint-Jean d'Arles, de que falamos anteriormente —, nota-se este desejo de espalhar a instrução, do qual só encontramos fraco equivalente nos séculos XVI, XVII e XVIII, nas missões do Novo Mundo; a instrução dos índios da América será todavia negligenciada com a inevitável sanção da extrema raridade do recrutamento nas populações indígenas.

O artigo 5 da regra escrita por São Cesário em intenção das religiosas agrupadas em redor da sua irmã diz respeito às crianças. Especifica que, para serem instruídas e educadas, não devem ser admitidas no mosteiro senão a partir dos seis ou sete anos de idade. O que é suficiente para indicar que os mosteiros de mulheres, como a maior parte dos mosteiros de homens, são também escolas, e isto desde o início da vida religiosa no Ocidente. A este respeito, regras e costumes denotam, de resto, duas correntes contraditórias: por um lado, a evidente utilidade de conceder instrução; por outro, certa desconfiança ligada à fonte de distrações que implica a presença de crianças num lugar consagrado. No entanto, na época feudal e na Idade Média, por todo lado as escolas monásticas instruem meninas e meninos; em Saint Jean d'Arles, desde a idade de seis ou sete anos, meninas e meninos — e estes até os doze anos — são educados sob a direção de uma religiosa, a *primiceria*; em seguida é a chantre quem se encarrega da escola, para além da liturgia e dos coros; uns e outros estão estreitamente associados, pois, na época, aprender a ler significa *primeiro* aprender a cantar.

Começa-se por cantar os Salmos; depois reconhecem-se as palavras escritas que já são familiares ao ouvido, segundo um método global que nos nossos dias a nova pedagogia redescobriu.

Abundam os exemplos de mosteiros femininos frequentados tanto por garotas como por garotos[24]. Desde 1116 que o Mosteiro de Nossa Senhora de Ronceray, em Anjou, recebe uma dotação do conde de Anjou para alimentar e educar treze crianças pobres do seu condado ou do de Maine; frequentarão quer a escola monástica, quer uma das escolas de Angers. Já dois séculos antes, Herlinda e Relinda, duas religiosas célebres pela instrução e também, segundo o seu biógrafo, pela habilidade de miniaturistas, foram instruídas no Mosteiro de Valenciennes, onde lhes foi ensinado o saltério, a leitura, o canto e a pintura[25].

Havia também no Mosteiro de Bonn pequenas alunas que a abadessa Santa Adelaide gostava de interrogar; no século XII, uma carta do Mosteiro de Nossa Senhora de Saintes, datada de 1148, é subscrita não só pela bibliotecária (*librorum custada*), chamada Inês Morei, mas também por várias menininhas que a rodeiam: Ermengarda, Sibila, Letícia, Inês e Petronilha. Da mesma forma, o Mosteiro de Coyroux, filiado de Obazine, recebe meninas e meninos, mas estes, ao chegarem aos cinco anos, são educados em outra casa. Os exemplos são tão numerosos que seria presunçoso querer citar todos. Notemos, no entanto, que o desejo de instruir as crianças é atestado por numerosas prescrições de bispos, desejosos de reorganizar as dioceses a seguir aos desastres do século XIV. Assim, em Soissons, no ano de 1403, o bispo Simão de Bucy insiste junto dos capelães e curas para que zelem por que os pais enviem as crianças dos *dois sexos* às escolas da cidade; e ordena expressamente que abram escolas nas paróquias que não tenham. O romance do cronista Jean Froissart, intitulado

A espineta amorosa, daria a entender que, na altura em que ele próprio era jovem, por volta de 1350, frequentava com os companheiros a mesma escola que a sua heroína. Parece, pois, que a ausência de separação neste domínio não é uma invenção do século XX.

É preciso observar também os estabelecimentos escolares mantidos por leigos; segundo os registros da talha, no fim do século XIII conhecem-se 22 professoras em Paris; no século XIV, aquele que tinha a seu cargo a fiscalização das escolas na diocese e que se chamava mestre-escola, dirigindo-se aos professores, menciona "as senhoras que estão e ensinam nas escolas a arte da gramática".

Frequentemente instruídas, muitas das mulheres estão igualmente desejosas de expandir o saber; são numerosos os estabelecimentos criados por elas com este fim: é a dama de Montmirail, Heloísa de Dampierre, quem constitui reservas de víveres para os alunos de São Nicolau de Soissons, desde o início do século XIII; ou Joana de Châtal, que deixa a herança aos pequenos alunos de Saint-Jean des Vignes estudando em Paris. Em Reims, o Colégio de Crevés, que remonta também ao século XIII e que era o colégio mais importante da cidade, juntamente com o dos Bons Enfants, deve seu nome à fundadora, Flandrine La Crevée.

Falta conhecer a natureza do ensino dispensado tanto às moças como aos rapazes; parece que, no que diz respeito aos graus mais elementares, nos podemos reportar ao *Manual* de Duoda, desenvolvendo-o um pouco; o saltério e, mais geralmente, a Sagrada Escritura formam a base, mas os comentários dão lugar a um estudo mais profundo na análise e na expressão: tudo o que se agrupa sob o nome de gramática. A impressionante cultura de Heloísa, que se tornou, contra sua vontade, abadessa do Paraclet, ensinando às suas monjas o grego e o hebraico, foi adquirida no Convento de Argenteuil; deixara-o na idade de dezesseis ou dezessete anos porque as religiosas não tinham mais nada a ensinar-lhe.

É ainda necessário pensar naqueles e naquelas que não frequentam a escola, na cultura espalhada pelos sermões, leituras, pelos contos ditos à noite, e ainda pelas próprias canções. Desde a invenção da imprensa que se adquiriu o hábito de ter em conta apenas a cultura escrita. Ora, por mais importante que esta se mantenha na civilização atual, estamos hoje muito mais abertos a certas formas de expressão cultural traduzidas no gesto, na dança, no teatro, naquilo a que se chama hoje o domínio das artes plásticas, ou mesmo do audiovisual, cujo conteúdo deixou de parecer negligenciável. Esta cultura latente proporcionada nos tempos feudais é a mesma para as meninas e para os rapazes. Só na época medieval propriamente dita se observa uma evolução, e a diferença ficará mais acentuada entre eles. Em meados do século XIII, Vicente de Beauvais, genial irmão pregador de saber enciclopédico, a quem São Luís confiou os cuidados da sua biblioteca e a educação dos seus filhos, aconselha a que se ensinem as letras tanto às meninas como aos meninos. É de notar, aliás, que é à rainha Margarida de Provença que dedica o seu tratado sobre a educação das crianças.

Ainda no século XIV, a crônica de Villani assinala que em Florença, por volta de 1338, as escolas elementares são frequentadas por uma criança a cada duas — meninos ou meninas, cuida ele de precisar! Só muito tardiamente surgirá a questão de saber se estas últimas deverão ou não ser instruídas. Uma Cristina de Pisan retomará os conselhos de Vicente de Beauvais, enquanto um Filipe de Novária se inclina para a sua ignorância. Francesco da Barberino, que na Itália, onde se faz já sentir a influência do Renascimento, fala da educação em geral, prefere que se ensinem às garotas "as tarefas domésticas, fazer o pão, limpar um chapéu, fazer manteiga, cozinhar, as lavagens e as camas, fiar e tecer, bordar com a agulha etc.". Admite, no entanto, que as mulheres da nobreza, assim como as religiosas, devem saber ler. Mas é desde esta época que a mentalidade muda, e a influência da universidade, nomeadamente, se faz sentir neste domínio. A instrução tornar-se-á cada vez mais apanágio dos homens.

SEGUNDA PARTE

A idade feudal

1

"Clima cultural"

Entre todas as curiosidades arquitetônicas que no conjunto de Fontevraud se impõem à atenção, a Torre de Evrault não é a menos surpreendente. Situada à direita quando se observa a abacial, perto do antigo refeitório, trata-se de uma construção insólita, de uma alta pirâmide facetada, octogonal, franqueada na base por absidíolas cuja forma faz pensar em certas colmeias antigas. Magno, o arquiteto encarregado, em 1902, da restauração do conjunto, sobrecarregou os tetos das absidíolas de lanternins, cujo efeito não deixa de ser gracioso. Mas as gravuras mostram apenas um, no cimo da pirâmide central, sobre o teto coberto por telhas em escama.

A ideia de colmeia impõe-se ainda mais quando chegamos ao interior da Torre: à volta do que deve ter sido a lareira central existem oito alvéolos cobertos por um entrecruzamento de arcos inferiores, de forma a proporcionar os condutos de outras doze chaminés; há pois vinte lareiras secundárias que culminam na chaminé central, à qual a pirâmide visível do exterior serve de mitra. Se o exterior do edifício é surpreendente, o interior está cheio de ensinamentos, que vão da técnica da ventilação[26] à virtuosidade arquitetural: os quatro arcos grandes, assentando sobre as colunas de ângulo, fazem a passagem do plano ortogonal ao plano quadrado, enquanto, no andar superior, os arcos conduzem ao octógono da pirâmide central. No conjunto, podem-se acender ao mesmo tempo seis lareiras sem ser incomodado nem pelo calor, nem pelos fumos que saem pelas vinte chaminés. Atualmente, o edifício está transformado em sala de concertos e de conferências, e podemos meditar um pouco sobre a evolução que levou a fazer, no século XX, uma sala de concertos no que, dois séculos antes, fora simplesmente a cozinha dum mosteiro.

A Torre de Evrault, com uma arquitetura de tal maneira funcional que foram necessários os progressos atuais para compreender a sua sutil disposição, é apenas uma cozinha. Uma cozinha adaptada ao seu fim, que é o de preparar a alimentação, ou, melhor, as alimentações diversas, das muitas pessoas habitando o vasto conjunto monástico. Existem os frades e as religiosas, mas também a enfermaria para os doentes, a gafaria para os leprosos, a hospedaria para os visitantes, a sala de abrigo onde são acolhidos peregrinos, mendigos, vagabundos. A disposição do conjunto, com as seis lareiras principais, onde ardem madeiras e achas, e as cozinhas anexas, que podem funcionar graças às brasas tiradas das lareiras principais, permite a uma grande quantidade de pessoas trabalhar sem se incomodarem entre si, manejando tripés, grelhas, espetos, marmitas, frigideiras e outros utensílios familiares, segundo as necessidade de cada um.

Fontevraud continua a ser para nós o exemplo do que foram as cozinhas de conventos ou de castelos na Idade Média. Estão isoladas das habitações; primeiro por precaução contra o grande flagelo do tempo, o incêndio, mas também, e talvez sobretudo, porque a cozinha implica um vai e vem, um estorvo contínuo, com tudo o que absorve, combustível ou abastecimentos, e tudo o que rejeita, lixos, detritos e cinzas; é mais prático, pois, que tenha saídas separadas, próximas da fonte, porque a água é tão necessária como o fogo. Mesmo na cidade, onde cada casa terá o seu fogo próprio, o forno, que absorve muitos molhos de lenha, achas e pequenos ramos, ficará separado das habitações.

As cozinhas de Fontevraud testemunham progressos técnicos que melhoraram a vida cotidiana na época feudal.

Entre estes, o mais importante talvez seja o conduto de chaminé propriamente dito, invenção do século XI. Como foi possível viver tanto tempo sem chaminé? Com efeito, se o orifício de saída da fumaça no teto, no centro ou no canto da divisão existiu desde sempre ou quase, a chaminé pressupõe não apenas condutos e túneis, mas também o conhecimento das correntes e pressões de ar, da orientação das casas, bem como a preocupação de utilizar os ventos segundo a sua direção, diferente conforme se trate de vale, de encosta, de planície etc. Foram necessários séculos de braseiros e de fogos ao ar livre para dominar o conjunto destes elementos.

Entre todas as grandes invenções que marcam o início da era feudal, foi talvez esta a que contribuiu mais radicalmente para alterar a vida. Quem diz chaminé diz, com efeito, lareira. Doravante há um lugar onde toda a comunidade se junta, pacatamente, para se aquecer, para se alumiar, para repousar. Durante os serões de inverno, fazem-se à lareira pequenos trabalhos tranquilos: descascar nozes, castanhas ou pinhões. E, no que diz respeito às mulheres, fiar, tricotar, bordar. Mas aqui sentimos nascer a inquietação dos meios feministas, de ouvido sempre atento e desconfiado, e sempre prontos a apresentar reivindicações apaixonadas quando é pronunciado o termo "lar", demasiado evocador da famosa fórmula da "mulher no lar", como foi utilizada a partir do século XIX nos meios burgueses. Apressemo-nos a dizer que as compreendemos muitíssimo bem, mas que tais reações resultam de lacunas na perspectiva histórica. E seria necessário inverter os dados habituais, fazendo notar que o surgimento, no sentido próprio, do fogo de chaminé teve certamente influência no novo lugar ocupado pela mulher no seio da comunidade familiar. Ele é, para ela, símbolo de integração na vida comunitária, o inverso do que foi o gineceu e do que é o harém, que confinam a mulher num lugar à parte e são símbolos de exclusão. Evidentemente, simplifica as tarefas domésticas e, portanto, agiliza o trabalho da mulher. A lareira é o lugar que irradia calor e luz, onde a família, no sentido mais lato, reúne-se todos os dias durante mais ou menos tempo, conforme as estações. A sua configuração implica a espécie de igualdade da Távola Redonda exaltada pelos romances — mesmo que se trate de apenas um semicírculo! Muito cedo se encontra em certas terras a chaminé circular colocada no centro da casa e que, em algumas regiões do sudoeste, se manteve até o momento em que os arquitetos modernos a descobriram e utilizaram nas residências secundárias. Para apreciar a mudança poderíamos comparar um pouco a lareira com a televisão, com a diferença de que, ao contrário da telinha, a lareira vem incontestavelmente em benefício da família e de toda a casa.

A casa ganhou importância. Já não é apenas um abrigo, um lugar para comer e dormir. É um lar. A solidariedade familiar, já primordial nos costumes celtas e nórdicos, adquire assim a sua verdadeira importância; forjava-se ao canto da lareira, com as suas diversidades — em parte alguma mais impressionantes do que no seio de uma mesma família — e afinidades. Mas, enquanto os combates, os trabalhos agrícolas, os cuidados com o gado, a forja, o moinho, são lugares onde se exerce a força masculina, existe um lugar que a mulher pode considerar como seu domínio, onde ela é a senhora, *domina*, e este é a lareira.

Do ponto de vista da mulher, as cozinhas de Fontevraud são um exemplo prestigiado da aquisição mais impressionante na aurora dos tempos feudais. A chaminé, com a sua lareira, que se encontra por todo lado e sob todas as formas — da mais vasta, nas grandes salas dos castelos, à mais humilde, nas cabanas das aldeias —, caracteriza, doravante, a vida cotidiana. Mas é indispensável também fazer notar, em traços largos, outras novidades técnicas da época para evocar o "clima cultural", o pano de fundo sobre o qual se desenrola a vida das mulheres.

O primeiro melhoramento que vem ao espírito é aquele que o moinho suscitou em todas as regiões do Ocidente; o gesto ancestral da mulher esmagando o grão para o reduzir a farinha cumpre-se mecanicamente. Se hoje a máquina de lavar constitui uma libertação para a mulher, corresponde, no entanto, a uma necessidade menos imediata, menos cotidiana que a do pão, outrora a base da alimentação ainda mais do que hoje. O espetáculo da mulher associada à mó era familiar na antiguidade, mesmo na antiguidade hebraica, que banira a escravatura, pelo menos a das mulheres judias: "De duas mulheres ligadas à mesma mó, uma será tomada e a outra largada", lê-se no Evangelho. Trata-se de um exemplo da vida cotidiana escolhido intencionalmente como o mais banal. Ainda hoje, o gesto de bater o pilão caracteriza a mulher africana. Mais para a frente, em nosso Ocidente feudal, esta imagem é subestimada pela das comadres conversando à entrada do moinho, assim como à do forno, dois elementos essenciais na vida dos campos[27]. Os fundos necessários para a sua instalação eram geralmente concedidos pelo senhor local, daí a renda, o *ban* que recebia por um e por outro; todos os historiadores das técnicas fizeram notar a rápida progressão do número de moinhos na época feudal da França, muito favorecida deste ponto de vista pelo número de cursos de água que possui, a que se juntam, em caso de necessidade, derivações e canais[28], uma vez que primeiro se tratou de moinhos de água. Bertrand Gille fez muito bem notar que, "de todos os progressos técnicos realizados entre os séculos X e XIII, não há talvez nenhum mais notável, nem mais espetacular, do que o da expansão do moinho de água"[29]. Sem dificuldade, os contemporâneos tiveram consciência disso. O texto mais antigo que lhe faz referência enuncia expressamente: a vida de Santo Ours de Loches conta como este mandou construir um moinho no seu convento, de maneira a diminuir o trabalho dos irmãos, deixando-lhes mais tempo para a oração.

De fato, no século VI, a Gália conhecia já uma dezena de rodas hidráulicas (é verdade que é preciso ter em conta a raridade dos documentos escritos para esta época). Em compensação, quando da redação do *Domesday Book*, depois da conquista de Inglaterra por Guilherme, o Conquistador, em 1066, contam-se 5.624 somente na Inglaterra. Por todo lado se contam por centenas, no século XII, e por milhares, no século XIII. Nesta época têm funções diversificadas; quer sejam de rodas horizontais, quer de rodas verticais, servem não somente para moer o trigo e os cereais, mas também para moer as azeitonas, a fim de extrair o azeite, pisar os panos, forjar o ferro, esmagar as matérias de tinturaria... No século XII, em Xativa, perto de Valença, Espanha, vê-se instalar o primeiro moinho de papel; precisemos que se trata da parte reconquistada, e não da Espanha muçulmana, onde o papel era já utilizado, mas não fabricado mecanicamente; a anotação foi feita pelo americano Lynn White, historiador das técnicas[30].

Os historiadores do futuro provavelmente ficarão surpresos ao verificar que no fim do século XX, desenvolvido e até sobredesenvolvido em tantos aspectos, o moinho não tenha ainda surgido na vida cotidiana de tantas regiões da África, Ásia ou América do Sul. Certos estudos recentes revelaram, no entanto, a importância que os moinhos obtiveram na América do Norte durante a conquista do país: constituíam centro de atração à medida que os pioneiros progrediam; mas, coisa surpreendente, esta técnica familiar, de fácil implantação, não se espalhou em países a que, no entanto, o avião serve quase cotidianamente. Só recentemente organismos oficiais como a OCDE se interessaram pelo que os anglo-saxões chamam *soft technology*, a tecnologia suave, aquela que simplifica a vida familiar e contribui para uma prosperidade real, prática, e que foi entre nós a grande conquista dos séculos X e XI; não haveria então um estágio elementar de desenvolvimento a que conviria dar atenção? Hoje, alguns colocam esta questão[31].

É certo, no entanto, que a mulher na Europa feudal foi a primeira beneficiária deste aperfeiçoamento considerável da vida doméstica rural.

Esta transformação está, além disso, relacionada a outro progresso tecnológico, também decisivo: a atrelagem do cavalo, que permitiu ao animal, com as espáduas, puxar pesos muito maiores. Na antiguidade clássica ignorava-se este equipamento racional. Todos os baixos-relevos mostram o cavalo preso por uma coleira que lhe passa na frente do pescoço e que, por conseguinte, o estrangula quando a carga é muito pesada: as quadrigas que transportam o herói no dia do triunfo são puxadas por cavalos com a cabeça virada para trás, pois, mesmo que sejam quatro para um carro leve, ficam sufocados pelo esforço. A obra-prima de habilidade que é o colar de atrelagem, deslocando a carga do pescoço para as espáduas do animal, introduz-se entre nós apenas num período impreciso, em cerca do século VIII: a partir deste momento, a iconografia do cavalo apresenta-o de cabeça para a frente, e não mais virada para trás. Mais rápido do que o boi, o cavalo puxa uma dezena de vezes o próprio peso, e assim, tanto no Ocidente quanto no Oriente Próximo, o homem torna-se pela primeira vez na história condutor de forças. Esta invenção do colar rígido completa-se com as ferraduras de pregos e também com a disposição dos animais em fila, talvez conhecida desde o fim da antiguidade clássica, mas permanecendo inoperante na prática, dado o modo de atrelagem.

Isso significa que o espetáculo da mulher puxando a charrua — por vezes ao mesmo tempo que o burro —, visto ainda recentemente, por exemplo, nos países islâmicos, desapareceu entre nós na época feudal, e é outro elemento apreciável da sua libertação. Poderíamos enumerar outras invenções, como o uso do vidro nas janelas, que introduziu a claridade nos locais de trabalho e de estada, e o do espelho de vidro (que se substitui o metal polido); ou ainda o aparecimento do sabão duro — mencionado em Gênova desde o século XII e que substitui com vantagens a pasta saponácea inventada pelos celtas; o uso do botão no vestuário, fechado anteriormente por laços; e, enfim, a chaminé, de que já falamos.

É neste contexto, numa época de grande dinamismo tecnológico, que é preciso imaginar a mulher no período feudal, que vê ao mesmo tempo elevarem-se os castelos e edificarem-se as cidades. Curiosamente, tem-se falseado a realidade ao esquecer esta simultaneidade, situando a grande época das cidades posteriormente à grande época dos castelos. De fato, a fundação de cidades cessa precisamente na época em que o castelo perde também a sua importância. Se, no século XVI, a cidade torna-se o centro do poder, nos tempos em que se começam a destruir metodicamente os castelos extingue-se também o entusiasmo que a fazia surgir nos cruzamentos das estradas, na confluência dos rios. Apenas se dá o crescimento das cidades já existentes.

Procurando a causa da expansão tecnológica que ocorreu num mundo essencialmente rural, Lynn White, assim como Ernst Benz, destacam uma outra libertação: a mudança radical na atitude para com a natureza que começou nos inícios da evangelização; os tabus inerentes a todas as culturas pré e pós-cristãs que impediam o desenvolvimento dos campos caíram em desuso: desde as simples superstições até as proibições, essa espécie de animismo ou panteísmo que reinava no mundo rural da antiguidade, e que reina ainda em numerosas regiões do nosso planeta, desapareceu; o "dominai a terra" da Bíblia suscita uma perfeita liberdade do homem relativamente a um enquadramento que constituía para ele fonte de terror. Hoje, de modo muito artificial, certos historiadores querem confundir os costumes camponeses que subsistiram em nossos campos, adotados e batizados pelos ministros do Evangelho, com verdadeiras crenças supersticiosas e inibidoras. Mas, por pouco que se penetre sem dissimulação o estudo das mentalidades, é-se obrigado a distinguir entre a dança em redor da árvore das fadas praticada no tempo de Joana d'Arc e a crença nas fadas que ela fez desaparecer. É suficiente comparar o espírito do que se passa ainda em nossos dias na Índia, onde toneladas de cereais são presa de roedores que é pecado destruir, ou na África, onde certas crenças reverentes paralisam os esforços de desenvolvimento, ou, ainda, nos países muçulmanos, onde estão proibidos o álcool e a carne de porco, com esta capacidade quer de adoção, quer de adaptação, que se manifestava na época feudal tanto no Ocidente como no Oriente cristão, estimulada pelo desaparecimento da escravatura, que incita à invenção tecnológica.

É neste "clima cultural" — para retomar a expressão de Lynn White — que devemos imaginar a mulher do meio rural. Certamente que não foram suprimidos nem a desgraça, nem o trabalho; não foi instaurado o paraíso na Terra, mas esta atmosfera particular é uma das razões profundas da inegável prosperidade que verificamos durante os três séculos da época feudal.

Esta prosperidade material e espiritual revela-se de forma irrecusável na presença desta construção comum que é por excelência a igreja cristã e que, ao contrário do templo antigo reservado aos padres, é concebido para o conjunto dos fiéis. Desde que um punhado de homens se reúnam num território qualquer, experimentam o desejo de transcender a simples necessidade material e consagram uma parte dos seus recursos a elevar uma igreja. A igreja é, ao mesmo tempo, o símbolo tangível da coletividade, do bem-estar — frequentemente muito relativo — dos seus membros e da aspiração de se desembaraçar do cotidiano para se elevar. Ora, ainda hoje, mesmo nas aldeias que consideramos "mais afastadas", encontramos sempre, se não uma igreja perfeitamente conservada, pelo menos as suas ruínas, os seus vestígios. Quantas destas igrejas não estão empoleiradas em lugares que hoje consideramos "inacessíveis", a despeito dos nossos meios técnicos!

Estas proezas técnicas, durante muito tempo desconhecidas ou desprezadas em razão dos séculos que o academismo cegava, atualmente despertam a nossa admiração. Ora, ao contrário do que se crê, se uma parte destes edifícios foram construídos pelas ordens religiosas, que podemos justamente considerar educadoras dos campos, muitas eram apenas pequenas paróquias rurais: para citar os exemplos mais espetaculares no domínio da pintura do afresco românico na França, se Saint-Savin-sur-Garkmpe é uma abacial, se Tavant é um priorado dependente de Marmoutier, os afrescos surpreendentes da igreja de São Martinho de Vicq e os tão harmoniosos de Brinay decoram modestas igrejas de paróquias rurais; e podemos citar às centenas minúsculos lugarejos guardando da época românica ou pré-românica, quanto mais não seja, um portão, um capitel, ou até toda uma estrutura que os fez participar deste vasto movimento artístico que englobamos hoje sob a designação de "arte românica". É impressionante verificar que apenas o Ocidente e o Oriente Próximo cristão fornecem em tal escala e em tão grande proporção os testemunhos de uma arte tão disseminada e localmente viva; é impossível, pois, falar de subdesenvolvimento para a época feudal; é impossível também ver mais do que uma manifestação cultural espontânea espalhada tanto no mundo rural como nas cidades; e essa é uma característica da vida dos campos que não impressionou, por si só, os historiadores, mas cuja verificação é possível ao turista mais distraído.

Outro destes sinais irrecusáveis e que parecem cada vez mais evidentes à luz dos estudos recentes é o de que, até as catástrofes do século XIV (a fome de 1315-17, a peste de 1348 e as guerras franco-inglesas), certa prosperidade reinou no mundo rural francês. Aqui as condições de vida surgem sensivelmente diferentes dos quadros traçados até hoje por uma história muito rotineira e que se apoiava mais sobre preconceitos do que sobre fatos. Neste quadro, o lugar da mulher no mundo rural da França nada tem a ver com o lugar da mulher nos países subdesenvolvidos, tal como se apresentam ainda hoje em tantas regiões da África, da Ásia ou da América do Sul. O conjunto destes trabalhos leva a corrigir uma ideia bem instalada na nossa mentalidade: a de que a vida nos campos está votada a um subdesenvolvimento prático, sendo a indústria o único fator de riqueza, acompanhando necessariamente todo o progresso cultural. É importante reconsiderar este pressuposto se quisermos ter uma ideia mais exata de como era a vida no mundo rural, isto é, a vida de nove décimos da população francesa — e ainda mais na Europa — a partir do século X, aproximadamente.

2

Dona de casa

Em 1976, na sua introdução ao colóquio de Poitiers *A mulher nas civilizações dos séculos X-XIII*, Robert Fossier terminou com uma importante verificação: "Na história do Ocidente, no decurso destes dois ou três séculos, as duas conquistas principais do homem foram o estabelecimento da célula conjugal, do casal, como quadro normal da existência familiar, e nós vivemos ainda nesta conquista; e, ainda, o estabelecimento da casa, órgão principal e fundamental da vida coletiva, da vida senhorial. Nestes dois casos é a mulher que surge no centro das células, núcleo sem o qual estes quadros não existiriam, cavilha mestra de toda esta construção"[32].

No decurso da exposição, evocando de passagem as fontes arqueológicas para o conhecimento desse papel da mulher, ele observou: "Examinando o quadro material da vida de todos os dias, inventariando o que nos deixaram as aldeias e as casas que nelas escavamos, o que encontramos, no decurso dos séculos, são objetos ou restos de objetos que possuem a particularidade, numa proporção impressionante, de terem sido usados por mulheres, objetos de adorno, fragmentos de espelho, ganchos, pérolas, colares; são também objetos de uso culinário, de artesanato caseiro ou necessários à conservação das reservas domésticas, tesouras, agulhas, bilhas etc.". E acrescenta: "É evidente, pois, que a casa forma a célula essencial da vida; se, como parece certo, é a mulher que nela manda, é ela, e não o homem, que ocupa o centro da sociedade".

Podemos imaginar esta casa onde reina a mulher por meio dum pequeno poema dos primeiros anos do século XIII que se intitula *L'Outillement au vilain*[33] e que nos descreve de forma agradável tudo o que é necessário ao "vilão" — o homem do campo (de *vila*, que continua a designar o domínio rural) — para se estabelecer em casa. Primeiro, é necessária a própria casa, bem entendido, e depois se acrescentam numa linguagem saborosa: "*Bordel e buron*: num se guarda o grão e no outro, o feno".

Na linguagem corrente conservaram-se os dois termos, que designavam somente cabanas ou reservas, um com o sentido que se sabe, o outro como cabana de Auvergne, dedicada à fabricação de queijo.

Na casa, o jogral cita em primeiro lugar, como convém, a lareira, para a qual são necessárias "achas na fogueira", e não esquece o "toucinho", que deve estar pendurado na chaminé; à mão, uma bilha para a água doméstica. Entre os outros móveis cita primeiro "a vasilha do banho", o banco e "a mesa de comer", assim como a arca de guardar pão, ao que se seguem o *chaalit à jésir* e a *maie à pétrir*: em outras palavras, a cama e a amassadeira. A lareira é descrita com os acessórios do lume e da cozinha: a cremalheira de ferro, a lâmpada para o inverno, a frigideira, o suporte do espeto, o "pote e a concha" para a sopa, o grelhador e o gancho para retirar a carne do pote, o fole, as tenazes e o almofariz, o moinho de mão, o pilão e o almofariz provavelmente menor; por fim, a trempe e o caldeirão, mais a grade sobre a qual se escorre o queijo. Mencionam-se ainda o saleiro, as taças, as tigelas, os pratos, as formas do queijo, a faca do pão. É curioso ver mencionar a lanceta "para sangrias", mas sabemos que a sangria fazia parte da medicação corrente. Então, as agulhas e as tesouras.

Brevemente, o autor enumera também o vestuário: sapatos, botas leves de verão, calções, borzeguins (botas de couro de que ainda se servem os cavaleiros), cotas e sobrecotas, capas curtas com capuz, correias, navalheiras (estojos de navalha), bolsas, pequenas bolsas que se levavam à cintura e luvas "bem encouradas" (forradas de couro) para os trabalhos de campo, especialmente para proteção dos espinhos e para cortar as sebes que envolvem a casa.

Em compensação, é prolixo em relação ao enxoval do bebê: é preciso construir o berço antes do nascimento e ter muita roupa e palha (palha para o enxergão, a substituir com frequência); baldes (pequena selha, vaso em forma de balde para o banho) e bacias de mão gentilmente chamadas "gatinhas". Como se trata de bens dum camponês, não é esquecida a vaca leiteira para alimentar o bebê quando for desmamado: precaução muito útil para evitar acordar toda a família durante a noite com os seus gritos. De fato, a mamadeira existia sob a forma de pequeno púcaro munido dum bico, em que se fixava um pano, sobre o qual a criança chupava, como hoje o faz pela chupeta. Vemos depois todos os outros utensílios relacionados ao trabalho da terra, desde a "carroça de carga" até o aguilhão dos bois, a foice, a foicinha, a enxada, o forcado e o malho, o cepilho e o ancinho etc.

Este é o equipamento dos camponeses simples, e a lista não mudará até o nosso século XX ou, em todo caso, até o XIX, época em que foram introduzidos novos instrumentos, como a tesoura de podar, que se vem juntar à foice de antanho.

Um outro poema, atribuído à pena fértil de Eustache Deschamps, lança-se numa enumeração que podemos pôr em paralelo com a precedente. Porém, mesmo que se trate duma balada composta cerca de século e meio depois de *L'Outillement au vilain* (Deschamps nasceu em 1346), são os bens de uma casa burguesa, citadina, que descreve.

Os móveis são objeto de um breve inventário, no qual se incluem mantas, almofadas, cama e "forragem" (palha para os colchões) ou forro (lã para colchões). Depois, os *fourmes* (cofres, sem dúvida) e "bancos de mesas e cavaletes"; com efeito, geralmente a mesa não é mais do que um conjunto de tábuas, daí vem o "pôr a mesa": colocá-la sobre os cavaletes à hora da refeição; a mesa fixa, dita "dormente", não é um móvel comum, mesmo que a encontremos mencionada desde o século XIII.

Se a série de utensílios de cozinha cabe num único verso:

> *Ecuelles, pots, poêles, plateaux,*

os acessórios dos trabalhos das damas estão detalhados com mais pormenor: rocas, *hasples* (dobadouras), fusos, agulhas, fio, seda, meadas; a menção ao ouro fino de Chipre indica que fala duma casa bem provisionada; vêm depois

> [...] *coffres ou écrins*
> *Pour leur besogne héberger*
> *Miroirs, peignes à peigner leurs crins.*

A iluminação é resumida num verso:

> *Torches, cire, cierges, flambeaux,*

assim como os utensílios da higiene:

> *Chaudieres, baignoires et cuveaux;*

enfim, a criança ocupa tanto espaço como a dama:

> *Pour enfant faut bers (berceau), drapeaux,*
> *Nourrices, chauffettes et bassin,*
> *Toilette à faire le papin,*
> *Lait et fleur (de farine), lever et coucher,*
> *Les apaiser soir et matin.*

O último verso alude aos banhos que lhe eram dados duas vezes por dia, tal como informa Vincente de Beauvais ao falar dos cuidados a ter com a pequena infância. E o mesmo Eustache Deschamps nos descreverá, num quadro rural, uma dona de casa muito atarefada:

J'ai Ie soin de tout gouverner,
Je ne sais pas mon pied toumer
Qu'en vingt lieux ne faille répondre.
L'un me dit: ces brebis faut tondre;
L'autre dit: ces agneaux sevrer;
L'autre: il faut aux vignes ouvrer, etc.

É evidente que as ocupações domésticas deviam ser extenuantes para as mulheres, qualquer que fosse o seu estado — desde a manhã, quando as vemos sacudindo os tapetes ou varrendo a *juncada* da véspera, isto é, a palha ou as ervas frescas, consoante a estação; na verdade, tratava-se com frequência de juncos frescos, de onde lhe veio o nome, mas por vezes, nas grandes ocasiões e se a estação o permitisse, de plantas aromáticas, como menta ou verbena. Outro cuidado cotidiano é o de reacender o fogo: na chaminé, na noite da véspera, guardaram-se algumas brasas cuidadosamente postas nas cinzas, e trata-se agora de as reativar. Depois é necessário buscar água no fontanário público, se a casa não tiver poço.

Tudo isto pouco mudou ao longo dos tempos (em todas as casas, até o século XIX e mesmo até o século XX), assim como pouco mudou a preparação das refeições; estas apresentam, aliás, uma grande variedade ao longo do ano, em primeiro lugar porque os meios de conservação da época eram desconhecidos, e também porque as prescrições da Igreja levam a variar consideravelmente os cardápios de uma semana para a outra, ou mesmo de um dia para o outro.

A base da alimentação é a carne; é interessante que a palavra derive de vivenda, "os víveres"; na maior parte dos moinhos encontra-se, ao lado das mós de cereais, uma mó para mostarda — a única especiaria, além do açafrão, que não é necessário mandar vir do Oriente com grandes despesas. A mostarda acompanha inevitavelmente tanto a carne de talho — boi, vitela ou carneiro — como a criação e a caça. (Sabe-se que só nos finais da Idade Média a caça foi reservada à nobreza: em 1397, no domínio real, e bem mais tarde em certas regiões como a Provença, onde o rei Renato apenas a proibiu em 1451.)

Não comer carne é, portanto, a penitência por excelência que se pratica às sextas-feiras e, com frequência, ao sábado; nas vésperas de festa (as "vigílias"); em cada mudança de estação ("os quatro tempos"); e durante a Quaresma, quarenta dias antes da Páscoa, às quartas-feiras, este terceiro dia juntando-se assim aos outros dois. E é impressionante encontrar nas contas de um grande senhor, em que são cotidianamente mencionadas as despesas, que na Sexta-Feira Santa a página tenha simplesmente *nichil* ("nada"). Nos dias "magros" come-se apenas peixe; peixe de água doce, que existe nos tanques, viveiros e ribeiras, ou, de preferência, peixe de mar; na Provença, a portagem de Valensole cobra taxas sobre o peixe fresco trazido da costa, isto é, de 100 km a 150 km de distância. Evidentemente, a portagem fecha durante os meses quentes, de junho a fins de setembro.

Estamos hoje muito bem informados sobre as receitas de cozinha medievais: para além das compilações mais conhecidas, como *Le ménagier de Paris* ou *Le viandier de Taillevent*, deve-se à historiadora Marianne Mubon a publicação de dois tratados de arte culinária que datam do século XIV[34]: neles se encontra a receita dos raviólis, preparados como hoje, com carne de porco, ervas, especiarias e cozidos quer na massa, quer na tripa ou na banha de porco; e ainda rissóis fritos ou assados no forno; ou lasanhas, insistindo-se, a propósito, no fato de ser necessário misturar muito queijo ralado e de se comerem mais facilmente rolando-as numa vara. Os crepes fazem parte da alimentação corrente, tal como as filhós confeccionadas com flores de sabugueiro deitadas na massa e delicadamente cozidas no óleo fervente.

Na época apreciam-se os bolos e tortas. Preparam-se toda espécie de linguiças, nas quais carne e miolo de pão são mais pisados do que picados, e molhos mais à base de casca de pão ralada do que de farinha e ovos, e que são sempre temperados com quantidades de condimentos cujo uso estimulou de maneira inacreditável o comércio das especiarias. Com efeito, ao hissopo, à salva, à salsa e a outras plantas de uso semimedicinal, semiculinário, que crescem em todos os jardins, acrescentava-se o anis, o cominho e a canela, ou mesmo produtos mais raros, como o gengibre, a noz-moscada, o cinamomo etc., os quais era necessário buscar no Oriente.

Surpreende-nos também o grande consumo que se fazia do vinagre e do agraço, obtido da vinha na primavera. Enfim, a pimenta é tão apreciada que em certos lugares se especifica que certas taxas ou impostos serão pagos em pimenta.

Os livros de receitas dão também um grande lugar aos legumes — que são comida habitual de monges, monjas e das pessoas pobres —, às couves verdes e couves brancas condimentadas com funcho, a espinafres temperados com um leve toque de açafrão, a abóboras grandes (e não a abóbora-menina, importada da América, como o feijão-verde, o tomate e a batata), aos pepinos. Favas e ervilhas constituem o normal, o prato de base dos religiosos e das pessoas simples. Sabemos que as ervilhas cozidas figuram ainda diariamente na mesa dos países anglo-saxões e escandinavos: com grão-de-bico, lentilhas, alho-poró, entram na preparação das sopas, que são numerosas e nas quais se ensopa o pão; finalmente, os ovos são largamente utilizados: São Bernardo, erguendo-se contra os requintes culinários do século XII, que acha exagerados, censura os cozinheiros que põem toda a sua habilidade em "os desnaturar, liquefazer, reduzir, fritar, assar, rechear ou bater". É evidente que, no dia a dia, a preparação destes pratos cabia às donas de casa e que, como ainda hoje, se apreciavam em família as sobremesas, tais como o manjar-branco, com arroz bem cozido em água simples e preparado com carne do peito da galinha, amêndoa e açúcar, ou ainda o que os nossos tratados de culinária chamavam o *mistembec*, espécie de sonhos regados com xarope de açúcar e de mel, ou a fogaça, espécie de pudim ou bolo de ovos. Entretanto — como hoje acontece —, a cozinha não era apanágio exclusivo da mulher: os homens ocupavam nela um lugar importante, a começar pelos que assavam e vendiam carne e pelos *chaircuitiers*, que chamaríamos "donos de casas de pasto" e donde vem o nome de "charcuteiro". Nas cidades, sobretudo, comem-se muitos pratos já preparados e vendem-se muitos molhos já preparados, em especial o molho de alho, que hoje se consome sobretudo na Provença e que era então apreciado por todo lado. O que parece ter sido sobretudo o domínio da dona de casa são as provisões (criação conservada em banha, presunto e toucinho salgados ou fumados) e as conservas metidas em púcaros para o inverno, bem como os doces à base de mel — *ou* de uvada, nos países onde a vinha é abundante. Quanto à louça, era muito mais simples do que hoje; geralmente comiam-se as carnes sobre fatias de pão, prática que se conservou até os nossos dias com o sanduíche. Nos castelos ou casas das pessoas mais ricas, o pão é em seguida dado aos cães, que são numerosos e que, nas miniaturas, rondam inevitavelmente as mesas; na casa dos pobres, esse pão é comido. Sabemos, sobretudo na França, que o pão continuou a ser a base da alimentação até o século XX. O domínio das cozinhas ou das conservas é portanto apanágio das mulheres, tal como o que diz respeito à saúde e à higiene: existe grande número de manuscritos, frequentemente inéditos, que vão da medicina propriamente dita aos simples conselhos alimentares. Entre eles, alguns dirigem-se especialmente às mulheres, como é o caso de dois tratados de ginecologia mencionados por Eilnen Power, um de Londres e outro de Oxford[35]. Algumas cidades eram famosas por suas escolas de medicina: Salerno, na Itália; Florença e Avignon, onde viveu um "cirurgião" renomado, Guy de Chauliac, que escreveu aí a sua *Chirurgia magna*, com numerosas receitas de unguentos e emplastros. Um outro personagem que, por volta de 1350, vivia em Maillane, perto de Avignon, chamado Peyre de Serras, interessou-se em particular pelos detalhes da medicina feminina, aos quais consagrou todo um tratado, recentemente publicado, em que indica como aliviar a dama que *retenga son fruch* ("que tenha dificuldades de parto"), tal como a que tem menstruações dolorosas ou que sofra de *dolor de las mamellas*: é necessário fazê-la beber uma infusão de raízes de engos (*evol*, em provençal), maceradas em vinho durante nove dias consecutivos; Serras acrescenta, para maior segurança, um emplastro à base de sangue de porco, para aplicar no seio dolorido[36]. Este capítulo da medicina medieval está ainda por estudar, enquanto os preconceitos sobre a higiene desses tempos desaparecem pouco a pouco. Antigamente atribuíamos-lhe facilmente a mesma falta de higiene que aos séculos XVI e XVII, durante os quais o uso dos banhos, como sabemos, tornou-se muito mais raro, enquanto era muito corrente nos séculos XII e XIII: banhos tomados no quarto em casa, ou nos banhos públicos e nas estufas. Em 1292 havia em Paris nada menos do que 26, abertos todos os dias, exceto domingos e dias de festa, e um dos pregões familiares da cidade era, desde manhãzinha, o dos donos dos banhos públicos. Conhecem-se, aliás, até as suas tarifas: dois dinheiros para o banho de vapor, quatro para o banho de água quente.

3

Feminilidade

Os preceitos de higiene levam-nos muito naturalmente a falar de receitas de beleza. Conhecem-se de todos os gêneros, desde os unguentos e outros cremes à base de banha de porco, azeite, leite de amêndoas, passando pelas loções feitas com plantas maceradas ou fervidas por vezes no vinho (malvas, violetas, folhas de sálvia etc.), até as tintas para os cabelos, em cuja composição entram muitas vezes produtos orientais; há ainda os perfumes frequentemente à base de almíscar. Sobre este assunto foram escritos tratados inteiros; um deles é o *Ornatus mulierum* (*Os ornamentos das damas*), onde encontramos receitas para evitar as rugas, tratar as impingens, branquear os dentes, tornar espessos os cabelos etc.

E o complemento é fornecido pelos moralistas, que vituperam contra semelhantes artifícios:

> *De vive chaux et d'orpiment*
> *Au poil ôter font un ciment*

Repreende Estêvão de Fougeres, bispo de Rennes no século XII, crítico severo do coquetismo:

> *Des dames et des demoiselles,*
> *Des chambrieres, des ancelles* [...].
> *Se fait, de laide femme, belle,*
> *Et de putain se fait pucelle* [...].

Pela mesma época, ou um pouco antes, Marbodo, outro bispo de Rennes, fazia nos seus poemas o elogio da rainha de Inglaterra, que possui naturalmente, diz, o que tantas outras só conseguem com artifícios: "Estas simulam o que a natureza lhes recusou, pintam dum leite branco as faces demasiado rosadas, apresentam a cara colorida artificialmente; uma faixa comprime os seios pesados de algumas e os vestidos ajustados alongam-lhes a figura; outras arrancam os cabelos brancos e tentam agradar com cabeleiras frisadas".

De medicina ou de higiene, todos os tratados da época recomendam o asseio às mulheres; São Jerônimo condenava já as religiosas que confundem santidade com sujidade! E algumas regras recomendam às monjas que se lavem tanto quanto queiram e tenham necessidade. Chama-se a atenção, aqui e ali, para alguns conselhos de limpeza dados às mulheres: lavar as mãos todas as manhãs, os braços, o rosto, ter atenção às unhas e aos dentes, ter aquelas sempre "limpas, brunidas e esfregadas"; lavar a cabeça com frequência, pentear-se bem; os nossos museus conservam uma série de pentes de marfim, de osso ou de madeira de buxo.

O vestuário feminino é, ao mesmo tempo, simples e bem adaptado às formas do corpo; cuidando da silhueta, as mulheres sustentam o peito com um pano leve ou pequenas tiras; usam, tal como os homens, uma camisa de tela mais ou menos fina, consoante as suas possibilidades e as da região, dado que o linho e o cânhamo não são cultivados em todas as regiões; por cima da camisa vestem ou não uma espécie de colete de algodão, o *doublet*, e, por fim, enfiam a cota ou saia.

A cota ou saia, quer se trate de homens, quer de mulheres, é uma peça de vestuário interior, que se veste imediatamente sobre a camisa de tecido. Nas mulheres é ajustada com cadarços à frente, dos lados ou atrás; alarga em baixo, formando pregas até os pés; as mangas são geralmente muito curtas ou inexistentes; os pares de mangas ajustadas são em seguida fixadas ou cosidas; depois veste-se a sobrecota: uma casaca aberta, sem mangas, e uma saia que arrasta pelo chão; por cima de tudo veste-se ainda o manto ou capa, geralmente talhado em redondo e preso por um gancho na frente, por vezes cortado de lado; por fim, a capa de asperges, aberta na frente, munida de uma fivela ou peça de ourivesaria que a prende ao peito, é geralmente peça de enfeite, feita de tecido requintado, delicadamente trabalhado.

Recentemente, o traje na corte da Anjou dos séculos XIV e XV foi estudado minuciosamente por meio dos inventários e dos registros de contas[37]. Nesta época, o luxo no vestuário, sobretudo nos meios da corte, não conhece limites e frequentemente desperta a reprovação dos cronistas. Servem-nos, em todo caso, as descrições admiráveis pela precisão, um pouco como as miniaturas da mesma época. Não podemos resistir ao prazer de citar a do vestuário oferecido em 1374 à duquesa Maria pelo marido, Luís I de Anjou. É "todo de veludo violeta bordado de arvorezinhas, tendo cada uma três folhas de ouro bem estranhas", diz o texto do inventário, "os caules e os troncos, três em cada árvore, são bordados com pérolas bastante grandes, no caule há duas fiadas e, em cada ramo, uma fiada, e os ditos arbustos partem dum terraço verde bordado com sedas diversas, ou com fio de ouro, e no fim de cada tronco há três grandes pérolas em trevo, e por baixo delas uma pequena pedra de vidro vermelho engastada. E sobre a capa do vestido há cerca de 508 arbustos; sobre a cota longa e aberta, cerca de 766; sobre o manto, cerca de 530; e sobre a simples cota cerca de 246"; assim, no conjunto dos quatro ornamentos, 2050 arbustos como os acima descritos, e tudo devia ter cerca de

12.004 "onças". Imagine-se pela leitura o admirável trabalho de bordado e a riqueza destes "ornamentos". Trata-se, na verdade, dum vestuário de grande aparato destinado a uma princesa de sangue real.

O inventário contém ainda detalhes de algumas outras peças de vestuário, como o "colete curto de veludo [...] cor-de-rosa, bordado com ancólias de pérolas". O colete curto designa nesta época, em geral, uma cota ou uma sobrecota. A descrição continua: "E as pérolas da folhagem de baixo são menores do que as da folhagem superior. Nos altos há algumas pérolas maiores do que as outras, e na folhagem das ancólias há fios de ouro inteiros que suportam e tornam mais requintada a obra. Espalhadas no dito colete, existem cerca de 454 ancólias. E por baixo do dito colete há uma manga de pano escarlate cor de sangue, bordada em relevo. [...] Nelas há sessenta ancólias semelhantes". Outro "colete" está bordado com folhas de espinheiro com coroas e, sobre essas coroas, trevos em florões. Outras peças de vestuário estão bordadas com águias postas em frente uma da outra, tranças, pinhas etc. Imagina-se a riqueza de semelhante vestuário de cauda comprida, brilhando com as suas pérolas e pedrarias, vestido nas circunstâncias solenes, para as quais Maria de Anjou cobre a cabeça de "círculos de ouro", frequentemente ornamentados com rubis, esmeraldas e pérolas, obras-primas de certos ourives parisienses, como esse Claux de Friburgo mencionado nas contas do duque.

Como é evidente, estas despesas com o vestuário variam segundo as pessoas. É assim que cem anos mais tarde, sempre na corte de Anjou, pode-se notar a moderação das compras da rainha Joana de Laval, esposa do rei Renato, enquanto a jovem duquesa da Calábria gasta duas vezes mais do que o seu marido, Carlos do Maine, mesmo mais do que o rei Renato. A rainha Joana compra sobretudo panos de lã, enquanto a duquesa da Calábria compra sedas do mais alto preço. Essas sedas vêm geralmente de Gênova ou Veneza. São cetins, tafetás por vezes adamascados, veludos; gosta-se sempre das cores vivas: o carmesim, o vermelho de sangue produzido pela cochonilha vinda do Oriente, o violeta, o amarelo; é significativo que o veludo negro seja mais barato, salvo se for adamascado. Por vezes assinalam-se sedas de diversas cores, "com barras brancas e vermelhas", "violetas com riscas pretas", "salpicadas de vermelho e de branco" etc. Podemos encontrar os tecidos preciosos em quadros como o famoso *Buisson ardent*, da Catedral de Aix-en-Provence, ou em manuscritos como o *Livre du coeur d'amour épris* ou o belo *Livre des tournois du roi René.*

A rainha Joana de Laval, no retábulo do *Buisson ardent*, veste uma sobrecota de arminho, aberta dos lados, que deixa aparecer a cota de veludo muito ajustada, com mangas também de veludo. Na verdade, era frequente a cota deixar ver as mangas de tecido da camisa.

Para as mulheres, os "calções" são roupa interior, frequentemente em pano negro e cobrindo os pés e as pernas. A botina, que pode chegar até os joelhos, como uma espécie de bota, é o calçado feminino mais divulgado, com os sapatos de dupla sola feitos de couro fino; por fim encontramos o que figura nos livros de contas com o nome de *estafignons*, que são uma espécie de sapatos rasos de pano ou de couro, provavelmente sapatos de quarto.

Quanto ao penteado, sabemos o que foi, principalmente entre 1440 e cerca de 1480, a moda do *hennin*, com um só ou dois cornos de tela, cetim ou tafetá.

O autor do romance intitulado *Galeran de Bretagne* mostra-nos a heroína fazendo uma larga trança com metade dos cabelos divididos por uma risca no meio da cabeça, enquanto

L'autre a délivre et sans destresse,
Qui lui ondoient vers la face,
Tant que le doigt les en rechasse.

Gesto feminino que chega para fazer surgir uma silhueta, para nos mostrar o hábito, tão familiar às raparigas, de deitar para trás os cabelos que ficaram livres em seu insólito penteado, e cuja descrição nos relembra todas as fantasias das modas sucessivas, até os penteados divididos em duas partes (*coiffure à cornes*), os toucados desmesurados e os *hennins* pontiagudos do século XV[38].

Esta evocação por um gesto, por uma atitude típica, é muito característica da época feudal. Pensa-se em Uta, que no famoso portal da Catedral de Naumbourg dissimula parte da cara com a gola do manto que suporta com o braço esquerdo; pensa-se em Regelinda de sorriso satisfeito, que emparceira com aquela e que puxa pelo laço do manto que lhe cobre as espáduas, num gesto muitas vezes repetido na estatuária. Mais do que por descrições minuciosas, é, com efeito, por movimentos, por atitudes deste gênero, que nos comprazemos a imaginar os seres daquele tempo, homens ou mulheres. É necessário fazer aqui apelo a uma iconografia que é extremamente rica precisamente nesse repertório de gestos e expressões familiares: a que caracteriza as personagens que povoam, por exemplo, os pequenos quadros da parte inferior do frontispício da Catedral de Amiens ou, um pouco mais tarde, da Catedral de São João de Lyon.

Seria necessário passar em revista os sinetes da época — arredondados para os homens, ovais para as mulheres —, nos quais elas seguram uma flor, um pássaro, ajustam, como Regelinda, o laço do manto, ou cavalgam com um falcão no pulso. Não há uma ruga dos seus vestidos que não sublinhe o corpo, que se adivinha no movimento que esboça. Enquanto a arte clássica nos apresenta corpos parados, mostrados enquanto tais, nos tempos feudais é o gesto, o movimento que conta[39]. Trata-se indiscutivelmente de uma situação para a qual a expressão corporal teve grande importância, e compreende-se que o teatro tenha sido considerado como meio de educação.

Falta-nos, entretanto, uma fonte essencial: mais do que às esculturas, do que às tapeçarias bastante tardias e com frequência hieráticas (pensemos na admirável *Dame à la licorne*, do Museu de Cluny, cujos gestos são tão expressivos, embora estáticos), é às iluminuras dos manuscritos que deveríamos poder recorrer como repertório ilimitado desses gestos pelos quais se exprimem, na sua infinita diversidade, cinco séculos de civilização. Ora, a maior parte das iluminuras continua fora do nosso alcance (num tempo em que os meios de reprodução poderiam restituí-las para nós tão facilmente!).

Quando, enfim, essa fonte for revelada ao público — de longe a fonte mais importante para o conhecimento do nosso passado —, poderemos apreciar a qualidade de expressão que testemunha, representando a intenção e os atos dos personagens com uma precisão e uma justiça que nada furtam ao valor artístico da imagem. Até lá teremos de nos contentar com as demasiado raras reproduções que comprovam essa procura do "movimento que cria o corpo", mais do que uma perfeição imobilizada.

Observemos, aliás, que não podemos interpretar sem algumas precauções as esculturas dos frontispícios ou dos capitéis das nossas igrejas. Na maior parte dos casos, a iconografia não nos traz o que desejaríamos, habituados como estamos à fotografia da vida cotidiana. Certos historiadores, por exemplo, por meio dessa iconografia, quiseram procurar o lugar desempenhado pela família, a mulher, a criança. Não podiam deixar de chegar a resultados errados, com frequência ingênuos, na medida em que sendo a imagem, na sua totalidade, até o século XIII e, em grande parte, mesmo mais tarde, de natureza religiosa, a única criança representada será a divina criança e a mulher não aparecerá aí senão com os traços de Nossa Senhora ou de figuras bíblicas, como Judite, a rainha de Sabá, as virgens néscias e as virgens loucas etc. Mesmo no século XIII, quando a vida profana for representada, é necessário colocar a questão de saber se não estaremos perante figuras simbólicas. O símbolo é mais familiar à mentalidade desse tempo do que poderia ser a representação exata, direta. Assim, acreditou-se possível tirar conclusões a partir das mulheres trabalhando representadas no frontispício norte de Chartres, que mostra de fato instrumentos para tratar da lã ou do linho: o pente de cardar, a cuba de tinturaria etc. Mas, no contexto, essas mulheres encarnam a vida ativa, por oposição à vida contemplativa; da mesma forma, outras mulheres, ainda em Chartres, representam as artes liberais, gramática, retórica, dialética, ou ainda as virtudes cardeais, de modo que os atributos que se encontram em suas mãos não são mais significativos do trabalho feminino do que os utensílios do cardador ou do tecelão representados no mesmo frontispício norte.

Tenha ou não valor alegórico, nunca a iconografia detalhou tão complacentemente os gestos familiares, o trabalho manual. Mesmo que para representar as estações do ano, os signos do zodíaco, as virtudes e os vícios, pinturas e iluminuras compõem uma verdadeira litania dos gestos usuais que se insere no edifício religioso com uma desenvoltura que nunca mais voltaremos a encontrar. E o compreendemos quando consideramos a mentalidade perfeitamente antinômica sobre este ponto que reinava no século XVII, o desgosto que ali podia inspirar essa arte, que então se chamava depreciativamente "gótica": camponeses ou camponesas a aquecer-se diante da lareira, a fiar a lã, a lavrar, a cavar, a semear, a matar o porco ou a podar a vinha, nada disso se podia conceber na Capela de Versalhes ou na São Sulpício!

Para voltarmos ao tipo ideal de mulher dos tempos feudais, aquele que desde o século XII encarna Eva de Autun, graciosa, inquietante na sua leveza quase felina, muitas obras literárias ou filosóficas o evocaram. Há, em primeiro lugar, aqueles retratos laboriosamente traçados por clérigos, como Mateus de Vendôme: o da bela Helena, comparando os seus dentes ao marfim, a sua fronte ao leite, o seu pescoço à neve, os seus olhos às estrelas, os seus lábios às rosas, e percorrendo assim um corpo sem defeitos, sem esquecer "a deliciosa morada de Vênus"; o que se faz da antítese de Helena, Béroé, a feia, de tez lívida, cara horrível, obra de natureza deficiente, de aspecto sórdido etc. São exercícios de escola mais ou menos inspirados por Ovídio, sobre os quais se tecem os poemas dum Baldrico de Bourgueil, em latim; de um Chrétien de Troyes e de numerosos outros poetas, em francês. Assim encontramos Enide, tal como aparece a Erec:

De vrai vous dis qu'Iseut la blonde
N'eut cheveux si blonds ni luisants:
Aupres d'eux ils seraient néant.
Elle avait plus que fleur de lys
Clair et blanc le front et le vis;
Sur la blancheur, par grand merveille,
D'une couleur fraiche et vermeille
Que nature lui efit donnée
Etait la face enluminée.
Les yeux si grand clarté rendaient
Qu'à deux étoiles ressemblaient ...
Ainsi Enide était plus belle
Que nulle dame ni pucelle
Qui fût trouvée en tout le monde.

Visivelmente, o ideal de beleza é claro e louro; podemos pensar que, nesta vida ao ar livre levada pela maior parte das mulheres e dos homens, num tempo em que se viajava enormemente, ainda que os meios de transporte fossem raros, onde se vivia muito em contato direto com a natureza, as cores morenas eram frequentes e, por isso mesmo, menos apreciadas. Assim, a bela Euriant é descrita no *Roman de la violette*:

Gente fut de corps et adroite,
Par flancs déliés et étroite.

Silhueta esbelta, logo de ancas leves:

Hanches eut basses sous la ceinture,
Et moult fut de belle stature
Chef eut crêpé, luisant et saur,
De couleur ressemblait d'or.

A cabeleira frisada e dourada será o apanágio da maior parte das heroínas de romance: lembremo-nos de Isolda, a loira!

Front eut bianc com(me) verre poli ...
Elle avait Ies sourcils brunets,
Les yeux avait et clairs et nets,
Le nez avait droit et trai tis [...].
La rose qui nait en été
Quand s'entrouvre la matinée
N'est pas si bien enluminée
Comme elle eut Ia bouche et la face.

Podíamos prosseguir e reencontrar o mesmo tipo por todo lado. Assim, numa das versões do *Roman d'Alexandre*, o herói compraz-se em evocar, à noite, Soredamor:

Ses yeux clairs qui
Sembient deux chandelles qui ardent (brillent).

Revê em sonhos:

Le nez bien fait, et Ie ciair vis
Ou la rose couvre le lys
Et ou un peu elle l'efface
Pour mieux enluminer la face[40].

Multiplicando as citações, é quase sempre o mesmo tipo feminino que se encontra — e que se encontrará, aliás, até nas obras da Renascença; a beleza feminina será inesgotavelmente comentada, e não apenas por poetas como André, o capelão (para quem o amor é "uma paixão inata vinda da visão e de um pensamento desmesurado da beleza do outro sexo"), mas também, o que pode surpreender, pelos filósofos, mesmo pelos teólogos. Um Guibert de Noi vê na beleza da mulher um espelho direto e imediato, ainda que imperfeito e efêmero, da infinita e imutável beleza de Deus. Mais ainda, Hugo de São Vítor considera que a beleza do mundo visível é um reflexo da beleza do mundo invisível, e a sua concepção é a de toda a época, esse século XII enamorado de toda beleza. "As formas visíveis são imagens da beleza invisível... Todas as coisas visíveis nos são propostas para nos instruir simbolicamente; elas são, por consequência, símbolo, signo e imagem da invisível beleza de Deus". Este doutor vê mesmo nisto uma espécie de princípio dinâmico, e um século mais tarde Vicente de Beauvais repetirá também: "A aparência das coisas visíveis, ao provocar a nossa sensibilidade e a nossa atenção, não satisfaz propriamente esse nosso desejo, mas incita a procurar a imagem do Criador e a desejar a sua beleza". Sem deixar de acentuar a distância que medeia entre um e outro, um Guilherme de Saint-Thierry, cisterciense místico, não deixa de exclamar: "Ó, Amor, tal como é chamado todo amor, mesmo o carnal e degenerado!" O mesmo para o próprio São Bernardo, para quem o amor natural e instintivo dos bens da vida se desenvolve em dois sentidos, no sentido da *caritas* ou da *cupiditas*. Não podemos compreender esta época sem entender a noção extraordinariamente positiva e dinâmica dum ímpeto no qual não se dissocia ainda, como se fará mais tarde, o sensível do espiritual. Em cada homem dá-se a clivagem entre ondas superiores e ondas inferiores que o Gênesis relata no segundo dia da criação. Em cada um, as capacidades de amor podem tornar-se caridade ou cupidez, tender ao respeito ou à exploração do outro. Em cada um também, os "dois homens em mim" que um São Paulo sentia podem ser transcendidos, chegar a uma unidade simultaneamente exaltante e pacificante, cuja imagem é a que se opera no abraço amoroso entre o homem e a mulher.

4

O "amor, essa invenção do século XII..."

"Tenho como certo que todos os bens da vida nos são dados por Deus para fazer a vossa vontade e a das outras damas. É evidente e absolutamente claro para a minha razão que os homens não são nada, incapazes de beber na fonte do bem, se não estão transformados pelas mulheres. Contudo, estando as mulheres na origem de todo bem, e tendo-lhes Deus dado uma tão grande prerrogativa, é preciso que apareçam de forma que a virtude dos que praticam o bem incite os outros a fazer o mesmo; se a luz que irradiam não ilumina ninguém, serão como a vela nas trevas (apagada), que não afasta nem atrai ninguém. Portanto, é manifesto que todos se devem esforçar-se por servir as damas, para que possam ser iluminados pela sua graça; e elas devem fazer quanto possam para que o coração dos bons pratique boas ações e respeitar os bons pelo seu mérito. Porque todo bem feito pelos seres vivos é feito por amor às mulheres, para se ser louvado por elas e se poder sentir orgulho dos dons que elas concedem, sem os quais nada é feito nesta vida que seja digno de elogio".

Esta petição de princípio foi lançada numa obra bastante conhecida, que reflete perfeitamente a mentalidade do século XII: o *Traité de l'amour*, de André Capelão[41]. Trata-se de uma obra erudita redigida em latim por um clérigo ligado à condessa Maria de Champagne, filha de Leonor da Aquitânia e do seu primeiro marido, Luís VII, rei de França — obra, acrescentemos, para nós bastante desconcertante. O autor diz-se inspirado na *Arte de amar*, de Ovídio, mas as suas concepções não têm grande coisa a ver com as do poeta antigo e têm como única fonte os costumes da sociedade feudal. O nó, a página essencial, que constitui o núcleo da obra, é provavelmente a descrição, elaborada pelo Capelão, dum palácio do amor no centro do mundo, onde o amor reina. Este palácio tem três portas, diante das quais estão agrupadas as damas: na primeira, as que escutam a voz do amor; na segunda, as que recusam escutá-lo; na terceira, as que apenas escutam o desejo, que são movidas pela sexualidade. Apenas as primeiras são respeitadas pelos cavaleiros; as outras são abandonadas à própria sorte. "Apenas as mulheres que pertencem à ordem de cavalaria do amor são dignas de ser elogiadas pelos homens e são afamadas em todas as cortes pela sua honestidade. Tudo o que de importante se realiza neste século é inconcebível se não tem origem no amor". E explica: "Se não fosse possível aos homens revelar às damas, quando o desejam, os segredos do seu coração, o amor seria inteiramente aniquilado, o amor que é reconhecido por todos como fonte e origem de todo bem; e ninguém poderá vir em auxílio de outrem; todas as obras de cortesia permanecerão desconhecidas dos homens".

Estas "obras de cortesia", o que são? Estamos perante uma doutrina, para nós desconcertante, através da qual podem ser percebidos, sentidos, os hábitos e os costumes de uma sociedade, a que erigiu precisamente a cortesia em valor absoluto. O que é a cortesia? Que se deve fazer para ser cortês e responder às exigências da estranha doutrina, por meio da qual se exprimem os hábitos e os costumes de toda uma sociedade? Por três vezes André Capelão retoma o assunto e enuncia as regras e teorias desta delicada arte.

Certa vez — o que é de fato significativo —, uma dama nobre explica a um homem do povo, de condição inferior, o que deve fazer, qual a conduta a seguir se quer merecer o seu amor. Aqui, a educadora do Ocidente revela-se totalmente e duma forma inesperada, pois, na sociedade feudal, que sabemos, de resto, muito hierarquizada, o primeiro enunciado das regras de cortesia vem precisamente suprimir a distância entre a alta "dama" e o "homem comum".

A primeira das "obras de cortesia" é aquela a que a dama chama largueza (generosidade): "Quem quiser ser digno de militar no exército do amor não deverá, em primeiro lugar, ter qualquer vestígio de avareza, mas desfazer-se em larguezas e, tanto quanto possível, estender esta largueza a todos". Entenda-se, claro, tanto a generosidade moral quanto a material: segundo as regras de cortesia, o que deseja ser verdadeiro amante deve venerar o seu senhor, jamais blasfemar contra Deus ou os santos, ser humilde perante todos e servir toda a gente, não falar mal de ninguém (os maldizentes são excluídos dos castelos de cortesia), não mentir, não escarnecer de ninguém, sobretudo dos desprotegidos, evitar querelas e fazer o possível para reconciliar os que se zangam. Em matéria de distrações, concede-se-lhe o jogo de dados, mas com moderação: é preferível que leia, que estude ou que ouça os altos feitos dos antigos. Deverá também ser corajoso, valoroso, engenhoso. Não deve ser amante de várias mulheres, mas servidor devotado duma só. Deve vestir-se e enfeitar-se de forma razoável, ser prudente, amável e terno para toda a gente.

Uma segunda vez, André Capelão repete as regras do amor, mas agora sob a forma de doze sentenças enunciadas pelo próprio rei do amor.

Por fim são ditas pela terceira vez, num conto que ocupa grande parte da obra; André Capelão descreve com detalhe as aventuras de um cavaleiro da Bretanha que, na corte do rei Artur, depois de vencer as provas que lhe foram impostas, recebeu o respectivo prêmio. É o que ele chama o prêmio do gavião: da percha do gavião extraiu uma carta em que inscreveu a regra do amor. O tom é idêntico:

I. O casamento não é uma desculpa válida para não se amar.

II. Não pode amar quem não é ciumento.

III. Ninguém pode estar preso a dois amores.

IV. O amor cresce ou diminui sem cessar.

V. Não tem gosto aquilo que um amante recebe do outro contrariado.

Há também uma questão de avareza — não é possível amar uma pessoa que não se poderá desposar, quem ama deve guardar segredo, um amor fácil é digno de desprezo, a dificuldade aumenta-lhe o preço, “o Amor nada pode recusar ao amor”...

Na realidade, o tom mais desenvolvido e também mais precioso deste conjunto de preceitos nada acrescenta à substância dos outros dois.

O tratado fala em seguida dos diversos modelos de conversação entre as pessoas de sexos diferentes, mas igualmente de diferentes condições: como um senhor se deve dirigir a uma dama, seja ela de condição superior, igual ou inferior à sua; e, reciprocamente, como uma dama deve responder às diversas solicitações de amor; ou ainda como um homem do povo se deve dirigir a uma mulher nobre, situação inversa da que víramos anteriormente. Não deixa de insistir num aspecto do amor cortês: a saber, que a verdadeira nobreza é a dos costumes e das maneiras, valendo infinitamente mais em cortesia do que a do nascimento: aquele ou aquela que for tomado pelo amor não deve querer saber se aquele que ama é ou não nobre de nascimento, mas se pratica perante os outros os bons costumes e a "honestidade". Este termo, frequentemente utilizado, aplica-se a todos os que provaram o seu valor. Por várias vezes, esta nobreza de cortesia será tratada nos diálogos imaginários do *Tratado do amor*. Um dos temas fundamentais da cortesia é o de que o amor verdadeiro melhora o homem e a mulher; os obstáculos encontrados não fazem mais que exaltar-lhe a nobreza e o valor. É bem claro aos olhos do Capelão "que, para quem é de costumes nobres, é mais conveniente escolher um amante também de costumes nobres do que procurar alguém bem colocado, mas inculto"; por outro lado, indigna-se contra as mulheres que se intitulam damas ou meninas "porque têm origem nobre ou são esposas dum fidalgo"; mas, acrescenta, "somente a sabedoria e a nobreza de costumes tornam a mulher digna de tal título". Desta maneira, a cortesia nascida nas cortes, isto é, no castelo, não é apenas função do nascimento; é também, e antes de tudo, questão de boas maneiras, de educação, duma delicadeza adquirida e que o amor desenvolve, porque é essencialmente este que a suscita.

Um estudo aprofundado (outros o fizeram) exigiria longos desenvolvimentos a propósito da obra de André Capelão[42], espécie de súmula do amor, comportando também, de resto, a sua contrapartida: pois, se os dois primeiros capítulos fazem o elogio do amor, o terceiro põe-nos de sobreaviso contra os seus perigos e dissuade o leitor de seguir a via complacentemente exaltada nas duas primeiras partes. No conjunto da obra, acerca das relações entre o homem e a mulher, manifesta-se toda uma ética que é, também, uma estética. Um código, diríamos, se o termo não excluísse uma espécie de sutileza e de movimento para além das regras; ou ainda um ideal que poderíamos qualificar de cultural, de artístico: um cuidado de ourives no aperfeiçoamento do espírito, da pessoa, para atingir a elegância desejada.

O *Tratado do amor*, de André Capelão constitui um guia seguro para conhecer a cortesia, as suas exigências, os seus preceitos e os seus costumes. Mas não é de maneira nenhuma a única fonte.

Ao examinar as cartas da época encontram-se, sob as mais variadas formas, da poesia mais elaborada ao simples divertimento, o testemunho daquilo que norteia toda uma sociedade, lhe confere a característica original, a marca de um selo. O que se exprime nas cortes de amor é ainda e sempre a cortesia ou, se se preferir, a cavalaria.

O que eram as famosas "cortes de amor"? A questão fez correr rios de tinta e suscitou comentários que, sem dúvida, teriam espantado os contemporâneos de Guilherme, o Trovador, ou da rainha Leonor. Acreditou-se, pois, tomando à letra a palavra "corte" e a forma dos julgamentos reproduzidos, que se trataria de verdadeiros tribunais perante os quais compareciam os amantes e que emitiam vereditos a que aqueles deveriam submeter-se nas relações mútuas.

Emitiu-se mesmo a ideia de que as mulheres não assistiam a estas cortes de amor, quando precisamente todos os textos do tempo as mostram exercendo nestas cortes as funções de "juiz", embora possamos perguntar se, em última análise, se não trataria simplesmente duma espécie de jogo de sociedade, de uma sociedade sobretudo feminina.

É, de resto, principalmente mediante a obra de André Capelão que conhecemos as cortes de amor; ela comporta vários julgamentos emitidos por damas de elevada condição, bem conhecidas historicamente, como Leonor da Aquitânia, Adélia de Champagne, Hermengarda de Narbona ou ainda Maria de Champagne, filha de Leonor e que teve, tal como a mãe, um papel preponderante nos meios literários da época, exercendo uma influência profunda sobre as letras e a vida em geral nas cortes. E foi necessário um singular desconhecimento da vida nos tempos feudais para que pudessem circular ideias erradas como as aludidas anteriormente. Na realidade, a "corte" e o "julgamento" são como a homenagem feudal. Fazer justiça era uma das funções do senhor; era mesmo a função essencial, a seguir à de defesa do domínio e dos "seus homens", aqueles que lhe estavam ligados por um laço pessoal.

Também neste domínio se imaginou a dama à imagem do senhor, exercendo uma espécie de função judiciária neste campo, o mais atraente de todos, da relação amorosa. O julgamento de amor, a corte de amor, são os complementos e equivalentes da fidelidade, da homenagem vassálica, tal como são expressos também na poesia trovadoresca; que estes julgamentos sejam efetuados pelas mulheres mostra somente a que ponto a transformação da mulher em suserana era familiar à mentalidade da época.

E os julgamentos efetuados nas cortes de amor seguem as regras enunciadas na obra de André Capelão. Desenvolvem toda uma casuística amorosa: cada caso suscita um debate seguido de julgamento. Imitação quase anedótica da justiça da corte, onde, de resto, as mulheres, mais de uma vez, tiveram efetivamente o papel de juízes que dirigiam um domínio senhorial, como foi o caso de Leonor ou Branca de Castela. O correspondente a quem se dirige André Capelão e a quem chama Gautier é educado por ele de forma a ser "julgado digno de discutir numa corte de amor". Damas e cavaleiros examinam os casos que lhes são submetidos, discutem-nos e, se necessário, recorrem à arbitragem dos ou das que são consideradas melhores peritas em cortesia, a forma mais elevada e purificada das relações amorosas.

Podem-se, sem grande dificuldade, imaginar estas sessões "para rir", à maneira das cortes solenes que os suseranos reúnem pelo Natal, Páscoa ou outras ocasiões, e para as quais convocam os vassalos a fim de resolver os litígios em conjunto, de tomar decisões relativas ao domínio. Em Poitiers, em Troyes, toda uma juventude se reúne em redor de Leonor ou da filha: os filhos com o esposo ou a esposa, noiva ou prometida, os filhos e filhas dos barões de passagem pela corte e, gravitando em redor deste mundo jovem, poetas e menestréis, sem esquecer as trovadoras; o autor da *Vie de Guillaume le Maréchal* falou destas reuniões ruidosas por ocasião de festas ou torneios. Mas, se as façanhas dos cavaleiros cativam as atenções nos torneios, por ocasião das cortes de amor são as damas o centro da sociedade. Isto num quadro tal como o quarto de Adélia de Blois. Imaginemos panos pintados nas paredes ou, por que não?, tapeçarias como as da famosa *Dame à la licorne* — evocando, nas cores ao gosto da época, lendas cavaleirescas, cenas de cortesia, de caça, de encontro perto duma fonte, sobre um fundo florido. Uma das damas conta um acontecimento, por exemplo um dos citados por André Capelão: "Alguém que, possuindo um amor, pede com insistência o amor de outra mulher, como se fosse livre do seu primeiro amor; esta corresponde plenamente aos desejos do coração, que aquele lhe tinha pedido de forma tão premente. Uma vez colhido o fruto do desejo, requer novamente os favores da primeira e recusa-se à segunda. Qual deverá ser a sanção para este homem criminoso?" O Capelão reteve, entre outros julgamentos, o da condessa da Flandres: "O homem que cometeu tal fraude merece ser privado totalmente do amor das duas e, no futuro, não poderá gozar os favores de nenhuma mulher honesta, porque é governado pela volúpia desordenada, volúpia esta absolutamente inimiga do amor".

Outra questão: a ausência. "A ausência não deverá ser um impedimento do amor, concordam em responder, e a amante que tem o amante ausente será fortemente culpada se o enganar durante esse tempo; o fato de não lhe enviar carta nem mensagem pode ser apenas um artifício feminino para pôr à prova o amor deste homem enquanto está longe; pode ser também uma prudência, no receio de que alguém possa abrir as cartas e descobrir o seu amor".

Como o Capelão testemunha noutra passagem, por vezes os problemas são postos a uma das damas devido à sua experiência e relatados como um modelo de reflexão: "Perguntaram à rainha Leonor qual o amor que se deve preferir: o de um homem jovem, ou o de alguém já avançado na idade. Com sutileza admirável, respondeu que o amor, bom ou mau, não se escolhe pela idade, mas pela qualidade do homem, pela honestidade e pela delicadeza dos seus hábitos. No entanto, por um instinto natural, os jovens preferem o amor de mulheres mais velhas ao de jovens da mesma idade que eles; pelo contrário, os homens mais idosos preferem os beijos e os abraços de raparigas aos de mulheres de idade mais avançada; inversamente, a mulher, quer seja nova quer mais velha, procura mais os favores dos jovens do que os dos homens mais velhos. Qual a razão de ser disto? Parece-me que é uma questão de ordem física".

Foi no decurso de tais conversações que puderam ser pronunciadas algumas "frases" que fizeram época, como esta: "O amor é um pouco de mel colhido nos espinhos".

Se a assembleia não está de acordo, recorre-se à arbitragem de damas que, quando ausentes, dão a sua opinião por escrito; é o caso da famosa carta de Maria de Champagne, a quem perguntaram se poderia existir amor entre esposos.

> Dizemos e afirmamos firmemente [fórmula jurídica aqui utilizada de forma semiparódica, própria das cortes de amor] que o amor não pode manifestar o seu poder entre

> dois esposos, porque os que se amam pertencem um ao outro gratuitamente e sem qualquer necessidade; os esposos devem obedecer devidamente às vontades mútuas, sem recusar um ao outro o que quer que seja; por outro lado, como cresceria a sua honra se não desfrutassem o seu enlace à maneira dos amantes, se a honestidade dum e doutro em nada pudesse melhorar, pois que mais nada pode acontecer na conduta que seguem senão o que prometeram por direito um ao outro. Seguindo este raciocínio, asseguramos o que nos ensina o seguinte preceito de amor: nenhuma situação conjugal permite receber a coroa do amor se, para além do casamento, não tiverem sido acrescentados laços no seio da milícia do amor.

É evidente que esta casuística é suficiente para impedir que se tome a sério, como aconteceu, a "corte do amor" e que se veja nela mais do que um jogo delicioso e sutil, que poderá parecer aventureiro aos olhos dos moralistas, mas que enriquece de novos e mais sutis cambiantes as relações entre o homem e a mulher. Existe o amor conjugal, uma ligação estável — insiste Maria de Champagne — a que nenhum dos esposos se deve esquivar, e existe esta outra forma de amor da qual se diz expressamente que nada prejudica tanto como a volúpia e que se chama cortesia. Neste domínio, a mulher reina, comanda, exige; estabelece leis e julgamentos; umas e outros fazem supor, por parte dos que a cercam, uma forma de submissão, uma observância amorosa sem defeito e, ainda, um requinte nos costumes e na expressão que incita permanentemente à superação; a cortesia é como um segundo estado do amor; em qualquer caso, implica que se distinga o que merece o nome de amor daquilo que no casamento ou nas relações extramatrimoniais é exclusivamente sexualidade.

Um equivalente poético desta brincadeira das cortes de amor são os *jeux-partis*. Dois poetas trocam palavras em estrofes alternadas: diálogos em verso a que se dá também o nome de "desafio" — nome bem expressivo, pois, em linguagem corrente, desafio é discussão, quase disputa. Quando aumenta a contestação, seja na corte senhorial, seja, mais tarde, na universidade, falar-se-á de "desafios, litígios e discórdias"; além disso, o termo "debate" designa, hoje, tanto uma discussão viva como um exercício de escola tornado clássico, que consiste em pôr à discussão um tema qualquer, sobre o qual são emitidas diferentes opiniões, antes de se conseguir ou não obter uma síntese.

Nestes *jeux-partis* o tom pode elevar-se, pode haver disputa de forma acalorada, mesmo injuriosa; mas a maior parte dos desafios que nos restam debate questões amorosas: trata-se, em síntese, da expressão poética dos julgamentos editados pelas cortes de amor: "Devemos censurar mais quem se vangloria de favores que nunca recebeu, ou quem clama bem alto os que recebeu?".

E também: "O que dá mais felicidade ao amante: a esperança de possuir ou a posse?".

Ou ainda: "O amor reserva aos seus fiéis mais alegria ou mais sofrimento?".

Por vezes, o tom é decididamente divertido, com visível intenção de alegrar: "Se tivésseis um encontro à noite com a vossa amante, preferíeis ver-me sair à vossa chegada, ou ver-me entrar quando saísseis?".

Ou ainda: "Uma dama sentada entre três apaixonados gratifica um com um relance de olhos, o segundo com um aperto de mão e o terceiro com uma piscadela: qual foi o mais favorecido?".

Certas obras literárias baseiam-se inteiramente no esquema do *jeux-parti*, como o famoso *Concílio de Ramiremont*, em que o debate consiste em saber se se deve preferir o amor dum clérigo ou dum cavaleiro[43].

Essas cortes de amor e jogos poéticos são simples divertimentos. Mas, pelo menos, permitem-nos saber por que se interessavam os intervenientes. É evidente que o centro de interesses estava no que os sociólogos e psicólogos de hoje chamariam a "relação homem-mulher".

Ora, este interesse pela relação amorosa ultrapassa muito os jogos de sociedade, impregnando toda a invenção poética e romanesca da época feudal. Só com dificuldade poderíamos excetuar a literatura épica: ciclos de Carlos Magno, de Guilherme de Orange e outras canções de gesta nascidas das cruzadas, que valorizam os feitos guerreiros, os heroicos combatentes; trata-se de um mundo masculino, ainda que as figuras femininas não estejam ausentes, quer se trate da bela Aude, da *Chanson de Roland*, quer da heroica Guibourg, da *Chanson de Guillaume*. Por outro lado, uma inspiração absolutamente nova e original anima, por um lado, a poesia lírica do tempo e, por outro, o gênero totalmente inédito, criação absoluta sem raízes antigas, que é o romance idílico ou cavalheiresco. Trata-se de elevadas formas de poesia a que não ousaríamos hoje negar importância, se bem que seja fraco o lugar que lhe reservam os programas escolares. Quantos estudantes, durante os estudos secundários, tiveram oportunidade de ler, mesmo que poucas, algumas linhas de Bernardo de Ventadour, ou do romance de *Tristão e Isolda*?

Não é nossa intenção tratar da história da literatura; ocupar-nos-emos apenas do que toca à mulher nesta produção poética de expressão tão variada, tão original na sua inspiração. Já por várias ocasiões fizemos alusão à poesia lírica, que tem o seu inteiro desenvolvimento, mais bem-sucedido, mais completo, em língua de *oc* — em *lemozi*, como se diz então (por oposição a *roman*, que designa a língua de *oil*).

É com Guilherme, sétimo conde de Poitiers e décimo duque da Aquitânia, que surge esta inspiração de poesia cortês que prosperou nas letras latinas — é certo que de forma um pouco escolar, impregnada, quanto ao estilo, duma influência antiga que Hildeberto de Lavardin, por exemplo, tinha dificuldade em ultrapassar; pelo menos é uma veia original, herdeira duma tradição de cortesia que começou a esboçar-se no fim do século VI, com os poemas que, como vimos, Fortunato dirigia à rainha Radegunda e a Inês, abadessa de Santa Cruz.

Evocaremos mais tarde, a traços largos, a evolução de Guilherme da Aquitânia, verdadeiro gênio criador, que duma fonte já existente soube fazer brotar uma poesia magnífica, capaz de dar origem a toda uma linhagem de poetas que chegariam para ilustrar o nosso século XII e transformá-lo num grande século literário. A imagem da mulher já entrevista antes dele na poesia latina foi transposta para uma língua familiar com um talento inigualável. Ele é um dos representantes mais significativos e mais eminentes da sociedade feudal a que pertence, e é sem dificuldade que opera a transformação do serviço senhorial no serviço do amor.

Porque este é o traço essencial da poesia cortês: nascida na sociedade feudal, consiste numa emanação sua. A própria essência do laço feudal, ligando senhor e vassalo, era um compromisso de fidelidade recíproca: um oferecendo a ajuda e o outro, a proteção. É uma promessa semelhante que liga o poeta à dama. Esta é para ele o "senhor"; deve-lhe fidelidade; oferece em sua homenagem a vida, os atos, todos os poemas. O termo "homenagem" é também o que designa o gesto do vassalo ajoelhando-se perante o senhor para receber o beijo que simboliza a paz e constitui um compromisso de amor mútuo. A dama é pois a suserana; ele abandona-se à sua vontade, cumpri-la constitui a sua alegria, mesmo à custa de sofrimento. De forma significativa, dá-lhe um sobrenome masculino: a dama é o senhor.

Quanto ao uso do sobrenome, não só é uma prática corrente na época (pensemos nos Plant-à-Genêt, Court-Mantel, Beauclerc), mas também se torna indispensável para conservar o segredo devido à dama, o segredo que salvaguarda a sua honra e transforma o amor do poeta num tesouro escondido.

A dama de tal modo colocada no espírito do poeta inspira naturalmente o respeito. Mais ainda: uma espécie de receio reverente. É inacessível; perante ela, o poeta humilha-se incessantemente, quer se trate de uma dama da alta nobreza (mas já vimos, nos diálogos de André Capelão, que as diferenças sociais são apagadas pela "cavalaria do amor"), quer o poeta considere insuperável a distância que o separa, devido exatamente à admiração que lhe dedica.

A propósito deste tema veremos desenvolverem-se todos os matizes do amor. Bernardo de Ventadour eleva-o a uma maravilhosa perfeição. Jaufré Rudel tanto pode ser sensual como duma sutileza tal que nos leva a perguntar se não fará alusão a um amor puramente sobrenatural. Cantado por Pierre Vidal ou Bertrand de Bom, será jovial, mesmo cínico, enquanto em Foulquet de Marselha ultrapassa completamente os limites do amor sexual, dirigindo as estrofes à Virgem, a dama por excelência, tal como alguns trovadores do século XIII, como Sordel, Guilhem de Montanhagol ou Guiraut Riquier, que se pode considerar o último.

Alguns comentadores tentaram estabelecer uma "doutrina" do amor cortês, cuja existência consistia, para uns, num amor puramente platônico e, para outros, em conseguir os fins normais e habituais entre homem e mulher. Na realidade, tal classificação não tem sentido nem, digamos, grande interesse. Os trovadores não tiveram necessidade de se submeter a uma regra; faziam parte de uma sociedade que glorifica certos valores, e o gênero literário que os seduzia exige que estes valores sejam respeitados. Seria vão, em todo caso, querer reduzir a sua arte a qualquer definição.

De resto, a inspiração comum é marcada pela tendência pessoal de cada um. Passa-se com a poesia cortês o mesmo que com os temas ornamentais das arcadas ou capitéis das igrejas da mesma época: o reportório é sempre semelhante, mas cada um é reinventado sem cessar.

Nascido na mesma época, prometendo um futuro ainda mais rico do que a poesia lírica, o romance exprime-se quase unicamente em língua de *oil*. Trata-se de uma criação absoluta, de uma novidade total e, mais uma vez, sem raízes nas letras antigas. A sua trama é totalmente baseada na intriga amorosa; é esta que suscita os diversos episódios da ação.

Para melhor o apreciar, podemos comparar o *Roman d'Alexandre* ao espírito das narrativas — história, poesia épica etc. — que gregos e romanos compuseram a partir dos feitos de Alexandre. Através das numerosas versões e das alterações efetuadas no tema, é sempre evocado o mesmo cavaleiro, o herói cristão e cortês, de quem se exalta a educação, a simplicidade. Para marcar a distância entre o conquistador e o herói romanesco será suficiente lembrar que é numa das versões de Alexandre que encontramos o famoso verso:

Avec dames parler courtoisement d'amour.

O tema fornecido pela antiguidade é inteiramente remodelado: subsistem apenas algumas normas no decorrer da história ou da epopeia; também no *Roman de Troie* é dado o primeiro lugar aos amores de Troilos, filho de Príamo e de Briseida, filha do adivinho Calchas: a intriga amorosa suplanta os episódios de guerra e a mulher toma o papel principal. Interessa sobremaneira ao poeta a exploração do coração feminino, e é a descrição das heroínas que passa a primeiro plano.

O contraste entre as letras antigas e as letras feudais é ainda mais impressionante, conforme se inspiram num autor grego ou latino. Assim com Ovídio, cuja *Arte de amar* inspirou fortemente os poetas dos séculos XI e XII; ou ainda o famoso *Pyrame et Thisbé*, eternamente retomado e destinado a renascer no século XVI sob as características de Romeu e Julieta. Sobre este tema, o romance idílico que floresceu na época feudal só possui, da antiga fonte, a trama e os nomes dos dois heróis. Myrrha Lot-Borodine, especialista em romance medieval, analisou com extrema sutileza o delicado poema do século XII, mostrando o que lhe dá originalidade: o romance idílico grego, nascido tardiamente entre os séculos II e V da nossa era, descreve, entre dois seres, "não a lenta eclosão do amor, mas a secreta aprendizagem da volúpia"; enquanto, nos tempos feudais, romances como *Aucassin et Nicolette*, *Floire et Blanchefleur*, *Galeran de Bretagne* e tantas outras obras menos conhecidas desenvolvem o nascimento dum sentimento delicado, uma espécie de ternura alegre e confiante entre seres jovens, o amor nascido do encontro, numa espécie de ingenuidade enternecida; neste domínio, todas as iniciativas competem à mulher, mesmo que a violência mesma do amor seja característica do homem; como Aucassin diz a Nicolette: "A mulher não pode amar o homem tanto como o homem ama a mulher; porque o amor da mulher está na ponta das pestanas, na ponta do botão do seio, na ponta do dedo do pé, mas o amor do homem está colocado no fundo do coração, e daí não pode sair". É cuidado da mulher insuflar o espírito cortês no companheiro para temperar com o respeito esta violência nativa.

Myrrha passa a mostrar então "o abismo que separa os dois mundos", antigo por um lado, feudal por outro, comparando o ensinamento galante do poeta romano às adaptações medievais; "um é erótico, o outro sentimental". Para concluir: "É verdade que a paixão amorosa, sendo imortal no seio mesmo da natureza, não é estranha a nenhuma raça, a nenhuma nação. Mas a força misteriosa que elevou a mulher ao plano duma rainha, que transformou o amor numa arte, numa filosofia, numa religião enfim, é o arrebatamento da alma medieval, é o espírito da Europa românica e cristã"[44].

A conclusão ganha toda a sua acuidade quando passamos do romance idílico ao romance de cavalaria; e aqui a invenção desenvolve-se nos dois domínios, o da poesia e o da realidade. Já não se trata apenas da realidade amorosa, de flores, de linguagem, de procedimentos literários. É impossível esquecer, ao evocar Tristão, Parsifal ou Lancelote, que a cavalaria é uma instituição, uma ordem com regras exigentes. Desenvolve toda uma ética que visa certo domínio do homem sobre si próprio. Não se trata da não violência; não se trata, de maneira nenhuma, para o homem forte, de menosprezar a força; pelo contrário, pede-se-lhe que a desenvolva: o cavaleiro é, antes de mais, o atleta; não faltam mesmo exemplos que revelam nele o gosto pelo recorde, a sede pela façanha: a história dos torneios, mais ainda a dos combates — na Terra Santa, por exemplo —, mostrou mais de uma vez as temeridades individuais ou coletivas que a maior parte das vezes acabam mal, como o ataque a Mansourah de Roberto de Artois, irmão de São Luís, que começou por uma espantosa vitória e acabou num massacre em que teria perecido toda a armada cristã se o heroísmo do rei da França não recompusesse a situação.

Mas pede-se ao homem forte que ponha a sua força ao serviço dos fracos. E este imperativo é quase único na história das civilizações. A cavalaria exige ao cavaleiro que se vença a si mesmo, que utilize a espada mais como um instrumento de justiça do que de poder. Isto denota certa confiança no homem, decepcionante em mais de um caso (que nem todos os cavaleiros sejam dignos não modifica a ordem de cavalaria), mas que não diminui a característica própria da sociedade feudal. É importante para nós verificar que esta ética desenvolvida pelo romance de cavalaria não está separada da ética cortês.

Nesse sentido, famoso e imortal *Perceval, o gaulês*, romance renovado nos nossos dias graças ao cineasta Eric Rohmer, é por si só uma espécie de resumo da educação cortês. Quando Parsifal abandona o castelo onde a mãe o quisera preservar de todo contato com o mundo exterior, foi para responder a este apelo irresistível que lhe provocara a vista de alguns cavaleiros. Mas ele ignora completamente o comportamento cavaleiresco, portando-se como um grosseiro, bruto, estouvado, sem maneiras; só pouco a pouco se irá formando simultaneamente na cavalaria e na cortesia. A educação deve-a tanto a Gornemant, o senhor que encontrou, quanto à dama que purificou nele o que era apenas pulsão instintiva; a sua iniciação só se completa com o eremita que lhe ensina o caminho duma descoberta mais importante ainda, a de uma espiritualidade mística, desvendando o sentido da procissão do Graal, que Perceval observou calado, imobilizado de estupefação.

Os romances de cavalaria desenvolvem quase todos uma iniciação, ou, em qualquer caso, uma ultrapassagem, do mesmo gênero. Sob a influência da mulher expressamente presente, ativa, detentora das malhas do enredo, o herói esforça-se por se aperfeiçoar, por atingir a vitória em que o amor é simultaneamente ponto de partida e prêmio. Em *Erec*, o romance que começa onde, em geral, acabam os romances, isto é, no casamento dos protagonistas, Erec e Enida, a ação é desenvolvida por esta, que sofre por ver o esposo a tal ponto ocupado com o amor entre os dois que regride, recusa os empreendimentos próprios da vida do cavaleiro; por sua iniciativa, começa o ciclo de aventuras que levará um e outro a provocar a "alegria" da corte, tornando-se o casal-modelo, o Cavaleiro e a Dama, juntos ao serviço dos outros.

Em *Yvain ou le chevalier au lion*, será a prova da fidelidade. Por ter ultrapassado no regresso o prazo fixado pela dama, o cavaleiro terá de prestar provas sobre-humanas até o delírio, até a loucura.

Em *Lancelot ou le conte de la Charrette*, a iniciativa da mulher é ainda mais marcada: a rainha Genoveva exigirá de Lancelote a prova suprema: que se mostre covarde; ordena-lhe que combata "pelo pior", deixando-se vencer por simples submissão à sua vontade, para em seguida combater "pelo melhor" e mostrar plenamente a valentia e o "valor".

Desta forma, é glorificado o poder da dama no próprio coração do feito heroico, na coragem demonstrada pelo cavaleiro. Sobre este tema poderíamos desenrolar parágrafos longos e envolventes. Alguns temas têm sido abordados e mais estudados pela história literária, muito mais bem praticada e conhecida do que a dos costumes e da sociedade. As obras de Reto Bezzola, de Rita Lejeune, de René Louis e de Myrrha Lot-Borodine trouxeram esclarecimentos admiráveis do que foi, na época feudal, a essência de toda a poesia lírica ou romanesca das línguas de *oc* e *oil*. O amor transfigura o simples desejo, que é "o fundo imutável da natureza humana"; este primado do amor suscita "a servidão pelo amor" — que é "procura", exaltação da mulher, ao mesmo tempo doação e exigência — de que na prática resulta a cavalaria: Lancelote é pai de Galaad, que transfigura e dá novos rumos à aventura humana; um e outro nasceram do culto da mulher.

5

Fontevraud

Por mais estranho que possa parecer, é a história de uma abadia que nos dá a mais completa e mais convincente ilustração deste novo poder da mulher que se desenvolve entre os séculos XI e XII, para reinar até o fim do século XIII. É em Fontevraud que a cortesia, flor duma civilização, é mais sentida pela vida que a anima, pelos personagens que a ela estão ligados. Reto Bezzola compreendeu-o muito bem; foi ele quem primeiro estudou e valorizou esta Ordem de Fontevraud, a qual é necessário observar com atenção se queremos compreender o que significava para a sociedade feudal a vida de cortesia, mesmo para além da expressão literária.

A Ordem de Fontevraud

Em 31 de agosto de 1119, a Abadia de Santa Maria de Fontevraud recebia um visitante muito ilustre: o Papa Calisto II. Na presença de uma multidão de prelados, barões, pessoas da Igreja e populares, todos atraídos por sua passagem, ele procedeu pessoalmente à consagração do altar-mor da nova abadia, muito jovem ainda.

No início do século XII, o papa não é o personagem austero e distante que a nossa geração e as que a precederam conhecem; assemelhava-se mais a João Paulo II, percorrendo os continentes e visitando infatigavelmente a cristandade. Além disso, trata-se dum homem da Borgonha que, antes de ser elevado ao sumo pontificado, fora arcebispo de Viena; sensível, pois, à renovação religiosa que se manifesta na França, não podia deixar de encorajar fundações como a de Fontevraud. Urbano II, seu predecessor 25 anos antes, empreendera também uma viagem no decurso da qual exortara os "francos" a pegarem em armas para libertar Jerusalém — foi a primeira cruzada —, com um sucesso inesperado.

Contudo, a vinda dum papa ao recôndito de Anjou era um acontecimento para todos. Ficou-nos um traço sensível, a primeira carta de confirmação da ordem, que Calisto II mandou editar dois meses depois da passagem pela abadia, enquanto residia em Marmoutiers.

A igreja onde foi recebido é provavelmente a que hoje é visitada pelos turistas, com uma alta e vasta nave coberta de cúpulas, como se vê muito em Angoumois e em Saintonge, com grandes arcadas que formam um conjunto ao mesmo tempo austero e luminoso, atualmente privado do colorido dos afrescos e vitrais; ao menos a pedra nua faz sobressair a nobreza das linhas e a beleza dos volumes. E quando, depois de descer alguns degraus, nos encontramos na sombra fresca da nave, o coro surge: orbe radiosa, ritmado de altas colunas, na claridade dispensada por janelas invisíveis.

Para receber o papa na entrada da igreja está uma jovem de 26 anos: Petronila de Chemillé, abadessa de Fontevraud.

Neste ano de 1119, encontrava-se já havia quatro anos à cabeça da Ordem de Fontevraud, fundada pelo famoso Roberto de Arbrissel. Esta Ordem, a que o Papa Calisto II testemunhou uma solicitude particular, vindo em pessoa consagrar o altar da abadia, pode parecer em nosso século XX bastante surpreendente. Trata-se de uma dupla ordem, comportando monges e monjas; existem duas séries de construções, entre as quais está colocada a igreja abacial (noventa metros de comprimento por dezesseis de largura na nave, e quarenta metros no transepto), que domina e, ao mesmo tempo, liga as duas partes do mosteiro. A igreja é o único local onde homens e mulheres se encontram, na hora da oração e dos ofícios litúrgicos. Neste ponto a regra é estrita. Nenhum monge pode penetrar na parte reservada às monjas, e vice-versa. Quando uma religiosa está para morrer, é transportada para a igreja, e é aí que um monge a assiste e lhe dá os últimos sacramentos.

No início do século XII, Fontevraud agrupa três centenas de monjas e sessenta ou setenta monges; mas a Ordem já emigrava: em cerca de 1140-50, um contemporâneo, não dos menores, pois tratava-se de Suger, abade de São Dinis, calcula em cinco mil o número dos seus membros. Ora, é uma abadessa, e não um abade, quem a dirige. Os monges que entram na Ordem devem-lhe obediência e professam entre as suas mãos.

"Sabei, caros irmãos, que tudo o que construí no mundo foi para o bem das religiosas; consagrei-lhes toda a força das minhas faculdades e coloquei a mim e aos meus discípulos ao seu serviço, para o bem das nossas almas. A vosso conselho decidi, pois, que, enquanto viva, será uma abadessa a dirigir esta congregação; e que, depois da minha morte, ninguém ouse contradizer as disposições que tomei". Assim o fundador da Ordem, Roberto de Arbrissel, exprimia a propósito de Fontevraud as suas últimas vontades. De acrescentar que os estatutos que estabeleceu precisavam que esta abadessa devia ser não uma virgem, mas uma viúva, alguém que já tivesse a experiência do casamento; comparava o serviço dos monges ao de São João Evangelista junto da Virgem Maria, a quem Cristo, do alto da Cruz, confiou: "Eis a tua mãe". E, por tudo isto, entre outras razões, escolheu Petronila de Craon, que entrou para Fontevraud com 22 anos, dois anos depois da morte do marido, o senhor de Chemillé.

O fundador da Ordem, que com tanta força exprimiu esta vontade, para nós tão estranha, de submeter os monges ao magistério duma abadessa, nascera em 1050 em Arbressec (Ille-et-Vilaine), na Bretanha; estudou primeiro em diversas escolas, certamente em Paris e em Rennes. Ordenado padre, deu provas de um grande zelo de reformador. Nesta época de renascimento da Igreja, após uma profunda decadência, combate a simonia (compra a preço de ouro de cargos eclesiásticos, praga da igreja carolíngea); combate também o casamento dos padres: e sabia de que falava, pois era ele próprio filho dum padre denominado Damalóquio. Em Angers, onde trava conhecimento com Marbodo, autor de numerosos poemas e tratados científicos, começa a desejar uma vida mais austera, mais inteiramente consagrada a Deus. Torna-se eremita na floresta de Craon (Maine).

Mas, como acontece com frequência aos que procuram Deus na solidão, cedo ficou rodeado por numerosos imitadores, que se tornaram seus fiéis. A Igreja de então, renovada e purificada pela reforma gregoriana, que a libertara dos poderes temporais, da tutela dos senhores, do rei, do imperador — que, na época de Carlos Magno, e mais ainda na dos seus descendentes, se tinham habituado a considerar os bispos e curas como seus agentes e funcionários —, cedo é tomada por um extraordinário fervor, manifestado na criação de novas ordens: a cartuxa, a de Cister, a de Grandmont etc. E Fontevraud ocupa um lugar importante neste contexto. À volta de Roberto logo se juntam espontaneamente grupos de jovens e de menos jovens, de tal modo que um dia o ardente eremita sente a necessidade de fixar num mosteiro os companheiros que o rodeiam; o senhor Renaud de Craon facilita a fundação concedendo-lhe uma terra onde se construirá, em 1096, Santa Maria da Roé[45].

O Papa Urbano II, então na França, ouve falar de Roberto de Arbrissel; preocupado, ele também, quer com a reforma da Igreja, quer com a libertação dos lugares santos, quer vê-lo pessoalmente, confirma a sua ordem e pressiona-o a continuar a pregar, a fim de secundar os esforços de ambos. Roberto consagra-se então à pregação e depressa os discípulos afluem novamente, a ponto de formarem uma multidão inquietante de homens e mulheres em busca de vida espiritual, agrupados ao redor de um guia de invulgar estatura.

"Diz-se que deixaste o hábito regular e que, com um cilício a descoberto sobre o corpo, um velho manto esburacado, as pernas seminuas, a barba hirsuta, os cabelos redondos sobre a testa, os pés nus no meio da multidão, caminhas oferecendo um singular espetáculo aos que te veem [...]", escreve-lhe o amigo Marbodo, entrementes bispo de Rennes.

Sem grande dificuldade, podemos imaginar Roberto de Arbrissel e o seu séquito, digno dos *hippies* do nosso tempo, nesta segunda metade do século XX. A multidão que o segue não possui um aspecto mais tranquilizante: "Vestidos de ouropéis de cores variadas, distinguem-se pela barba espessa [...]. Se se lhes pergunta quem são, respondem: 'Discípulos do mestre'". Quanto ao mais, uma multidão compósita: "Acorreram muitos homens de todas as condições; e juntavam-se também mulheres, pobres ou nobres, viúvas ou virgens, idosas ou adolescentes, prostitutas ou das que desprezam os homens". Chegada a noite, acampam ao longo dos caminhos, homens dum lado, mulheres do outro, o "mestre" no meio, numa promiscuidade que não deixaram de lhe reprovar. Godofredo, abade da Trindade de Vendôme e um dos seus amigos, escreverá sarcástico: "Encontraste um gênero de martírio inédito, mas ineficaz, pois o que se tenta contra a razão jamais pode ser útil ou frutuoso; é pura presunção". Com efeito — haverá necessidade de precisar? —, Roberto, no meio desta multidão variada, leva uma vida de perfeita castidade.

Roberto de Arbrissel permanecerá até a morte um caminhante, um frequentador dos grandes caminhos; as suas viagens terão por objetivo a visita às diversas fundações. E, como já vimos, são numerosas: quando, em 1105, o Papa Pascoal II confirma a fundação da Ordem de Fontevraud, esta conta já mais seis conventos. Catorze anos mais tarde, quando da visita de Calisto II, juntaram-se-lhe mais dois mosteiros de Poitou, dois do Limousin, os de Cadouin, em Périgord, de Haute-Bruyere, perto de Paris, de Vansichard, no Maine, de Orsan, em Berry, de Santa Maria do Hospital, em Orléans, do Espinasse, em Tolouse, e uma dezena da Bretanha.

Extraordinária fecundidade. Podemos, além disso, verificar o poder de atração de Fontevraud por meio das abadessas que chegaram ao nosso conhecimento por serem filhas e mulheres de nobre nascimento. Hersende de Champagne foi a primeira superiora a quem Roberto de Arbrissel confiou o cuidado de dirigir a congregação nascida duma multidão incoerente agrupada em seu redor. Mulher do senhor de Montsoreau, habitava a cerca de meia hora de caminho do vale de Fontevraud, até então terra deserta e inabitada. Desejosa de ver o tão famoso pregador na região, foi lá e ficou na sua companhia.

Foi mais ou menos o que pela mesma época aconteceu a Petronila de Chemillé, de quem já falamos. Esta jovem viúva, famosa pela beleza e pela inteligência, era parente dos condes de Anjou. No dia em que, por simples curiosidade, foi a Fontevraud, lá ficou. A irmã Inês de Craon, com a tia Milésine, foram visitá-la e tomaram o hábito. Fontevraud tornou-se um lugar perigoso, que os pais não desejam para os filhos, que os esposos receiam um para o outro. Pelo menos seria essa a reação no nosso tempo. De fato, quando Inês dos Ais passa com o marido, Alardo, em Fontevraud, separam-se, apesar do seu mútuo amor; o conde de Ais legara a terra de Orsan à nova ordem, e a sua esposa, Inês, será a primeira superiora; mais tarde deslocar-se-á a Espanha para fundar o Convento da Vega, de que será a primeira abadessa. E, quando Ausgarde de Roannais manifesta a intenção de entrar para Fontevraud, os pais instituem o Convento de Beaulieu, no Auvergne, de que será superiora. O mesmo acontece com Inês de Montreuil e com Sophicie, a filha de Pedro Achard. Nos anais dos primórdios de Fontevraud desfilam toda uma litania de nomes femininos com consonâncias cheias de encanto: Isabel de Conches-Toesny, Joana Payenne, Denise de Montfort, Filipa de Poitiers e sua filha Hildegarda, Alice da Borgonha, Juliana de Breteuil, Basília de Dreux, Sibila e Mahaut de Courteney, Matilde da Boêmia e tantas outras...

Bertranda

Sobretudo uma entrada faz sensação: a de Bertranda de Montfort, em 1114. Para os contemporâneos, este nome evocava uma série de escândalos; outrora, os amores de Bertranda alimentaram conversas tal como, hoje, fazem-no os casamentos sucessivos duma atriz turbulenta ou duma herdeira de algum magnata americano.

Bertranda era casada com um senhor importante: Fulque de Anjou, denominado o Réchin, mais uma das alcunhas frequentes na época. Réchin significa "o rabugento", "o descontente", "o aborrecido". E Fulque tinha razão para o ser. Loucamente apaixonado pela mulher, viu-se descaradamente ridicularizado. Acontece que o poder de Bertranda era grande: Fulque não era um noviço, pois, após a morte da primeira mulher, havia sucessivamente desposado e repudiado mais três: Ermengarda de Bourbon, Orengarde de Châtelaillon e Mantie de Brienne. Só Bertranda fixou este inconstante, inspirando-lhe uma paixão sem freio e cedo sem esperança, pois Bertranda tornou-se amante do rei de França, Filipe I.

Sem dúvida o encanto eslavo teve influência: não era Filipe o filho da lindíssima Ana de Kiev, que o pai mandara buscar às margens do Dniepre? Ao crescer em idade, crescia também em corpulência; descrevem-no como um homem grande, sensual e egoísta. A verdade é que agradou a Bertranda, que complacentemente se deixou arrebatar quando duma estada do rei em Tours, em casa do seu imprudente vassalo: "O rei falou-lhe", escreve um cronista, "e propôs-lhe fazê-la rainha. Esta mulher má, esquecendo toda a sabedoria, na noite seguinte seguiu o rei, que a levou para Orléans"; aí se realizaram o que o cronista designa por "núpcias perversas". Como resultado, Bertranda dá à luz dois filhos, um chamado Filipe, como o pai, e o outro Floros, como um herói de romance.

Os dois não tinham dificuldade em fazer-se notar. E, no entanto, não tardaram a sofrer sanções eclesiásticas. Mesmo sendo rei, Filipe fora excomungado. Foi-lhe ordenado que retomasse a sua legítima mulher, Berta da Frísia; e, como persistisse em conservar Bertranda, o reino foi interdito.

"Ouves como nos perseguem?", dizia Filipe a Bertranda quando os sinos soavam após a sua saída da cidade. Com efeito, cessavam de celebrar Missa, e mesmo de tocar os sinos, quando o senhor estava excomungado. Certo dia, Bertranda, furiosa por encontrar todas as igrejas fechadas à sua passagem, mandou arrombar as portas a uma delas e obrigou um padre, quisesse ou não, a dizer Missa para ela. É de resto uma atitude bem significativa da época a do

Papa Urbano II, que no próprio território do rei da França começa por excomungá-lo, abrindo em Clermont, em 1095, o concílio que decide a primeira cruzada.

Não só nem o bispo nem o papa conseguiram acabar com a obstinação de Bertranda, como esta continuava a subjugar o marido. Fulque de Anjou, que primeiro ameaçou o rei, pretendendo dominá-lo pelas armas (é verdade que os condes de Anjou eram muito mais ricos e poderosos do que o rei, que apenas possuía, materialmente falando, os rendimentos dum insignificante domínio), acabou por se acalmar bem ou mal. Bertranda era uma destas mulheres cujo encanto e sedução que exercem resultam do charme, um pouco no sentido dado ao termo nos tratados de feitiçaria. A fascinação de Fulque por Bertranda foi verificada por todos os familiares certa noite em que, no seu castelo de Angers, a 10 de outubro de 1106, Fulque a recebeu ao mesmo tempo que ao rei. "Ela tinha-o amansado tão bem", devia mais tarde contar Suger na *Vie de Louis VI le Gros*, "que ele continuava a venerá-la como sua dama, vindo muitas vezes sentar-se a seus pés, no escabelo, e submetia-se completamente à sua vontade". E acrescente-se que se tratava duma mulher cheia de poder, muito experiente na arte feminina de se fazer admirar.

O rei Filipe morreria dois anos depois desta memorável noite em que Bertranda presidiu ao banquete entre o marido e o amante real: tranquilamente, ela voltou então ao condado de Anjou e retomou o seu lugar ao lado do Réchin. A sua habilidade permitira-lhe obter de Filipe I, para o filho Fulque, o jovem, que vivia consigo na corte do rei, a mão de Eremburgea do Maine, antes prometida ao irmão mais velho de Fulque e herdeiro de Anjou, Geoffroy Martel; este teve o bom senso de morrer em 1106, depois de se ter revoltado contra o pai, a quem acusava — não sem razão — de o querer deserdar.

Foi esta mesma Bertranda que em 1114 se apresentou em Fontevraud para tomar o hábito. Era, diz um cronista de nome, Guilherme de Malmesbury, "ainda jovem e saudável, de beleza perfeitamente preservada".

Bertranda tinha visitado várias vezes a abadia, fazendo-lhe um grande número de doações. No momento fazia doação da sua pessoa. Podemos imaginar uma surpresa na mesma medida dos escândalos de outrora.

No ano seguinte, por ocasião da festa de Natal de 1115, o próprio Roberto de Arbrissel a instalou como superiora do Convento de Notre Dame de Haute-Bruyere, num domínio que Bertranda outrora legara à abadia. Não estava sozinha. Acompanhava-a a sua irmã Isabel, também filha de Simão I de Montfort. Uma verdadeira amazona. Casara com Raul de Toesny, de uma família ilustre da Normandia. Não fora Raul o porta-estandarte de Guilherme, o Conquistador, na batalha de Hastings? É a este título que figura na Tapeçaria de Bayeux. Muito bonita, generosa e alegre, tinha também a resposta pronta e o riso fácil. O cronista Orderico Vital fez-se eco duma violenta disputa que se agravou rapidamente entre Helvise, condessa de Évreux, e Isabel de Toesny, devida, conta ele, às "palavras ultrajantes" desta: "Duas damas muito belas", diz ele, "mas indiscretas e violentas". Pertenciam, no entanto, as duas à alta nobreza: Helvise (ou Héloise), através da mãe, Adelaide, neta do rei de França, Roberto, o Piedoso; quanto aos Montfort, de muito alta linhagem, farão falar deles na história. Orderico Vital não descreve detalhadamente as suas disputas, mas conta-nos como estas discussões não tardaram a chegar às vias de fato e como uma e outra, que tinham todo o poder sobre os maridos, passaram dos insultos à guerra feudal. Durante três anos, Guilherme II de Évreux, marido de Helvise, e Raul de Conches-Toesny, acompanhados dos respectivos vassalos, conduzem uma série de assaltos e devastações que terminam com a vitória de Raul — ou, antes, de Isabel. Esta tem os favores do cronista, que conta com admiração que ela não receava vestir a cota de malha e combater a cavalo como um homem: "Não cedia em coragem nem aos cavaleiros cobertos de loriga, nem aos soldados armados de azagaias". E prossegue num estilo cheio de antigas reminiscências: "Ela igualava Lampédone e Margésippe, Hippolyte e Penthésilée, bem como as outras rainhas guerreiras das amazonas, [...] cujos combates são recordados [...] e que durante quinze anos submeteram os asiáticos ao poder das suas armas". Pode-se concluir, pela ênfase da descrição, que as duas filhas de Simão de Montfort, sendo diferentes, eram mulheres inteligentes e que, se uma se entregava a amores ilícitos, a outra não dispensava menor ardor a fazer a guerra.

São estas duas damas que um dia, quando ainda plenas de vigor, se apresentam em Fontevraud, rogando humildemente a Roberto de Arbrissel que as admita entre as suas monjas!

Compreende-se melhor que Roberto de Arbrissel tenha decidido submeter as monjas a mulheres dotadas de tais personalidades, esperando que pusessem tanto zelo e entusiasmo ao serviço de Deus como tinham posto ao serviço das paixões. No caso de Bertranda, não se enganou; o cronista Guilherme de Malmesbury escreve que "ela não tardou a deixar a vida atual, porque, sem dúvida pela Divina Providência, o seu corpo de mulher delicada não pôde suportar os rigores da vida religiosa". O que prova que não se poupou de maneira nenhuma na sua nova existência.

Podemos imaginar o alcance de tais exemplos numa sociedade onde, além disso, operava a Reforma Gregoriana, uma renovação profunda após o relaxamento dos séculos IX e X. Tanto mais que, neste virar do século XI, veem-se lado a lado as situações mais extremas.

A cena de Isabel no castelo de Conches descrita por Orderico Vital revela bem as preocupações profundas destes seres para quem Deus está presente mesmo no coração dos excessos a que os levam a paixão ou a ambição. "Um dia", conta, "cavaleiros ociosos jogavam e cavaqueavam na sala do castelo de Conches. Conversavam, como é hábito, de assuntos variados, na presença de Isabel. Um deles disse: tive ultimamente um sonho que me impressionou muito; via o Senhor preso à Cruz, com o corpo totalmente lívido, atormentado com demasiadas preocupações e olhando-me com ar severo". Duro presságio para o sonhador. A seguir, Balduíno, filho de Eustáquio de Bolonha (não sabia que viria a ser o primeiro a usar a coroa do rei de Jerusalém), toma por sua vez a palavra: "Eu também ultimamente vi em sonhos Nosso Senhor Jesus pendurado na Cruz, mas brilhante e radioso, sorrindo agradavelmente, dando-me a bênção com a mão direita e fazendo com bondade o sinal da cruz sobre a minha cabeça". Todos concordaram que tal sonho anunciava "a doçura das grandes graças". Então o jovem Roger, filho de Raul e de Isabel de Montfort, declara que conhece "um homem que não está longe" (fala de si próprio) e que foi contemplado com uma visão sublime; a mãe insiste em que a explique; o jovem cora, cala-se; enfim, instado por todos os presentes, decide, a seguir: "Certo homem viu ultimamente em sonhos o Senhor Jesus colocar-lhe as mãos sobre a cabeça, benzê-lo com clemência, chamando-o com estas palavras: 'Vem a mim, meu bem-amado, dar-te-ei as alegrias da vida'. Certamente", prossegue, "este que conheço não permanecerá muito tempo na vida". "Ora", concluiu Orderico Vital, "o primeiro cavaleiro que falou morreu pouco depois num combate, sem confissão nem viático; Balduíno foi em cruzada e veio a ser conde e rei de Jerusalém; quanto a Roger, caiu doente e morreu nesse mesmo ano".

Esse Roger, filho de Isabel e de Raul, fundara em Conches o convento de Châtillon. E imagine-se como a sua recordação deve ter influenciado a mãe, quando mais tarde deu entrada em Fontevraud.

Quando lemos as crônicas da época e nos debruçamos sobre os detalhes da história nestes primeiros séculos da civilização feudal, impõe-se uma observação: a forte personalidade da maior parte das mulheres em relação aos parceiros masculinos. Filipe I e Fulque, o Réchin, fazem uma fraca figura ao lado de Bertranda, que os manobra à sua vontade e finalmente se mostra capaz dum arrependimento que nem o esposo nem o amante conheceram. Filipe assinala-se essencialmente pela ausência completa no grande movimento que então sacode a Europa: "a passagem para o outro lado do mar" a fim de socorrer os cristãos da Palestina e libertar os lugares santos. Quanto a Fulque, os casamentos sucessivos, para acabar no papel de marido enganado e perplexo, tornam-no um personagem grotesco. Do ponto de vista da crônica, o infeliz, que tinha calos e calosidades deselegantes, é conhecido sobretudo por ter lançado a moda das pontilhas, os sapatos de ponta retorcida, obra dum certo Roberto ligado à corte do rei de Inglaterra e cedo alcunhado de "cornuda"; era, antes do tempo, calçado de bico revirado, cuja moda ressurgiu no século XV: a ponta dos sapatos, desmesuradamente alongada e cheia de estopa, recurva-se como um corno de carneiro. Orderico Vital considera semelhante uso extravagante e tão repreensível como a moda dos cabelos compridos, importada da Inglaterra. Acusa toda uma juventude turbulenta que se abandona à delicadeza efeminada, precisamente para melhor seduzir as mulheres: "Outrora só usavam barba e cabelos compridos os penitentes, os cativos, os peregrinos, [...] atualmente quase todos os populares têm cabelos em cascata, barbas a desejo [...]; frisam com ferro os cabelos, cobrem a cabeça com turbante, sem barrete [...]".

E pode-se pensar que esta descrição, que poderia aplicar-se quase sem alterações a certas modas recentes, não significa para o autor nada de bom quanto aos novos tempos: "Tudo o que outrora as pessoas honradas teriam considerado perfeitamente vergonhoso [...] é hoje considerado prática altamente louvável".

Semelhantes diatribes, sabemos, fazem parte da literatura de todos os tempos ou quase, mas não podemos deixar de chamar aqui a atenção para o que é novidade: o gosto de agradar às mulheres. E de agradá-las adotando critérios femininos de sedução: requinte e sutileza no vestuário e nos cabelos, atração por tudo o que pode adornar e embelezar; uma espécie de vaidade generalizada, ditada por aquelas de quem se deseja chamar a atenção.

Orderico Vital não é o único a dar conta deste traço novo na sociedade. Lemos as mesmas reprovações na pena de Malmesbury, que critica vivamente os cavaleiros da companhia de Henrique I Bauclerc porque, com os cabelos ao vento, parecem querer rivalizar com as mulheres. O bispo de Sées, Serbon, "um dos mais eloquentes prelados normandos", que comparava estes seres de cabelos compridos e sapatos revirados aos gafanhotos do Apocalipse, fez tais reparos ao rei sobre o seu porte que este, convencido, deixou que o prelado, que trazia as tesouras escondidas na manga, lhe cortasse os cabelos!

Encontramos este desejo de agradar às mulheres em qualquer outra parte, suscitando na vida e nas artes impulsos mais potentes do que as modas passageiras ou do que a indignação dos cronistas que os descrevem. Mesmo sem abandonar a abacial de Fontevraud, surgem-nos outras silhuetas femininas, capazes de chamar a atenção para muito além do tempo em que viveram.

Ermengarda

Ao entrar em Fontevraud, Bertranda de Montfort encontrou Ermengarda, a filha mais velha do marido, Fulque de Anjou, nascida do primeiro casamento, com Hildegarda de Beaugency. Figura muito sedutora a desta angevina muito bonita e um pouco instável, cuja existência seria ainda mais movimentada do que a da madrasta.

Como tantas outras, Ermengarda foi atraída no rasto de Roberto de Arbrissel. Conservou-se uma carta que o ardente pregador lhe escreveu; cheia de exortações, não a que entre no convento, mas a que permaneça no mundo, no seio duma sociedade de que dá um quadro sombrio: "Ninguém pratica o bem, ninguém fala do bem, todos contradizem a verdade; sobre esta Terra não há verdade, nem misericórdia, nem conhecimento". E o santo homem multiplica os conselhos, animado, ao mesmo tempo, tanto de sentido prático como de sentido místico: "A vossa vontade seria abandonar o mundo, renunciar a vós mesma e seguir simplesmente o Cristo nu sobre a Cruz. Mas orai ao Senhor vosso Deus para que seja feita a sua vontade, e não a vossa. [...] Não procureis mudar de lugar nem de hábito. Tende sempre Deus no vosso coração, na cidade, na corte, no vosso leito de marfim, sob as vestes preciosas, no exército, no conselho, nos festins. Amai, e Deus estará sempre convosco. [...] Como tendes muitas ocupações, fazei curtas orações. [...] Abandonai toda a vaidade, toda a afetação, e conservai-vos discretamente na verdade. [...] Sede misericordiosa para com os pobres, mas sobretudo para com os muito pobres. [...] Guardai uma medida justa em tudo, na abstinência, no jejum, nas vigílias, nas orações. Comei, bebei, dormi somente o necessário para suportar a fadiga, não no vosso interesse, mas no do vosso semelhante". As cartas de Roberto de Arbrissel estão impregnadas de uma grande sabedoria; refletem também o modo de ler o Evangelho familiar à sua época: "Está escrito que Nosso Senhor Jesus Cristo passava a noite orando na montanha e fazia milagres nas cidades durante o dia. Orar à noite com o Senhor na montanha é amar a Deus com toda a capacidade do coração. Fazer milagres nas cidades com o Senhor durante o dia é viver para ser útil ao próximo".

Em 1112, o segundo marido de Ermengarda, Alano Fergant, duque da Bretanha, de quem teve três filhos, fez-se monge na Abadia de Saint-Sauveur de Redon. Deixava o ducado da Bretanha ao filho mais velho, Conan III. A partir daí nada impedia que Ermengarda, por sua vez, entrasse em Fontevraud. Tomou o hábito. Para nós é a ocasião de tentar compreender quais poderiam ser as relações entre a mulher e o poeta neste início do século XII. Quando ingressa em Fontevraud, Ermengarda recebe o que chamaríamos "uma impressionante homenagem poética", uma epístola em verso muito bela. O autor é Marbodo, bispo de Rennes, amigo de Roberto de Arbrissel, de quem já falamos; é um ancião de setenta anos, mas encontrou, para render homenagem à beleza da duquesa da Bretanha, as mais delicadas expressões. Marbodo é já nosso conhecido; durante muitos anos lecionou em Angers, onde já tinha estudado em 1096, antes de ser chamado ao bispado de Rennes. Pouco conhecido nos nossos dias, gozou de grande prestígio no seu tempo. Com efeito, compôs o mais antigo tratado sobre pedras preciosas, *Le lapidaire*, dando origem a um verdadeiro gênero literário no qual as virtudes das pedras, os seus poderes mágicos e a correspondência com "as cores e os sons" dão pretexto a evocações por vezes desconcertantes, mas sempre poéticas; seu sucesso junto dos contemporâneos tornou-a uma das obras mais recopiadas da época; conhecem-se mais de 130 manuscritos; foi objeto de toda espécie de traduções e adaptações:

em francês (foram feitas seis traduções diferentes), provençal, italiano, espanhol e até em dinamarquês, irlandês e hebraico.

> *Filie de Foulques, honneur du pays d'Armorique*
> *Belle, chaste, pudique, candide, claire et fraiche,*
> *Si tu n'avais subi le lit conjugal et le travail d'enfants,*
> *Ames yeux tu pourrais incarner Cynthia (Diane)* [...].
> *Au cortege des épousées, on te prendrait pour déesse,*
> *Une parmi les premieres, O trop belle que tu es!*
> *Mais cette beauté qui est tienne, fille de prince, épouse de prince,*
> *Passera comme fumée et bientôt sera poussiere* [...].
> *On admire ton harmonieux visage, et il est précieux,*
> *Mais ou mort ou vieillesse en détruiront le prix.*
> *Cet éclat brillant de lumiere, qui biesse les regards,*
> *Et cette blonde chevelure, l'un et l'autre seront cendres,*
> *On dit de toi que nulle femme ne te vaut,*
> *Si experte en paroles, avisée en conseil:*
> *Cela aussi te manquera, et n'en demeurera que fable.*
> *La fable parle aussi de ceux qui furent jadis éloquents.* [...]
> *De telles richesses ne sont pour nul perpétuelles.*
> *Elles vont avec le monde, elles tombent avec qui tombe;*
> *Mais que tu aimes de Christ, que tu méprises ce monde,*
> *Que vêtements et nourriture te soient celui des pauvres,*
> *Cela te fait et belle et précieuse au Seigneur,*
> *Ni mort, ni vieillesse n'en détruiront le prix* [...][46].

E dizer que se qualificam os textos latinos desta época de "baixa latinidade"!

O que vem depois? Em 1119, quando o segundo marido, Alano Fergant, morreu, o cronista Orderico Vital conta-nos que, no decurso dum concílio em Reims nesse mesmo ano, Ermengarda apresentou queixa contra o primeiro marido, Guilherme de Poitiers, mais conhecido por Guilherme, o Trovador, acusando-o de tê-la abandonado para ficar com a viscondessa de Châtellerault, que usava o nome predestinado de *Dangerosa* [Perigosa].

Efetivamente, não era segredo para ninguém que havia vários anos Guilherme tinha por amante a que se chamava também a Maubergeonne (talvez uma espécie de diminutivo ou de corrupção popular de Amalberge).

Esta intervenção de Ermengarda, se não corresponde simplesmente a um erro por parte do cronista, é duplamente surpreendente: primeiro porque, mais uma vez, a ligação de Guilherme, o Trovador, era do conhecimento público; ele já fora excomungado por isso, mas sem qualquer efeito; em seguida, porque, pouco depois de se ter separado de Ermengarda, Guilherme desposou Filipa de Toulouse, com quem teve seis filhos. Mas Filipa acaba exatamente de morrer. E de morrer em Fontevraud, para onde, cansada da conduta do marido, se tinha retirado quatro anos antes, logo seguida por uma das suas filhas, Hildegarda. Terá esta morte levado Ermengarda, a despeito da sua entrada para Fontevraud, a fazer esta tentativa — muito discutível! — de retomar o seu lugar junto do primeiro marido? Esta espantosa diligência denota por parte da condessa da Bretanha uma certa instabilidade: mesmo religiosa, não deixava de ser a filha de Fulque, o angevino! É possível também que a morte de Roberto de Arbrissel, no ano anterior, a 25 de fevereiro de 1117, a tenha desorientado um pouco. O desaparecimento daquele que fora o seu pai espiritual, primeiro encorajando-a a permanecer no mundo, depois acolhendo-a no convento, foi de fato duramente sentido por Ermengarda; ela deixou então Fontevraud e passou a habitar a corte do filho Conan III da Bretanha. Essa conduta foi severamente julgada; o abade Geoffroy, da Trindade de Vendôme, escreveu-lhe uma carta repleta de censuras — aparentemente sem efeito. Um outro acontecimento, desta vez familiar, iria comover a duquesa Ermengarda: o seu meio-irmão Fulque V, conde de Anjou (o filho de Bertranda), decidira fazer "a santa viagem de Jerusalém".

Personalidade notável a deste príncipe, a quem o cronista oficial dos condes de Anjou reprovava apenas os cabelos ruivos — apressando-se de resto a acrescentar: "como Davi" — e a fraca memória (esquecia duma entrevista à outra o nome das pessoas que tinha encontrado). Na descrição acumula as expressões mais simpáticas (ainda que, decididamente, não possa tolerar os cabelos ruivos): "Fiel, doce, afável (contrariamente à generalidade dos ruivos!), bom e misericordioso, generoso nos atos de piedade e na distribuição das esmolas [...]. Muito experimentado na arte militar, paciente e prudente nos tormentos da guerra [...]". Ora, este conde de Anjou, tão dotado, em plena juventude, em pleno poder, abandona o seu belo domínio para tomar a cruz. Em Jerusalém, os companheiros, sabendo-o viúvo, pedem-lhe que se case com a jovem Melisenda, filha duma princesa armênia e do rei Balduíno II; isto significa que, doravante, ela se deverá consagrar à defesa do reino de Jerusalém, tão duramente conquistado trinta anos antes — e o fará. Por morte de Balduíno II, em 1131, abraçará a coroa de Jerusalém, constituída mais de espinhos que de rosas, enquanto o filho Geoffroy, o Belo, será conde de Anjou.

Ermengarda parece ter ficado muito abalada com a partida do irmão, mesmo que, na época, nem ele nem ela duvidassem de que fosse definitivo e significasse o abandono do domínio angevino. Vemo-la fazer doação a Fontevraud, e é pouco depois comovida pela grande voz de São Bernardo: procura-o em Dijon e retoma o véu, desta vez entre as cistercienses do priorado de Larrey.

> Oh! Se pudesses ler no meu coração este amor por ti que Deus se dignou inscrever com o seu próprio dedo! Compreenderias certamente que nem linguagem nem pena seriam suficientes para exprimir o que o espírito de Deus imprimiu no meu íntimo! Neste momento estou próximo pelo espírito, se bem que ausente pelo corpo. Não depende

> nem de ti nem de mim que eu esteja efetivamente presente; mas há no mais profundo de ti mesmo um meio de descobrir se tu não sabes ainda o que eu te digo: entra no teu coração, verás o meu, e concede-me tanto amor por ti como o que sentes em relação a mim [...].

Não é a missiva dum trovador para a sua dama: é uma carta de São Bernardo para Ermengarda[47]. Aquele a quem certos historiadores conferiam uma reputação de dureza tão estabelecida, que é geralmente representado como uma espécie de puritano, austero e misógino, aquele de quem Agostinho Fliche, geralmente mais bem inspirado, escrevia que "a mulher sempre lhe apareceu como a encarnação do demônio", este São Bernardo soube encontrar para Ermengarda o tom exato da poesia cortês. Outra das cartas, respondendo à sua, começa por: "Recebi as delícias do meu coração"; e acrescenta: "Acredita que me exasperam as ocupações que me impedem daquilo que gostaria: ver-te". Precisemos que, à época, Ermengarda tem sessenta anos e Bernardo é um homem na força da idade: quarenta anos. Mas, se viveu numa austera santidade, isso não o impediu de encontrar os tons do seu tempo quando se dirigia às mulheres.

Quanto a Ermengarda, confirmou-se a sua orientação cisterciense. No entanto, vemo-la abandonar o priorado de Larrey para empreender uma peregrinação à Terra Santa, respondendo ao chamamento do irmão, o rei Fulque de Jerusalém. Em 1132, Ermengarda embarcou na companhia de algumas religiosas cistercienses e passou três anos a percorrer a Palestina, fixando-se algum tempo em Naplouse (Nablus): é a antiga Sichen, cidade bíblica situada no fundo de um vale da Samaria, frente à qual se situava o poço de Jacó, onde Cristo encontrou a samaritana; neste lugar, diz-se que Santa Helena, mãe de Constantino, mandou edificar a igreja de São Salvador, de que as invasões árabes não deixaram senão as ruínas. Ermengarda ocupou-se da reconstrução e, depois, voltou para a França. Fundou um convento de religiosas cistercienses em Berzé, perto de Nantes, ao que estabeleceu-se no Convento de São Salvador de Redon, onde o segundo marido, Alano, duque da Bretanha, vivera os últimos anos; antes de morrer, em 1147 ou 1149, pede para ser inumada perto dele.

Uma dama elevada, marcada por alguma instabilidade, mas também por uma capacidade de desprendimento que caracteriza a época: assim nos surge Ermengarda da Bretanha.

Mesmo rápida, a evocação da sua vida no início do século XII põe em relevo um aspecto pouco vulgar das relações entre a mulher e os senhores da Igreja, quer se trate de Roberto de Arbrissel, quer do bispo Marbodo de Rennes, quer do abade Bernardo de Claraval, três eminentes homens da Igreja, duma santidade insuspeitada, a quem inspirou "acentos" que Fortunato, o bispo-poeta de Poitiers, não teria desaprovado, pois que também se dirigia à rainha Radegunda em termos delicados, onde a ternura se mistura com o respeito:

Ou se cache ma lumiere loin de mes yeux errants
Ne se laissant prendre à mon regard?
J'examine tout: airs, fleuves, terre;
Puisque je ne te vois, tout cela m'est peu.
Le ciel peut bien être serein, loin les nuages,
Pour moi, si tu es absente, le jour est sans soleil.

A cortesia não é apenas privilégio de pequenos círculos: do senhor, da dama, do castelo. Tornou-se popular, impregna as multidões, inclusive os clérigos e monges, que tantas vezes nos foram descritos como hostis à mulher. Ela ilumina o pensamento dos mais austeros homens da Igreja, dos mais rigorosos reformadores; toda a sociedade feudal se deleita nesta poesia feita de respeito e amor.

As duas Matildes

Amita mea, minha tia, é como a rainha Leonor trata a abadessa de Fontevraud quando da sua visita ao mosteiro, pouco depois do segundo casamento, com Henrique Plantageneta, em 1152.

Petronila de Chemillé morrera a 4 de abril de 1149, depois de ter dirigido durante 35 anos o duplo mosteiro. As monjas tinham então designado para lhe suceder Matilde de Anjou. Esta, filha de Fulque V e, por consequência, neta de Ermengarda da Bretanha, tivera um estranho destino. Com onze anos entrou em Fontevraud, talvez pelo desejo de tomar o hábito, ou somente para receber a instrução dispensada pelas religiosas. No entanto, passados alguns meses foi reclamada pelo pai: Matilde fora pedida em casamento pelo rei da Inglaterra, Henrique I, para o filho mais velho, Guilherme Adelino (*Aetheling* é um termo que designa herdeiro o nascido de rei e de rainha), destinado ao trono. O casamento efetuou-se em 1118; Matilde tinha treze anos e o esposo, dezesseis.

No mesmo ano, um primeiro luto iria ensombrar a corte de Inglaterra. Morria a rainha Edite, esposa de Henrique I, filha de Malcolm e de Margarida da Escócia. Ao receber a coroa de Inglaterra, adotou o nome de Matilde, mais familiar aos ingleses. Rainha muito amada, muito instruída, apaixonada pela música, acolhendo com uma generosidade quase perdulária toda espécie de hóspedes, mas sobretudo clérigos e músicos, ganhou muita fama e viu, segundo Guilherme de Malmesbury, juntar-se ao seu redor todos os nomes famosos da poesia e da canção. Marbodo de Rennes e Hildeberto de Lavardin, os dois mais célebres poetas da época, dedicaram-lhe várias das suas obras, das quais uma dezena chegou ao nosso conhecimento. De fato, a corte inglesa foi então o centro duma intensa atividade literária, encorajada pelo próprio rei Henrique I, que mereceu o sobrenome de *Beau-clerc*, sabedor. Na época, um clérigo não é, como seríamos tentados a pensar, um membro do clero, mas o que estudou nas escolas a gramática e outras "artes liberais" — um letrado, em suma. Henrique "interessava-se por tudo", diz Orderico Vital; não apenas pelos autores antigos, mas também, particularmente, pelos animais, por todas "as maravilhas de países estrangeiros". Reuniu no parque de Woodstock toda uma fauna exótica: leões, leopardos, tigres, camelos.

Ora, este rei tão dotado irá conhecer um destino dramático; duramente atingido pela morte da esposa, vai acontecer-lhe ainda pior: o desastre da Blanche-Nef.

Foi no mês de dezembro de 1120. O rei da Inglaterra chegou a Barfleur e preparava-se para embarcar com a família para o seu domínio insular; estava já a bordo; iam dar ordem de içar as velas quando apareceu o mestre duma nau chamada Blanche-Nef: "Outrora o meu pai pilotou o navio no qual o vosso pai navegou para Hastings", e o bravo homem insistiu em ter a honra de conduzir o rei Henrique. Não querendo desgostá-lo, sugeriu que a Blanche-Nef levasse a juventude que o acompanhava: filhos, filha e seu séquito. Matilde de Anjou, no entanto, quis ficar junto do sogro. Um alegre grupo invadiu a Blanche-Nef: ao todo uns três centos de garotos e garotas, entre os quais Guilherme, o herdeiro do trono; Ricardo de Chester, seu meio-irmão, um rapaz "duma extrema beleza, agradável a todos"; e um dos onze bastardos de Henrique Beauclerc, com a jovem esposa, de dezenove anos.

A travessia ganhou um ar festivo; os jovens príncipes tinham mandado distribuir vinho aos marinheiros, parece que generosamente. O tempo estava calmo para a época e a lua, cheia; querendo apanhar a nau do rei, primeiro a partir, forçaram o andamento. Ora, no lugar onde hoje existe o farol de Gatteville, como resultado duma manobra imprudente, o navio bateu num recife. Num minuto afundou-se. No primeiro barco ouviu-se um grande grito que se atribuiu à excitação dos jovens.

Apenas dois homens conseguiram agarrar-se à verga grande — único destroço sobrevivente da Blanche-Nef. O piloto, passada a embriaguez, reapareceu à superfície: "Onde está o filho do rei?" Compreendendo a extensão do desastre, deixou-se submergir. Um dos dois sobreviventes agarrados à verga era Béroud, um açougueiro de Rouen cujo gibão justo ao corpo, em pele de carneiro, o preservou nesta noite gelada, no decurso da qual o companheiro morreu. Foi por ele que foram conhecidos os detalhes do drama:

> *Noyés les chevaliers, noyé l'héritier du roi;*
> *L'Angleterre pleure, sa noblesse est morte.*
> *La vie joyeuse des jeunes, la vie mure des hommes.*
> *La vie chaste des filies, tout a péri l'onde a tout englouti.*
> *Noyé ce fils unique de roi.*
> *Espoir unique d'un royaume:*
> *Deuil et douleur pour l'un et l'autre.*
> *Nul n'a pleuré sur lui, nul ami ne lui ferma les yeux,*
> *Ni pompes solennelles, ni tombeau dans la terre;*
> *Sa tombe: non le marbre, mais le ventre d'un poisson,*
> *Pour plainte le murmure de l'eau, pour parfum l'âcreté des flots.*
> *Une mort indigne a frappé celui qui eut été digne de vivre davantage.*
> *En l'évoquant, je ne puis que pleurer* [...].

Outros poemas em forma de lamento, *planctus* (em língua de *oc* diríamos *planh*), descreveram o acontecimento:

Humiliée l'Angleterre, jadis gloire desterres:
Sur les flots la voilà soudain noyée, noyée la nef.
Celle dont la gloire rayonnait sur le monde entier
Subit l'éclipse, son soleil l'ayant délaissée [...].

Morto Guilherme, restavam apenas a Henrique como descendentes legítimas as duas Matildes, a filha e a nora.

Esta quis retomar em Fontevraud a vida religiosa de que a tinham arrancado. Noiva aos onze anos, viúva aos catorze, obedecia às condições exigidas por Roberto de Arbrissel para a direção do duplo mosteiro: ser viúva e não virgem. Quanto às suas disposições interiores, não há dúvida de que sempre corresponderam sinceramente ao que fora o seu primeiro apelo. Testemunho disso é a carta que lhe dirigiu o poeta Hildeberto de Lavardin. Por isso, em 1149, depois de Petronila de Chemillé, foi eleita abadessa, com 34 anos. E assim permaneceu até a morte, cinco anos mais tarde.

Através desta mulher de destino tão estranho, que a morte trágica do jovem esposo fez passar "de rei dos anglos a rei dos anjos", têm eco em Fontevraud os acontecimentos que agitam a Inglaterra na época e que só terão desfecho no ano da sua morte, em 1154. Matilde e a meia-irmã Juliana (juntou-se-lhe na abadia depois de se ter separado do marido, Eustáquio de Breteuil) estavam unidas por estreitos laços familiares com tudo o que contava nos destinos de Inglaterra, o reino do outro lado do mar que lhes fora prometido e onde as mulheres desempenhavam papel preponderante.

Quanto à outra Matilde, o pai, Henrique I Beauclerc, tinha-a prometido aos sete anos ao imperador da Alemanha, Henrique V. Segundo o costume, deixou, pois, a Inglaterra para ser educada na corte do futuro esposo, 32 anos mais velho. O imperador morreria em 1126, deixando sem filhos uma jovem viúva de 24 anos. Matilde voltou para a Inglaterra. A "imperatriz", como era chamada na corte, teria desejado manter-se livre. Mas Henrique Beauclerc, inquieto por não ter mais descendentes, intervém para que ela case com Geoffroy, o Belo, filho de Fulque V de Anjou. A sua família estava decididamente ligada à do angevino.

Matilde não queria de forma alguma essa união: casada uma primeira vez com um príncipe muito mais idoso do que ela, encontrava-se agora com um esposo de quinze anos; além disso, ela, que tinha usado a coroa imperial, não tinha mais do que um jovem barão cujo território, por mais agradável que fosse, não podia satisfazer as suas ambições. Geoffroy, no entanto, deixou nos contemporâneos uma recordação simpática:

Grand chevalier et fort et bel
Et preux et sage et enquérant:
Prince ne fut nul plus vaillant.

Teve algumas dificuldades em domar a sua irascível esposa, se bem que tenha dado boas provas como marido, pois foi mãe do futuro Henrique Plantageneta, que toda a vida conservou o sobrenome de Fitz-Empress: filho da imperatriz.

A maternidade não acalmou Matilde. Não contente em tratar Geoffroy com uma impudente desenvoltura, deixou durante dois anos o domicílio conjugal. Os seus escândalos, no dizer dos contemporâneos, desesperavam Henrique Beauclerc, já tão entristecido.

O rei da Inglaterra ficou para sempre marcado pelo luto; depois do desastre da Blanche-Nef, nunca mais se viu sorrir. No entanto, Henrique I voltou a se casar, cedendo às repreensões do arcebispo da Cantuária, Raul, que, conhecendo o soberano, aconselhava-o a casar novamente em vez de levar a vida dissoluta atestada pelo número de bastardos. Henrique desposou Adelaide de Lovaina.

Os poetas louvam a sua beleza e também a serenidade, que lhe foi bastante necessária, pois o rei esperava um herdeiro que ela não pôde lhe dar. O bispo de Mans, Hildeberto de Lavardin, tenta reconfortá-la do que a torna profundamente infeliz, recomendando-lhe o cuidado dos pobres e dos miseráveis do seu domínio; descreve-a de humor sempre igual: nem alegre na felicidade, nem triste no infortúnio... "A beleza não a tornou frívola, nem a coroa orgulhosa [...]".

Princesa cultivada, são-lhe dirigidas as primeiras obras poéticas em língua vulgar:

Madame Aélis la reine
Par qui vaudra la loi divine,
Par qui croitra la loi de terre,
Et sera éteinte la guerre,
Pour les armes d'Henri le roí
Grâce au conseil qui est en toi...

Tal é a homenagem que lhe é prestada na dedicatória da tradução francesa da *Voyage de Saint Brendan*, espécie de romance fantástico composto em 1122 por um clérigo chamado Bento; dois ou três anos mais tarde, outro clérigo, Filipe de Thaon, acentua-lhe o valor, dedicando-lhe o *Bestiário*, que descreve o mundo animal, verdadeiro ou imaginado, dando-lhe a significação simbólica dos usos e costumes que atribui tanto ao leão como à formiga ou à calhandra da fábula.

As duas primeiras obras surgidas na corte da Inglaterra em linguagem anglo-normanda nasceram, pois, sob a égide duma mulher, uma rainha que terá assim aberto caminho ao admirável desenvolvimento que conhecerá a literatura "bretã" no reinado de Leonor da Aquitânia.

Sensível às letras e à poesia, a Inglaterra desta primeira metade do século XII não era menos agitada de remoinhos políticos que iriam arrancar aos seus amores a impetuosa Matilde, a "imperatriz".

Não tendo Adelaide dado um filho ao esposo, é ela que resta, com efeito, única filha e legítima herdeira do Beauclerc, que obriga os vassalos, em 1135, a jurar-lhe fidelidade. A despeito deste juramento, quando Henrique morre, o sobrinho Estêvão de Blois, neto do Conquistador por parte de mãe, Adélia, atravessa a Mancha e faz-se coroar, apoiado pelo irmão Henrique, bispo de Winchester. Mas Matilde não é mulher para se deixar afastar.

Os contemporâneos descrevem-na como dura, autoritária, arrogante. De qualquer maneira, não se lhe pode negar a tenacidade. Tendo o rei Estêvão tomado o poder a despeito da resistência dos burgueses de Douvres, que lhe fecharam as portas, e dos da Cantuária, que igualmente se opuseram à sua entrada, Matilde, a "imperatriz", recorre às armas para fazer reconhecer os seus direitos. Vai ser encorajada principalmente pelo meio-irmão, um dos bastardos de Henrique I, filho duma princesa gaulesa; Roberto de Gloucester, o tipo exato do perfeito cavaleiro, fora escolhido por Henrique para acompanhar a "imperatriz" a Rouen, quando desposou em segundas núpcias, como já vimos, Geoffroy, o Belo. Na sucessão à coroa da Inglaterra torna-se seu defensor e durante três anos, mesmo que tenha prestado homenagem a Estêvão pelos seus domínios pessoais, tenta chamar à razão este príncipe amável, cortês, cheio de mérito, que soubera conquistar o coração dos súditos. No entanto, a partir de 1138, sob a influência de Guilherme de Ypres, um dos seus familiares, "o mau gênio do rei", Estêvão confisca as terras de Roberto, que imediatamente lhe retira a homenagem; de futuro estão em jogo todos os elementos de uma guerra civil que não poderia deixar de rebentar. Tendo Matilde atravessado o mar e desembarcado em Arundel em 30 de setembro de

1139 com o apoio de Roberto de Gloucester, em 1140 dá-se em Lincoln uma batalha decisiva, no decurso da qual é feito prisioneiro o rei Estêvão. Mas a "imperatriz" não soube explorar a vitória; ou melhor: o seu caráter pessoal não conseguiu conservar-lhe as boas graças dos súditos. "Manifestou imediatamente ares importantes; de um orgulho desmedido, não mostrava nos movimentos nem na atuação a humildade duma doçura feminina, mas andava e falava de forma mais altaneira e arrogante do que era hábito, como se com isso se tornasse rainha de toda a Inglaterra e obtivesse toda a glória".

Assim se exprime, é verdade que de modo parcial, o autor das *Gesta Stephani*, sem dúvida o capelão do bispo de Winchester, irmão e suporte do rei Estêvão; e acrescenta: "[...] despojou os cidadãos de Londres (tinham tomado o partido de Estêvão) que vieram queixar-se do tributo que lhes tinha imposto. [...] Enquanto os cidadãos falavam, a rainha, de olhar cruel, sobrolho franzido, sem nada na cara que lembrasse a doçura feminina, manifestou-se numa cólera intolerável". Em política, Matilde professava máximas despidas tanto de ilusão como de indulgência; se acreditarmos no analista Gautier Map, terá dado ao filho preceitos solidamente realistas: "Faz brilhar o prêmio perante os seus olhos [dos súditos], mas toma o cuidado de o retirar antes que lhe tomem o gosto. Assim os manterás zelosos e cheios de devotamento quando tiveres necessidade deles". Trata-se de uma estratégia de governo que noutros tempos chamaríamos "o pau e a cenoura" e que então se chamava o método do "falcão esfomeado".

Com toda a evidência é uma mulher inteligente, mas mais dotada para a luta do que para a cortesia. Dará provas disso quando se desencadearem as hostilidades, que primeiro lhe são vantajosas: na batalha de Lincoln, Estêvão de Blois, seu rival, é feito prisioneiro; mas, em seguida,

Matilde experimenta sério revés; algum tempo depois é Roberto de Gloucester, o seu defensor, que é feito cativo pelos partidários de Estêvão. Não resta outra opção além de trocá-los um pelo outro. A situação torna-se inquietante: Matilde encontra-se cercada em Oxford; está a dois dedos de ser capturada. Foge à noite, em pleno inverno, e quase sozinha consegue atravessar as linhas inimigas e alcançar a Normandia. A Inglaterra está abandonada à anarquia; a leste reconhecem a autoridade de Estêvão; a oeste permanecem fiéis a Matilde; mas de norte a sul falta a verdadeira autoridade. Os barões não procuram senão aproveitar esta instabilidade; podemos citar alguns, como Geoffroy de Mandeville, que, ligando-se tanto a um como a outro dos concorrentes, recebe concessões apreciáveis em troca da promessa de "fidelidade", conseguindo com êxito um confortável feudo.

No entanto, a tenacidade de Matilde terá, no fim das contas, um resultado positivo. Em 1147, o seu filho Henrique apresenta-se na Inglaterra para fazer valer os seus direitos. Tem quinze anos e rendimentos insignificantes. Cúmulo do azar, o seu tio Roberto de Gloucester morre nesse mesmo ano. Henrique, pleno de audácia, dirige-se ao seu adversário, ao rei Estêvão, que — contra o conselho dos grandes, precisa a crônica — tem um gesto cavalheiresco, enviando-lhe socorros em vez de o repelir. É verdade que Estêvão só tem desavenças com o seu próprio filho Eustáquio de Bolonha, que fez tudo para desencorajar os partidários do pai. Também quando este morre, em 1153, para alívio geral, Estêvão de Blois promete a coroa a Henrique, que os ingleses chamam Fitz-Empress e a história, Henrique Plantageneta. Já há um ano que este é o esposo de Leonor da Aquitânia. Por morte do pai, em 1151, tornou-se conde de Anjou e duque da Normandia, juntando-se em Poitiers, para espanto geral, àquela que acabava de se separar do primeiro marido, o rei de França.

Aos trinta anos, Leonor começa uma nova existência. Com efeito, a morte de Estêvão de Blois não tarda a valer-lhe uma segunda coroa, que recebe ao lado de Henrique, a 11 de dezembro de 1154, em Westminster.

Ao entrar na família de seu novo esposo — o eleito do seu coração, aquele que tinha escolhido —, Leonor da Aquitânia travou conhecimento com duas personalidades femininas de diferentes destinos, mas igualmente romanescas e que, por capricho da fortuna, usavam o mesmo nome de Matilde, aliás muito divulgado na época. Estas duas Matildes, uma e outra bem características, projetavam a silhueta sobre o seu futuro reino da Inglaterra: a primeira, doce e forte, era tia do seu marido; a outra, dura e autoritária, a sua sogra.

Qual das duas Matildes detém a simpatia de Leonor: a que deveria ou a que poderia ser rainha? A história indica-o sem dificuldade: a primeira visita do casal imediatamente a seguir ao casamento é a Fontevraud, onde Leonor saúda a abadessa sua tia com este *amita mea* tão terno e respeitoso. E durante a sua existência, tão longa como movimentada, Leonor permanecerá fiel a este alto lugar de Fontevraud.

As cartas da rainha Leonor

> Depois de ter sido afastada do meu senhor Luís, muito ilustre rei dos francos, por causa de parentesco, e ter sido unida em casamento ao meu senhor Henrique, muito nobre cônsul dos angevinos, levada pela inspiração divina, desejei visitar a assembleia das virgens santas de Fontevraud e pude realizar o meu desejo com a ajuda e a graça de Deus. Vim pois a Fontevraud, conduzida por Deus,

> e atravessei a entrada do capítulo das virgens, onde, de coração comovido, aprovei, concedi e confirmei tudo o que o meu pai e os meus antepassados tinham oferecido a Deus e à igreja de Fontevraud, principalmente esta esmola de 500 soldos de dinheiro do Poitou, como o meu senhor rei dos francos, então meu esposo, e eu própria tínhamos oferecido, segundo o que os seus escritos e os meus descreveram e mostraram.

Estes são os termos do texto "oficial" que conclui a primeira visita de Leonor a Fontevraud.

Ficamos surpreendidos com o caráter tão pessoal que reveste este ato, em si tão banal e corrente, que consiste em confirmar uma primeira doação feita a um mosteiro. Leonor parece clamar a felicidade da nova união, que certamente lhe satisfazia o coração e, ao mesmo tempo, a ambição. Isto pode parecer paradoxal se pensarmos que tinha acabado de abandonar definitivamente uma coroa. Sem dúvida, porém, pressentia que, com este esposo jovem, turbulento e que tinha já proclamado de forma clara as pretensões ao reino de Inglaterra, teria de jogar um papel mais pessoal do que junto de Luís VII, que a afastara, no tempo do casamento, de toda atividade política. Não iria ficar decepcionada, pois os anos que se seguiram foram plenamente fecundos: não somente deu à luz oito filhos, mas revelou-se uma administradora infatigável; o grande número de cartas e alvarás que emanam dela revela a atenção prestada simultaneamente aos seus domínios pessoais e a todo o reino.

Com efeito, conservaram-se originais ou cópias de numerosos alvarás de Leonor da Aquitânia, e o seu conjunto revela-nos o que pode ter sido a atividade de uma rainha nesta segunda metade do século XII. É por meio deles que evocaremos Leonor. Esta abordagem muito particular pode parecer surpreendente. No entanto — sem mesmo levar em conta o escrúpulo que teria em retomar o que outrora escrevi —, a análise destes atos de doações é tentadora e justifica-se por variadas razões. Por um lado, são documentos pouco conhecidos do público, quando precisamente as doações oficiais aos estabelecimentos religiosos são um dos traços característicos da época: para Leonor, como para a maior parte dos seus contemporâneos, marcam cada uma das etapas importantes da vida. Por outro lado, Fontevraud, a beneficiada destas liberalidades, é o lugar que, continuamente, indefectivelmente, liga esta rainha, sempre em movimento, ao passado e ao futuro.

É assim que o ato, selado por ocasião do seu casamento recente, não a liga somente ao passado imediato, ao ex-marido e à cruzada que organizaram e executaram juntos, mas liga-a ainda ao passado longínquo, ao avô.

Sabemos como o primeiro, ou, em todo o caso, o mais conhecido dos nossos trovadores, Guilherme IX da Aquitânia, de quem se falou atrás, poeta prodigiosamente dotado, grande amador de mulheres, primeiro luxurioso e duma sensualidade desabrida, tanto na poesia como na prosa ganhou fama com zombarias sobre Roberto de Arbrissel e as multidões que atraía para Fontevraud, onde se acotovelavam grandes damas e prostitutas. No entanto, pouco a pouco comovido por um fervor que conquistou também a esposa Filipa e a sua filha Hildegarda, o poeta licencioso mudou de tom; para surpresa geral, doou a um discípulo de Roberto chamado Fouchier a terra de Orbestier, nas suas propriedades em redor do castelo de Talmond, um dos lugares de caça preferidos dos duques da Aquitânia; depois fundou uma abadia, a Maison-Dieu de Saint-Morillon, ordem semicavaleiresca e semirreligiosa, o que em 1107 era bastante original.

Estas duas doações eram pouca coisa se comparadas com as liberalidades dos grandes senhores da época: mas não terão produzido menor impressão, vindas deste "inimigo de todo pudor e santidade"[48], segundo a opinião de Geoffroy le Gros; alguém "de caráter bobo e lascivo, [...] atolado no lamaçal dos vícios", para Guilherme de Malmesbury; e que, no entanto, Orderico Vital considera "audacioso, valente e de caráter extremamente alegre, ultrapassando os histriões mais engraçados nas suas múltiplas brincadeiras".

Guilherme levava longe as audácias. Já o vimos apontar tanto o bispo de Poitiers como o de Angoulême em cenas com frequência violentas. Com efeito, no primeiro caso, o duque, agarrando o prelado pelos cabelos, ameaçara-o com a espada.

A reviravolta deste insolente suserano era pois de importância. Rita Lejeune, eminente medievalista, professora da Universidade de Liège, resumiu-o admiravelmente: "Com efeito, este poderoso senhor, que se distingue dos contemporâneos pela irreverência declarada relativamente à Igreja e à religião, e que se divertiu durante muito tempo a utilizar para com as mulheres uma libertinagem cínica, começou primeiro por zombar, nos seus *cansos*, dos sucessos impressionantes que o espírito de Fontevraud exercia na sua 'corte' feminina imediata; mas depois deixou transparecer, em poemas de modernismo impressionante para a época, sintomas dum misticismo mundano e, bem cedo, os sinais deslumbrantes duma exaltação amorosa, em que a mulher, de súbito sublimada, é apresentada como a suserana do casal: o amor cortês acabava de se afirmar [...]"[49].

Visitando Fontevraud, Leonor perpetuava, pois, o que na sua linhagem se tinha transformado numa tradição; com ela, a ligação a esta abadia, na qual a mulher tinha um papel eminente, vai-se ampliar e acentuar ao ponto de marcar toda a sua vida de rainha. Assim, em 1152 ou 1153, Leonor confirma a doação feita por Renaud de Saint-Valéry de vinte libras de Ruão, retiradas das receitas do porto de Dieppe, para permitir ao mosteiro comprar arenques em Saint Michel: o caráter ao mesmo tempo modesto e muito concreto desta decisão é bem típico da época.

Alguns anos mais tarde, entre 1155 e 1158, Leonor toma uma iniciativa importante, instalando um mosteiro da Ordem de Fontevraud em Westwood, na Inglaterra, onde nessa altura é rainha.

Mais tarde, em 1162, Leonor e o marido, Henrique II, que partilha da sua afeição por Fontevraud, aprovam as convenções acordadas entre o mosteiro e os habitantes de Angers a propósito da portagem das Pontes de Cé, lugar de grande circulação e, portanto, de forte rendimento.

Encontram-se ainda numerosas confirmações em 1164; uma doação de 35 libras extraídas diretamente das receitas do Echiquier (a câmara das contas dos reis de Inglaterra); sessenta entregas de terras do solar de Leighton em Bedfort; direito de feira concedido às religiosas de Eaton pertencentes à Ordem de Fontevraud... Esta infinidade de direitos e concessões, que constituía então a trama da existência cotidiana tanto de coletividades como de particulares, por muito ínfimas que nos pareçam, permitem a vida a uma multidão de pessoas.

Se as pequenas esmolas trespassam indistintamente a vida de Leonor, as grandes fundações pontuam solenemente os tempos altos da sua existência. Vimos isso acontecer em 1146 e em 1152. Marcado por uma doação muito generosa, o ano de 1170 é uma data essencial para Leonor e Henrique: a dos acordos de Montmireil (que, além disso, não evitarão o fim dramático das relações deste com Thomas Becket).

Perante o rei da França, Henrique II reconhecia-se seu súdito e seu vassalo por todas as posses que tinha no continente e repartiria entre os filhos os diversos territórios do reino Plantageneta. Leonor esteve ausente nos acordos celebrados na Epifania de 1170 (6 de janeiro) e não tardará a tirar desforra fazendo, por sua vez, ato de política pessoal: na Páscoa do mesmo ano instaura solenemente, como duque da Aquitânia e conde de Poitou, Ricardo, seu filho segundo, o que mais tarde será chamado Coração de Leão.

No espírito de Leonor, a cerimônia não teria sido completa se não fosse seguida de uma doação solene à abadia de Fontevraud. Ela associa à doação os filhos e também o marido (de quem está cada vez mais afastada, pois é o tempo em que ele a engana abertamente com a bela Rosamunda). O ato inclui várias terras, em particular uma na estrada real que vai de "Bella Villa" a Chizé, e também nos bosques de Argathum (Argy?).

Esta tão generosa doação — a mais importante que feita a Fontevraud — será seguida de uma porção de liberalidades mais modestas, mas cada vez mais numerosas. Leonor confirma a renda em trigo que a abadia armazenava em Angers e em Saumur, onde possuía celeiros (hoje diríamos silos), concede liberdade a quatro homens do *fournil* (forno de pão e lugar onde é amassado) que as religiosas de Fontevraud tinham em Loudun e concede cem libras de renda dos rendimentos de Angers e de Loudun para a cozinha de Fontevraud.

De fato, todas essas doações remontam ao tempo em que Leonor já não estava na Inglaterra e retoma resolutamente o título de duquesa da Aquitânia, condessa de Poitiers. É também o tempo em que subleva os seus estados contra o poder de Henrique Plantageneta, que se tornou despótico. Em 1173 explode abertamente a revolta que amadurecia em toda parte, animada pela rainha e encarnada nos filhos Henrique, o Jovem, e Ricardo. Será dominada por Henrique II apenas no ano seguinte, quando a rainha Leonor é feita prisioneira, surpreendida com vestuário masculino no meio de uma pequena escolta de habitantes de Poitou, no momento em que tentava chegar às terras do primeiro marido, Luís VII, rei da França.

Para ela, dez anos vão decorrer na solidão, em diversos castelos da Inglaterra, sob estreita vigilância. Só no Natal de 1184 retomará o lugar na corte. Nesse ínterim, Henrique, o filho mais velho, o jovem rei, morre; morre também a bela Rosamunda, cuja presença tinha provocado o afastamento de Henrique e Leonor. Leonor vê então aparecer uma espécie de trégua de Natal junto do marido, que na circunstância lhe ofereceu um vestido escarlate muito belo. Um e outro reúnem como outrora a sua corte de Natal, rodeados pelos vassalos; Leonor dá imediatamente cem libras de renda a Fontevraud, assentes nos bens do prebostado de Poitiers e recebidos metade nesta cidade, metade em Marcilly, perto de Benon (Charente-Maritime); neste último lugar é a vinha de Benon que serve de base a esta renda. No ano seguinte, o próprio Henrique II confirmará solenemente o gesto da esposa, que de resto permanece sob estreita vigilância.

Henrique morre quatro anos mais tarde. O filho Ricardo — o bem-amado — envia o fiel Guilherme, o Marechal, à Inglaterra para libertar Leonor; encontra-a "já em Winchester, liberta e maior dama que nunca". Em seguida, Leonor vai reintegrar-se na vida ativa. Mais ainda, é ela praticamente quem governará a Inglaterra, pois o filho Ricardo, a quem preparou a coroação, não pensa senão na expedição à Terra Santa, onde irá cobrir-se de glória. Desde 1190, nova doação, agora de 35 libras de renda sobre o Tesouro de Londres. Terá também ocasião de pôr termo às disputas entre o mosteiro e a cidade de Saumur, por meio de dois alvarás de 1193, assinalados um em Winchester, outro em Westminster. É a época em que, estando Ricardo prisioneiro, Leonor desenvolve toda a atividade e toda a iniciativa para conseguir libertá-lo; entre outras, dirige ao Papa Celestino III a famosa carta em que se intitula, "pela cólera de Deus, rainha de Inglaterra", suplicando-lhe "que se mostre pai perante uma mãe infeliz". A bem dizer, estas objurgações não têm unicamente a forma de súplica: "Da vossa arbitragem e da clemência do vosso poder dependem o que o povo chama votos, e, se a vossa mão não decide prontamente o julgamento, toda a tragédia deste mal cairá sobre vós. [...] O nosso rei está entre grades e rodeado de angústias. [...] O que entristece publicamente a Igreja e provoca o murmúrio do povo não contribui pouco para prejudicar a vossa reputação: que em tal conflito, no meio de tantas lágrimas, de tantas súplicas, não tenhais enviado um único mensageiro da vossa parte a estes príncipes [...] (da Áustria e da Alemanha, que aprisionaram Ricardo quando voltava da cruzada)".

Acabou por libertar o filho das garras do imperador, indo ela mesma levar o resgate exigido. Leonor, considerando que o filho não necessitava mais dela, decide retirar-se para Fontevraud. Ah! Ricardo viu-se ferido mortalmente com uma flecha que o atingiu no cerco ao castelo de Châlus. Sentindo-se morrer, mandou chamar a mãe. Tem então cerca de 75 anos quando um mensageiro lhe faz saber que Ricardo, moribundo, a reclama. Leonor pede à abadessa de Fontevraud (viúva do conde de Champagne, portanto uma parente) que vá pessoalmente anunciar a triste novidade à esposa de Ricardo, a rainha Berengária, e que previna também o único e último filho que lhe resta, João sem Terra. A 6 de abril de 1199, Leonor, acompanhada por Lucas, abade de Turpenay, um dos seus familiares, parte com toda a pressa à estrada do Limousin a fim de receber o último suspiro do filho muito amado.

Alguns dias mais tarde, em 11 de abril, domingo de Ramos, volta para Fontevraud, onde dirige os funerais de Ricardo. Com efeito, este pedira que o coração fosse enviado à Catedral de Rouen, mas que o corpo fosse inumado na abadia, onde o seu túmulo mantém-se ao lado do de seu pai.

No enterro de Ricardo, assiste-se a uma cena patética: Guilherme de Mauzé, um senhor da Aquitânia a quem Ricardo retirara o domínio de Marans, prostrara-se aos pés de Leonor, suplicando-lhe que o devolvesse. Ela consente, mas sob uma condição: que Guilherme, com base nesse domínio, conceda uma renda de cem libras a Fontevraud para o vestuário das religiosas. Ela mesma concede ao mosteiro a vila de Jaulnay, especificando que o seu rendimento é para a cozinha de Fontevraud. Um pouco mais tarde, em 4 de maio, mesmo em Fontevraud, funda a capelania de Saint-Laurent para Rogério, religioso de Fontevraud que exercia as funções de capelão junto de Leonor. O ato é efetuado em Poitiers, onde Leonor se encontrava no momento, tendo iniciado uma extraordinária viagem pelos Estados pessoais a fim de, diante da morte do filho, assegurar a sua autoridade. Na mesma ocasião concede ao mosteiro uma renda de dez libras em dinheiro de Poitiers em atenção à neta Alice (filha de Alice de Blois, nascida do primeiro marido quando regressou da cruzada), que tinha tomado o hábito, sempre em Fontevraud; e, enfim, a juntar a tantas benesses, dá à abadia uma casa e um forno localizados em Poitiers.

E é a Fontevraud que a rainha regressa, depois de ter conhecido no decurso da viagem pelos seus domínios uma etapa muito patética: em Rouen, a 30 de julho de 1199, depois de assistir à morte do filho, recolhe o último suspiro da filha Joana. Esta, viúva do rei da Sicília, desposara em 1196 Raimundo VI, conde de Toulouse, triste personagem, espécie de Barba-Azul que casava pela quarta vez. A primeira esposa morrera, mas as outras duas sobreviviam, uma fechada por seus cuidados num convento cátaro, outra repudiada passados poucos meses; Joana tinha-lhe dado um filho, o futuro Raimundo VII, e estava novamente grávida; mas, esgotada, abandonada pelo marido, desiludida com ele e posta em perigo pelos vassalos do Lauraguais, em rebelião constante contra o senhor, que, a bem dizer, não inspirava nenhum devotamento, veio-lhe a ideia de procurar um pouco de conforto junto do irmão Ricardo, e foi no caminho que tomou conhecimento da sua morte. Cansada, extenuada, pôde enfim juntar-se a Leonor; depois de alguns dias passados em Fontevraud, as duas seguiram para Rouen. Joana, chegada à cidade normanda, decididamente no limite das suas forças, teve de se deitar e, compreendendo que também para si a morte estava próxima, fez testamento e depois pediu, para espanto geral, para tomar o hábito em Fontevraud. Os que a rodeavam tentaram dissuadi-la: tinha 34 anos, estava casada e, depois de dar à luz, podia restabelecer-se. Mas Joana tinha a tenacidade característica dos Plantagenetas, e foi preciso obedecer perante a vontade duma moribunda. Ela recebeu pois o hábito e pronunciou os votos; chegado o momento, a mãe lhe fechou os olhos depois de ter dado à luz uma menina que viveu apenas o tempo de ser batizada.

Leonor iria realizar então o seu último gesto de rainha. Aos oitenta anos, ou quase, atravessou os Pireneus para ir buscar, além da montanha, uma das netas, que se unira ao herdeiro do rei da França e contribuiria para a paz, fazendo a união entre os dois reinos: o de Lys e o dos Plantagenetas. Leonor de Castela, única sobrevivente dos dez filhos (com o inquietante, nefasto e tenebroso João sem Terra), tinha três filhas: Berengária, a mais velha, já noiva do herdeiro do trono de Lyon; Urraca, a segunda, originariamente prometida a Luís de França; e Branca, a última. É Branca, com onze ou doze anos de idade, que atravessa os Pireneus para vir a tornar-se a rainha Branca. Sabemos, pelas narrativas contemporâneas, que é Leonor quem faz triunfar esta escolha e não podemos deixar de apreciar o seu discernimento sabendo a qualidade que terá na França o reino da rainha Branca e que energia desenvolverá nas suas funções. Branca domina toda a primeira metade do XIII assim como Leonor dominara a segunda metade do XII. Herdara da avó um sentido político advertido, um julgamento sagaz e uma energia inflexível — tudo isso mantendo-se amável, muito cortejada, letrada, ela mesma poetisa e música, enfim, muito amada pelo seu povo, que via nela a encarnação da justiça. O brilho da rainha Branca é exatamente o mesmo que o do nosso século XIII.

Branca se casa com Luís de França em 23 de maio de 1200, em Port-Mort, na Normandia; mas Leonor não assiste às núpcias. No caminho de regresso, sentindo o seu mais caro projeto bem encaminhado, deixa Branca continuar a viagem sob a égide do arcebispo de Bordeaux, Elias de Malemort, e volta a Fontevraud, contando desta vez não sair mais, pois tinha previsto ser aí enterrada ao pé do marido, Henrique, e do filho Ricardo.

Engana-se; é-lhe necessário, uma vez mais, deixar a abadia bem-amada, e por um episódio que gostaríamos de apagar da história: um dos netos, Artur da Bretanha, instigado pelo rei da França, lança um desafio ao tio João sem Terra e presta homenagem a Filipe Augusto, não apenas pela Bretanha, mas também pelo Anjou, pelo Maine, pela Touraine e pelo Poitou, os feudos pessoais da avó Leonor. Depois, no tumulto da sua provocante juventude, juntamente com alguns barões do Oeste, dirige-se para Loudun, chamando a sua vontade de tomar posse de Poitou. Leonor, não se sentindo segura no seu retiro, quer ir a Poitiers, mas só tem tempo de chegar ao castelo de Mirabeau, que é imediatamente atacado por duzentos cavaleiros do séquito de Artur. Leonor em pessoa organiza a defesa do torreão do castelo, enviando mensageiros para prevenir João sem

Terra, então nos arredores do Mans; este acorre e dispersa os assaltantes, fazendo prisioneiros Artur e os barões que o rodeiam. Esta foi a única vitória do seu reinado; vitória devida à mãe, Leonor da Aquitânia.

Leonor morreu dois anos mais tarde, em 31 de março ou 1º de abril de 1204, e o seu belo túmulo permanece em Fontevraud, na abadia animada pela sua presença, tal como fora ao longo de toda a sua vida, sustentada pelas suas doações.

Ao evocar apenas os episódios desta existência — longa, afortunada, movimentada — que dizem respeito diretamente à abadia de Fontevraud, impõem-se algumas reflexões. Em primeiro lugar, o espantoso poder pessoal da rainha. A escolha que fizemos, voluntariamente restrita a alguns alvarás, familiares aos eruditos mas pouco acessíveis, na forma e no conteúdo, ao grande público, mostra com evidência que a rainha dispõe sozinha dos bens pessoais e que é por decisão própria que as monjas bem-amadas aproveitam da sua generosidade. Isto por métodos que subentendem uma espécie de administração autônoma: a rainha tem, evidentemente, o seu selo, marca de personalidade; tem secretárias, condestável, capelão etc. Não lhe faltaram nenhuma das disposições necessárias à transmissão e à execução das ordens, tal como existiam na época. Poderemos dizer o mesmo da rainha Maria Teresa, no século XVII, de Maria Antonieta, no XVIII, de Maria Amélia, no XIX?

E podemos nos surpreender também diante do assunto dos alvarás, que são invariavelmente doações — sua forma varia, a importância também, tanto mínimas (alguns sacos de trigo), como mais importantes (uma vinha, um moinho, alguns ares de floresta). Trata-se de um gesto que se mantém constante. Seria interessante, em nossa época de estatísticas, examinar deste ponto de vista os atos reais, senhoriais, ou mesmo os da gente simples, e buscar a proporção das doações: aniversários, testamentos, peregrinações, etapas numa estrada ou na vida, tudo é então ocasião de doação. Há nisso um traço característico do tempo, que não resistirá ao desenvolvimento de uma sociedade nova, preocupada mais com o ganho do que com o dom; este apetite pela posse, dominado daqui em diante, não tardará a suplantar os hábitos generosos do passado. Mas esta é outra história.

6

As mulheres e a vida social: o casamento

Offrir vous veuil, à ce désir m'allume
Joyeusemeut ce qu'aux amauts bou semble;
Sachez qu'Amour l'écrit eu sou volume,
Et c'est la fin pour quoi sommes ensemble.

[...]

Princesse, oyez ce que ci vous résume:
Que Je mieu creur du vôtre désassemble
Jà ne sera; taut de vous eu présume,
Et c'est la fin pour quoi sommes ensemble.

Nesta balada dedicada ao preboste de Paris Roberto de Estouteville e à sua esposa, Ambrósia de Loré, no dia das núpcias, o poeta François Villon parece "resumir" a concepção de casamento nos tempos feudais e medievais. Trata-se de uma concepção que se formou lentamente, progressivamente, no decurso dos séculos anteriores; é pois indispensável percorrer rapidamente a sua gênese, a fim de compreender o que constitui o estatuto da mulher casada durante estes cinco séculos que vão aproximadamente do X ao XV.

Os costumes dos povos ditos "bárbaros", que se instalaram na Gália pelas armas ou pacificamente nos séculos V-VI, estavam com toda a evidência muito mais próximos dos costumes celtas do que da lei e da administração romanas — se bem que, tendo-se afundado o Império, a osmose entre esses celtas, que desde sempre compõem o conjunto da população da Gália, e os francos, os burgúndios e os visigodos, que nela se implantam, pareça fazer-se sem muitos choques.

Para o conjunto destes povos, o núcleo, a estrutura essencial da sociedade, é a família, o parentesco dos indivíduos procedentes dum mesmo sangue. Ela se assenta sobre a solidariedade criada pelos laços naturais, e não, como em Roma, sobre a autoridade paterna, numa diferença que traz consigo consequências importantes, entre outras a estabilidade do grupo familiar, de direito indestrutível, pois é devido ao próprio sangue do indivíduo. A família é, pois, um estado de fato decorrente da associação natural entre familiares provenientes da mesma casa. Este tipo de família nada tem a ver com a tribo, nem com a estrutura autoritária e "monárquica" conhecida na antiguidade. Além disso, acrescentemos, não possui mais do que frouxos pontos de semelhança com a estreita célula pai-mãe-filho que conhecemos hoje.

Os povos de origem céltica, germânica, nórdica, eram pois, pelos costumes e a despeito dos usos rudes, relativamente abertos à novidade dos princípios evangélicos. O regime familiar dispunha-os a reconhecer o caráter indissolúvel da união do homem e da mulher, e nos francos, por exemplo, verifica-se que o Wehrgeld, o preço do sangue, é o mesmo para o homem e para a mulher, o que implica um certo sentido da sua igualdade.

Ora, em três lugares o Evangelho proclama: "Que o homem não separe o que Deus uniu" (Mt 5, 31-32 e 19, 3-9; Lc 16, 18; Mc 10, 2-12). A fé cristã, neste ponto mais exigente do que o Antigo Testamento, estabelecia a permanência da união do homem e da mulher numa igualdade total e recíproca.

Ao longo do tempo, a Igreja terá dado às inúmeras dificuldades de ordem prática que traz consigo esta prescrição respostas que muitas vezes variaram segundo as circunstâncias, mas não quanto ao fundo. Como chama a atenção Gabriel Le Bras na conclusão do seu longo estudo[50]: "Desde as origens do cristianismo até os nossos dias, a crença fundamental não mudou. O casamento é um sacramento instituído por Deus para conceder à família as graças necessárias". Na condição de que o termo *família* seja entendido no seu verdadeiro sentido, isto é, "que se considere o bem tanto de cada uma das pessoas que a compõem como o do conjunto, esta definição é válida para toda a cristandade."

É por isto que a concepção cristã do casamento interessa sobretudo à história da mulher. Esta igualdade estabelecida joga a seu favor. Num tempo em que se considera a mulher como coisa do homem, pouco mais do que a escrava, no mundo romano; mais protegida no mundo "bárbaro", mas ainda longe da igualdade dos direitos, podemos imaginar como as afirmações evangélicas proferidas por São Paulo podem constituir uma anomalia. Porque este, muitas vezes apresentado como misógino e antifeminista convicto, certamente dirigiu às mulheres recomendações quanto ao pudor, ao silêncio, à modéstia, nas quais nem sempre se distingue o que não foi ditado senão pelos costumes correntes na época[51]; há também, abundantemente citadas, as passagens bem conhecidas da primeira epístola aos Coríntios: "Cristo é o chefe de todos os homens; o chefe da mulher é o homem; e o chefe de Cristo é Deus [...]. O homem, esse, não deve cobrir a cabeça porque é a imagem (e o reflexo) da glória de Deus, enquanto a mulher (reflete) a glória do homem. Na verdade, o homem não foi tirado da mulher, mas a mulher do homem; e não é o homem que foi criado para a mulher, mas a mulher para o homem. Eis porque a mulher deve trazer sobre a cabeça um sinal de sujeição por causa dos anjos. No entanto, a mulher não é separável do homem nem o homem da mulher no Senhor; porque, tal como a mulher foi tirada do homem, igualmente o homem nasce da mulher e tudo vem de Deus".

Acontece que hoje calculamos mal o que poderia ter de totalmente novo a simetria absoluta, a igualdade completa que pressupõe, tirado da mesma epístola, o resumo lapidar que Paulo faz das obrigações recíprocas dos dois esposos no casamento: "A mulher não pode dispor de seu corpo: ele pertence ao seu marido. E da mesma forma o marido não pode dispor do seu corpo: ele pertence à sua esposa" (1 Cor 7, 4).

Este casamento, que torna a união indissolúvel, viu-se como é aprovado na cena de bodas em Caná; isso é claramente expresso na obra por muito tempo atribuída a Cirilo de Alexandria e que a crítica moderna atribuiu a Teodoreto, teólogo nascido em Antioquia no fim do século IV e que foi bispo na Síria: "Aquele que nasceu duma virgem, que através das palavras e da vida exaltou a virgindade", escreve, "quis honrar o casamento com a sua presença e oferecer-lhe um rico presente, a fim de que não se veja mais no casamento uma satisfação dada às paixões, a fim de que ninguém declare o casamento ilícito". Dito de outra maneira, aos olhos dos cristãos, desde os princípios da Igreja, virgindade e casamento são igualmente honrados. Desde o século II, Irineu de Lyon, perante os gnósticos, mostrava que culpabilizar o casamento, ver na carne a causa do pecado, era insultar o Criador; mais ainda, São Paulo dá ao casamento um sentido místico: na união do homem e da mulher vê ele o símbolo da união de Cristo com a Igreja. Esta é a conclusão que desenvolve na epístola aos Efésios (5, 22-23): "As mulheres sejam submissas a seus maridos, como ao Senhor. [...] Maridos, amai as vossas mulheres, como Cristo amou a Igreja".

Na vida cotidiana, no entanto, o preceito choca-se com duras realidades. É verdade que poderíamos dizer o mesmo de quase todos os preceitos evangélicos. A vida da Igreja, como a de cada cristão (em particular), não é feita exatamente desta dificuldade em resolver problemas insolúveis em si mesmos e reconhecidos como tais se não fosse o auxílio da graça? O casamento é um exemplo muito importante, dado que, para o fiel, ele suscita tanto a graça como as dificuldades. Acontece que a doutrina cristã do casamento se edifica pouco a pouco nesta base fundamental da união entre dois seres em pé de perfeita igualdade, uma união indissolúvel e que comporta deveres recíprocos para cada um. Mede-se a distância que separava esta concepção daquelas que reinavam no mundo de então quando recordamos, uma vez mais, que, segundo o direito romano, a filha, perpetuamente menor, passa da tutela do pai à tutela do esposo e que a mulher adúltera deve ser punida de morte, enquanto o adultério do marido não é sancionado (senão muito tarde, no Baixo Império). São significativos os abrandamentos causados nos costumes "bárbaros". É assim que, no fim da época franca, se deixa de reconhecer ao marido o direito de matar a mulher "a não ser por justa causa [...]". No entanto, repetimos, estes costumes francos eram, desde a sua origem, a exemplo dos costumes burgúndios, mais favoráveis à mulher do que a maior parte dos outros costumes saxônicos, por exemplo, ou mais tarde dos normandos. Assim, também a preocupação dos homens da Igreja, durante o que podemos chamar o período franco, nos séculos VI-VII, consiste não só em abrandar os costumes, mas também, e sobretudo, em manter a estabilidade do casamento, assegurar aos futuros esposos o livre consentimento na união conjugal. Ora, o que poderia opor-se a isso não era tanto a autoridade paterna, mas o peso do grupo familiar.

Daí o espanto que experimentamos ao verificar que, durante esse período, o que mais preocupa bispos, prelados ou curas não é o divórcio (é-lhe consagrado um único texto canônico quando do Concílio de Orléans, em 533), mas o incesto. É preciso, evidentemente, esclarecer o termo. Para nós, a palavra designa as relações entre membros da família no sentido restrito do termo, o único que conhecemos hoje: pai, mãe, filho. Na época franca, como na época imperial e, mais tarde, nos tempos feudais, trata-se de relações conjugais entre primos ou parentes que consideraríamos hoje extremamente distantes[52]. Assim, os Concílios de Agde (506) e de Epaone (517) estabelecem que, "quando alguém desposa a viúva do irmão ou a irmã da mulher falecida ou a sogra, a prima direita ou uma prima descendente de primos direitos, estes casamentos são proibidos, mas não serão dissolvidos se já estiverem contraídos. Além disso, se alguém casa com a viúva do seu tio do lado paterno ou materno, ou ainda com a nora, ou quem venha a contrair no futuro uma união ilícita que deva ser dissolvida, terá liberdade de contrair em seguida uma melhor". Os Concílios de Clermont (535), de Orléans (538 e 541) e de Paris (após 556) acrescentam à lista precedente "a tia paterna ou materna, a nora ou a filha desta". Em seguida, os dos séculos VII e VIII retomarão as mesmas interdições, até o Concílio de Verberie, que em 753 começa por fixar os graus de parentesco proibidos: "Os primos até o terceiro grau que se casem devem ser separados, mas poderão voltar a casar (com outros parceiros) depois da penitência. Os que estão casados, sendo primos em quarto grau, não devem ser separados; no entanto, de futuro, os casamentos entre primos em quarto grau não serão autorizados". Estas interdições são renovadas em Compiègne (757), Arles (813), Mainz, no mesmo ano, e mais tarde ainda por várias vezes. A interdição chegará ao sétimo grau de parentesco e, finalmente, apenas no quarto Concílio de Latrão, no ano de 1215, a proibição de casamento é limitada aos quatro primeiros graus de parentesco. Até lá sucedem-se as admoestações, acompanhadas de diversas sanções: "O que tiver pecado com duas irmãs", diz o Concílio de Tribur (895), "passará o resto dos seus dias na penitência e na continência. A segunda das irmãs será condenada a igual pena se sabia a falta cometida pela primeira. Se a ignorava, fará penitência, mas poderá voltar a casar". O casamento de dois irmãos com duas irmãs era igualmente interdito.

Acrescentemos que se assimila ao incesto o casamento entre pessoas unidas por laços espirituais, criados pelos sacramentos do batismo e da confirmação: assim, um padrinho que despose a afilhada cai sob a alçada das sanções que castigam o incesto.

Estas prescrições obstinadamente repetidas só se compreendem tendo em conta as circunstâncias concretas da vida durante este período. A família é o conjunto das pessoas vivendo no mesmo lar, "cortando do mesmo naco [o mesmo pedaço de pão], bebendo no mesmo pote"; dito de outra maneira, trata-se da família "consuetudinária", que persiste durante os tempos feudais, medievais e até muito mais tarde, como dificilmente seríamos levados a acreditar, nos nossos campos; porquanto esta família consuetudinária que encontramos, por exemplo, no oeste e no centro da França e, ainda muito mais tarde, no Antigo Regime, sob a forma de "comunidades silenciosas", de que algumas sobreviveram mesmo à Revolução. Michelet, em 1846, pôde ainda descrever estes vastos grupos familiares, que compara a "conventos de trabalhadores casados", no Morvan, no Berry, na Picardia[53].

Nestas condições, a dignidade da vida familiar exigiria que se mostrasse severidade perante toda relação entre primos, mesmo afastados. Se tivermos em conta a extrema disseminação da população nos campos, as proibições eclesiásticas incitaram a uma certa retidão de conduta entre as pessoas que partilhavam da mesma vida nestes grupos familiares, frequentemente isolados. Não é necessário ser um sociólogo muito experiente para compreender que esta vigilância prevenia os desvarios e as desordens que podiam facilmente produzir-se no interior destes "fogos", onde a família, na montanha por exemplo, vivia voltada a si mesma durante os meses de inverno. As sanções eclesiásticas evitaram a sanção natural que castiga os casamentos consanguíneos; é suficiente lembrar o estado de degenerescência a que chegaram certas populações que recusaram as uniões exogâmicas em algumas ilhas oceânicas. As medidas tomadas pela Igreja incitaram também os grupos familiares a abrir-se, a estender-se com cada casamento, o que ampliava também o círculo da solidariedade familiar. Pois se o direito privado de vingança, praticado ainda nos tempos feudais para punir uma ofensa feita a um dos seus membros, permitia fazer apelo a todo o conjunto do grupo familiar, na vida corrente este mesmo sentido da solidariedade familiar tem outros efeitos mais felizes e mais pacíficos; torna-se assim normal recolher no lar o parente pobre e guardar as pessoas mais idosas, acolher nele tanto os bastardos como os filhos legítimos.

Porém, em contrapartida, o grupo familiar tem tendência a usurpar sem cessar os direitos pessoais, especialmente no que diz respeito ao casamento, que sempre foi assunto da família, e não do indivíduo. Trata-se de uma tendência muito natural do grupo, motivada frequentemente pela ambição coletiva. Podem-se hoje ainda notar sobrevivências, por exemplo nos campos: o desejo de manter tal herança, de adquirir determinado campo graças a um casamento frutuoso, não desapareceu dos costumes, ainda que não se trate senão dum pálido reflexo do que aconteceu num passado longínquo. Ora, concílios e sínodos, ao mesmo tempo que contribuíam para alargar o círculo familiar, opunham uma barreira eficaz ao poder da família.

Podemos sempre interrogar-nos, quando se invoca a história do direito, se não se trata apenas de prescrições meramente teóricas; também não será ruim mencionar exemplos vividos. Esses exemplos, pela força das coisas, dizem respeito quase sempre a altas personalidades, com quem se preocuparam bispos e mesmo papas. São tanto mais exemplares quanto reis, imperadores ou barões são tratados pelos tribunais eclesiásticos como simples particulares, como sublinharam os especialistas da história do direito. E a chamada de atenção feita a propósito da legislação em geral vê-se confirmada: são relevantes sobretudo os casos de incesto. Um dentre eles é impressionante: o do rei Roberto II, chamado Roberto, o Piedoso, filho de Hugo Capeto.

Aos dezoito anos aproximadamente, para corresponder ao desejo do pai, que fora eleito nesse mesmo ano (987), Roberto se casa com Susana, dita Rozala, viúva "já idosa", dizem os textos, do conde de Ponthieú, que lhe dá por dote o castelo de Montreuil.

Mas dois anos mais tarde (989), pouco satisfeito com esta união, reenvia Susana, isto sem qualquer reação por parte dos bispos que o rodeiam. Ora, a seguir fica loucamente apaixonado por Berta, que é mãe de cinco filhos nascidos do seu marido Eudes, conde de Blois e Chartres. Este teve o bom senso de morrer em 995. Logo Berta e Roberto procuraram a união que resultava do desejo dos dois. Quando Hugo Capeto, que se opunha a este segundo casamento, morreu (24 de outubro de 996), Roberto logo celebrou núpcias com Berta na presença de vários bispos, entre os quais Archambault, arcebispo de Tours.

Ora, por mais que nos indignemos, o que o Papa Gregório V reprovava aos novos esposos não era o precedente casamento de Roberto, mas o fato de ser parente de Berta em terceiro grau. Um e outro, com efeito, descendem do imperador Henrique I da Alemanha, chamado

Henrique, o Passarinheiro: Berta, pela avó Matilde e pela mãe, Gerberge; Roberto pelo pai, Hugo, cuja mãe, Edviges, era também filha do imperador. Um concílio reunido em 997 em Paris ordena a separação dos esposos, sob pena de excomunhão, e chama a Roma para explicações o bispo Archambault e aqueles que assistiram ao casamento. No entanto, Berta e Roberto, muito enamorados um do outro, permanecem juntos, e apenas em 1005 o rei, contrariado, decide deixá-la — provavelmente menos por ordem do papa do que por razões de Estado, pois Berta não lhe dera filho. Não é sem espanto que se verifica uma tal indulgência para com o primeiro casamento desfeito e uma tal severidade para com o segundo, contraído em condições que pareceriam hoje muito aceitáveis: o terceiro grau no caso é o de crianças nascidas somente de primos saídos de primos direitos; parentes certamente, mas que nos parecem sem consequência.

Há muitos exemplos. Um deles, bem conhecido, é o de Guilherme da Normandia e Matilde de Flandres. Com cerca de vinte anos, Guilherme pede a mão de Matilde, filha de Balduíno V, conde de Flandres. Se os eruditos nem sempre estiveram de acordo para estabelecer corretamente as filiações longínquas, está provado que Matilde, como Guilherme, descendiam de Rolão, primeiro conde da Normandia. O seu parentesco era pois em quinto grau — o que bastava, no entanto, para proibir o casamento. Os esposos seguiram em frente, indispondo-se algum tempo com o clero da Normandia. No entanto, o famoso abade Lanfranco du Bec-Hellouin acabou por se reconciliar com o duque e deslocou-se a Roma para defender a sua causa. Em 1059 foi acordada uma dispensa, tendo por condição que cada um dos esposos mandasse construir um mosteiro. Como se sabe, é esta a origem das duas abadias de Caen: a Abadia dos Homens (igreja Saint-Étienne, onde mais tarde o

Conquistador seria sepultado) e a Abadia das Damas, ou igreja da Trindade, onde Matilde foi inumada.

Na mesma época, Riquilda, condessa de Hainaut, foi excomungada pelo bispo de Cambrai por ter desposado um outro conde de Flandres, Balduíno VI, filho do precedente, quando já era viúva de um dos seus parentes, Hermano. Da mesma forma, o visconde de Béam, Centulo IV, uniu-se a uma parente chamada Gisela. Não se sabe ao certo em que grau, mas os esposos tiveram de se separar; Gisela tomou hábito na Ordem de Cluny. Centulo voltaria a casar com Beatriz de Bigorre vários anos depois. Ou ainda Guilherme VIII, duque da Aquitânia e conde de Poitiers, que repudiou a segunda mulher, de quem não teve filhos, casando-se aos 45 anos com Hildegarda, filha de Roberto, duque da Borgonha, de vinte. A Igreja opõe-se devido ao parentesco; o duque da Aquitânia teve de se deslocar a Roma para obter a autorização necessária e legitimar o "bastardo" filho de Hildegarda, que viria a ser Guilherme IX, o primeiro dos nossos trovadores (1071). De novo na Normandia, mas um pouco mais tarde, Guilherme Cliton, filho do conde Roberto, que se casa com Sibila de Anjou, vê o casamento desmanchado por descenderem os dois de Ricardo I da Normandia, ou seja, um parentesco em quinto e sexto grau.

Através de uma diversidade de casos a que respondem as decisões dos concílios, elabora-se toda uma doutrina, e é de se notar que, como consequência do que era a sociedade durante o período franco e imperial, as prescrições canônicas relativas ao incesto tenham sido muito mais numerosas do que as relativas ao divórcio. No século XI, as interdições foram solenemente renovadas, quando do concílio reunido em Roma a 14 de abril de 1059, pelo Papa Nicolau II, no que foi ponto de partida da Reforma Gregoriana; toda união aquém do sétimo grau de parentesco é declarada incestuosa. Um pouco mais tarde, em 1063,

São Pedro Damião compõe um tratado, *De gradibus parenteie*, que define e detalha estes diversos graus; mas, como se poderia esperar dum espírito como o seu, não se ocupa apenas das medidas restritivas; toda união, diz, é fundada na caridade, no amor de Deus e do próximo, que são apenas um aos olhos da Igreja. Igualmente uma carta célebre do Papa Alexandre II, redigida no mesmo ano, retoma as noções formuladas por Pedro Damião, fundamentando-se no princípio de fraternidade existente entre todos os membros de uma mesma comunidade familiar: sendo todos irmãos, as relações sexuais teriam um caráter incestuoso: é a própria dinâmica da caridade que incita à busca do casamento fora do grupo familiar.

As prescrições relacionadas ao divórcio só intervêm um pouco mais tarde, na primeira metade do século XII. Nesta época começam, com efeito, a inquietar-se com as consequências possíveis da severidade a respeito dos casamentos consanguíneos: torna-se evidente que, em muitos dos casamentos que se romperam, o impedimento de consanguinidade só foi invocado demasiadamente tarde, como pretexto de ruptura. Trata-se, pois, de divórcios disfarçados. Quando Leonor da Aquitânia se separa do primeiro marido, Luís VII, o rei de França, fica evidente que o parentesco que existia realmente entre eles só foi invocado pela rainha quinze anos depois do casamento porque tinha outros projetos em mente! Cita-se também a irmã do conde da Marca, Almode, que casa sucessivamente com três maridos, tendo-se os dois primeiros separado dela "por causa do parentesco". Os bispos tomam consciência desta dificuldade numa sociedade que evolui e, para preservar o caráter indissolúvel do casamento cristão, reduz-se o impedimento de consanguinidade ao quarto grau de parentesco no Concílio de Latrão, em 1215. O divórcio permanecerá interdito, havendo no entanto um paliativo: a separação amigável, instaurada desde o Concílio de Agde (506) e que permanecerá admitida pela legislação da Igreja até os nossos dias. Assim, assiste-se no Concílio de Reims, em 1049, à comparência do conde Thibaut de Champagne para fazer reconhecer que se separou da esposa, quando no mesmo concílio se excomunga Hugo de Braine, que repudiara a mulher para contrair nova união. Antes desta data, concílios e sínodos tiveram de examinar alguns casos de divórcio, mas raramente, tendo sido o mais célebre o do imperador Lotário I, no século IX, que morreu sem que o casamento tivesse sido anulado. E já vimos como o rei de França Filipe I foi excomungado por causa da união ilícita que mantinha com Bertranda de Montfort.

De maneira geral, ficamos impressionados por ver bispos e prelados mostrarem-se mais indulgentes, mais lentos a reagir nos casos de divórcio que podem ser-lhes submetidos do que nos casos de incesto entendido no sentido que já detalhamos: visivelmente, as suas maiores preocupações visavam subtrair a pessoa a uma pressão demasiado forte do ambiente. No caso do casamento das mulheres, esta pressão é tanto mais de recear quanto é através da mulher que é transmitida a nobreza ou a servidão, pelo menos nas origens; na época feudal propriamente dita, a nobreza é conferida pelo pai, salvo em certos costumes, como na Champagne ou no Barrois, onde é transmitida pela mãe — reminiscências do tempo em que liberdade e nobreza se confundiam; porque, e ainda na época feudal, liberdade e privilégio vêm sempre através da mãe, e este é um aspecto que nenhum grupo familiar pode negligenciar quando se trata do casamento de uma das mulheres que dele fazem parte.

A partir do século VIII, a Igreja dispensa o consentimento dos parentes, até aí considerado necessário para a validade do casamento (entendamos: dos parentes, isto é, dos pais, pai e mãe, pois, como vimos, as prescrições sobre o incesto que tendem a afastar a influência do grupo familiar são bastante anteriores). A autorização do pai e da mãe não parece pois indispensável aos olhos da Igreja, e isto cada vez mais à medida que se manifesta o valor sacramental do casamento: os ministros do casamento são o esposo e a esposa, não sendo o próprio padre mais do que uma testemunha. A evolução é nítida no decurso dos tempos: à medida que melhor se manifesta o sentido do sacramento que faz dos próprios esposos os ministros do casamento, mais se insiste na importância do consentimento recíproco às custas da aprovação de pais e mães, da família, mesmo às custas do padre, que significa apenas a presença de toda a Igreja e atesta o caráter sagrado da união conjugal. Primeiro um pouco ambíguo, hesitante e influenciado durante os primeiros séculos da Igreja por hábitos normais e correntes no mundo romano, a doutrina, ou, melhor, a prática do casamento consolida-se desde o século VIII logo que o consentimento dos pais deixa de ser condição de validade. No século XII isto é enunciado com grande clareza. O historiador de direito René Metz definiu muito bem as principais etapas[54]: com Hugo de São Vítor e Pedro Lombardo, a Igreja manifesta nitidamente que o que constitui o casamento é a vontade de cada um dos esposos de realizar a associação conjugal[55]; no século XIII, Guilherme de Auxerre formula e resume estes dados. “Não é a vontade de habitar juntos nem de ter relações carnais que constitui causa eficiente do casamento, mas a vontade mais geral de estabelecer associação conjugal, e esta associação compreende muitas coisas: coabitação, relações carnais, serviços mútuos e o poder de cada esposo sobre o corpo do outro”.

O ritual geralmente observado na cerimônia do casamento traduz o que os teólogos definem na época feudal; a partir de 1072 encontra-se descrito num Concílio de Rouen:

os casamentos serão celebrados em jejum, de manhã, em público; os jovens esposos serão abençoados por um padre; antes desta bênção será examinada com cuidado a genealogia de cada um. As fórmulas usadas pelos esposos são muito simples: "Tomo-te por esposo", "Tomo-te por esposa". Ou ainda: "Com este anel vos desposo e com o meu corpo vos honro"; na verdade, e sempre na época feudal, a troca de anéis acompanha a troca de promessas, e isto corresponde absolutamente à mentalidade dum tempo em que tudo se traduz por gestos concretos, em que um objeto simbólico encarna de algum modo o ato jurídico; assim, quando se vende um terreno, entrega-se um torrão de terra ou um fardo de palha ao novo comprador, e é esta entrega que constitui o ato de venda propriamente dito: o registo escrito que se faz a seguir serve apenas como memória. É nesta mesma época que se espalha o hábito de colocar um véu — geralmente de púrpura — sobre a cabeça dos noivos durante a bênção. É mantido sobre a cabeça dos esposos pelas testemunhas designadas para o casamento, e isto indica que o papel das testemunhas é importante a partir de agora; mais uma vez este ritual nasce da mentalidade da época, que concede grande importância à prova oral, ao testemunho em geral; outros concílios, como os de Lillebonne, em 1080, de Nimes, em 1087, atestam que estes diversos costumes se desenvolveram no século XI pelo ritual do casamento.

Este cerimonial que agora se fixa tem importância aos olhos da Igreja pois permite evitar os casamentos clandestinos; estes poderiam ser conseguidos pela violência, ou dar lugar a enganos, quer por parte do esposo, quer da esposa; daí esse desejo de divulgação e honestidade para o qual contribui a presença do padre, que antes não era obrigatória.

Na prática corrente encontram-se dispersos, aqui e ali, nas narrações ou crônicas da época, casos engraçados:

assim, dois jovens decidiram casar-se; o padre da paróquia recusa a união sob pretextos variados; batem então um dia em casa do padre e pronunciam juntos, precipitadamente, a fórmula ritual antes que ele tenha tempo de empurrar a porta.

No seu conjunto, esta doutrina do casamento cristão, no seu valor de casamento administrado e vivido pelos próprios esposos, deve-se muito a certos prelados, como Incmaro de Reims, no século IX, e Abão de Fleury, no século X, que insistiram quanto ao aspecto jurídico do casamento, na parte referente aos casados; para Abão em particular, os leigos casados chegam a constituir uma "ordem": ele coloca o casamento quase em igualdade com o sacerdócio. Na sequência, no século XIII, são admitidas como verdades correntes estas considerações afirmadas no decurso dos tempos; fazem parte do valor do casamento enquanto *sacramentum*, coisa sagrada.

Na realidade, assistiremos a uma curiosa regressão ao longo do tempo. Pois, sob a influência do renascimento do direito romano, que na Itália começa a desenhar-se desde o século XII e, na França, passa aos costumes e à prática jurídica no século XVI, desenvolvem-se tendências que ao mesmo tempo restringem a liberdade dos jovens esposos, dando importância unicamente à jurisdição clerical no que diz respeito ao casamento.

Quando do Concílio de Trento, assiste-se a discussões oratórias muito apaixonadas a propósito do casamento, e os delegados franceses, porta-vozes do poder real, distinguem-se entre os mais determinados a combater a liberdade dos esposos e restabelecer o consentimento dos pais a propósito da união; nas sessões que a este respeito se desenrolaram entre 1547 e 1562 e que iriam ser retomadas em 1563, a influência da delegação francesa foi vivamente sentida; um édito de Henrique II, desde 1556, tinha dado aos pais o direito de deserdar os filhos que se casassem sem o seu consentimento. Isso equivalera a restituir, ainda que parcialmente, o antigo *patria potestas*, e ali tratava-se de obter da Igreja reunida a ratificação desta tendência que na realidade era, como vemos, muito reacionária; em todo caso, o que é adquirido é toda uma nova legislação tendente a reforçar a publicidade do casamento e torná-la obrigatória para que seja válido.

Na realidade, isto servia para separar tanto o papel dos pais como o do padre: o casamento deveria ser celebrado na igreja dos contratantes pelo cura, ou por um padre que este tenha autorizado, na presença de pelo menos duas ou três testemunhas; doravante, o padre interroga cada um dos esposos e recebe o seu consentimento; é ele que pronuncia as palavras de consagração seguidas da bênção nupcial. Acrescente-se o dever do cura de anotar correta e regularmente o registro paroquial, transformado hoje em registo civil. Sem negar os esforços dos papas e dos canonistas feudais para mostrar que os esposos são os próprios ministros do sacramento, estas diversas prescrições restringiam consideravelmente a sua liberdade; ao concluir o estudo, René Metz faz notar que "o direito canônico medieval era mais feminista na prática do que o direito canônico contemporâneo" (ele escreve em 1962); chama a atenção para a desconfiança em relação à mulher, patenteada na maior parte das explicações dos juristas e canonistas envolvendo estas disposições.

Desconfianças que, de resto, se estendem aos jovens esposos, pois na mesma época é consideravelmente recuada a idade de maioridade que determina a idade do casamento: para os rapazes é fixada nos vinte anos; para as moças, nos dezoito, isto na Igreja universal. Na mesma época, na França, a maioridade volta ao que tinha sido na época romana: 25 anos, pelo menos, para os rapazes, pois o caso das moças era diferente; elas jamais atingiam a maioridade.

Ora, durante o período feudal, não é sem espanto que verificamos que, na maior parte dos costumes, as meninas são maiores aos doze anos e os rapazes, aos catorze. Esta questão da maioridade, muito importante tanto em relação à validade do casamento quanto em relação à vida em geral no seio da sociedade, merece que nela insistamos; segundo os costumes, variava um pouco. Assim, em certas regiões como a Champagne, nas famílias nobres, a maioridade é recuada aos quinze anos para as moças e aos dezoito para os rapazes. Porém, para o conjunto das famílias plebeias, as idades respectivas de doze e catorze anos constituem a prática normal; é curioso verificar que este hábito leva em conta a maturidade mais rápida da mulher, hoje desprezada (por exemplo no ensino). Esta diferença, no entanto capital, entre as etapas do desenvolvimento mental e fisiológico do homem e da mulher explica que esta possa adquirir mais cedo a maioridade e o que os juristas chamam a "plena capacidade". De resto, notemos que esta maturidade adquirida muito cedo só é possível de fato porque o apoio do grupo familiar permanece, tanto para a moça como para o rapaz, durante toda a existência; este sentido de solidariedade, se apresenta inconvenientes no desenvolvimento da liberdade pessoal, apresenta também vantagens, pois cada um sabe que pode contar com o apoio do conjunto dos membros da família. Por outro lado, na época clássica, quando impera a autoridade exclusiva do pai, a idade da maioridade pouco importa: as comédias de Molière fazem-nos assistir aos debates entre este e os seus filhos, justamente em relação ao casamento, com as consequências que conhecemos. E é nesta mesma época, no século XVII, que a mulher toma normal e obrigatoriamente o nome do esposo; antes os costumes variavam, e a mulher tanto adotava o nome do marido como mantinha o seu: o do pai, o da mãe ou um sobrenome que lhe fora dado.

Uma objeção, no entanto, vem ao espírito: se, na época feudal, os casamentos não serão "arranjados" pelas famílias, como virão a ser no século XVII?

Na verdade, há muitos exemplos de crianças prometidas em casamento desde a mais tenra idade: em 1158, Henrique, o Jovem, filho de Henrique Plantageneta e de Leonor, aos dois ou três anos foi prometido a Margarida, filha de Luís VII de França e de Constança, sua segunda esposa; ora, Margarida é apenas um bebê de seis meses! A maior parte dos tratados de aliança comporta um ou vários casamentos que surgem então como garantia de paz, e esse hábito persistirá mesmo depois da época medieval: insistamos de passagem no fato de que se dispõe então do futuro tanto dos rapazes como do das raparigas, contrariamente ao que outrora se pretendeu. Está fora de dúvida que nestes casos acontecia o que ainda hoje acontece em grande parte do mundo e que, "em vez de casarmos porque amamos, amamos porque estamos casados". Situação pouco desejável. Ora, essa tinha sido exatamente, desde o início, a opinião da Igreja; verificamos que, durante todas estas épocas em que a família era um todo solidamente constituído, ela se mostra umas vezes reservada, outras indulgente para com os casos de divórcio; propõe, como já referimos, um paliativo: o da separação de comum acordo, sempre lutando para que seja preservada a vontade livre dos dois esposos. Ela preparou a reivindicação de liberdade que hoje nos parece tão natural, mas apenas, notemos, nas regiões do mundo onde o Evangelho penetrou.

De resto, parece que foi sobretudo nas famílias nobres que pesou esta obrigatoriedade de união ditada mais pela razão de Estado do que pelo coração ou pela vontade; além disso, é ainda assim no nosso século XX: para nos convencermos, basta citar o exemplo do duque de Windsor.

Em relação às famílias plebeias — ou seja, à quase totalidade da população —, esta conta não existe e a severidade com que a Igreja persegue os casamentos entre primos representa, já o verificámos, uma precaução necessária na época contra a pressão que o grupo familiar poderia exercer.

Como se vê, a situação da mulher no casamento deteriorou-se consideravelmente entre os tempos medievais e os clássicos, e isto manifesta-se inclusive na administração dos bens que lhe pertencem. João Portemer, que estudou o estatuto da mulher entre o século XVI e a redação do Código Civil, sublinhou-o[56]; lembra que muito mais preocupada do que a da Igreja, a legislação real exige o consentimento dos pais no casamento por vezes até os trinta anos, o que significa que o casamento clandestino pode ser tomado como um rapto; ora, na época, o rapto é punido com a morte: "É sensível o agravamento", conclui, "relativamente aos séculos anteriores, onde apenas a comunidade de bens, e não a mulher, tinha o marido como dono e senhor [...]". O marido exerce o seu poderio, não para proteger um incapaz, mas no seu próprio interesse, na sua qualidade de superior e de chefe da sociedade conjugal. A legislação faz da mulher casada não "uma perpétua menor", segundo a expressão consagrada, mas uma pessoa muito mais apagada da cena jurídica do que um menor. Um menor pode agir validamente em alguns casos, enquanto todos os atos da mulher são nulos se não forem aprovados pelo marido. Os juristas do Antigo Regime, muito imbuídos do direito romano, apenas reforçaram estas disposições (que mais tarde serão consagradas pelo Código de Napoleão); contentemo-nos em citar o venerável Pothier[57]: "O casamento, formando uma sociedade entre o marido e a mulher, no qual o marido é o chefe, dá ao marido na qualidade que possui, de chefe desta sociedade, um direito de poder sobre a mulher que se estende também aos seus bens [...]. O poder do marido sobre a pessoa da mulher consiste, por direito natural, no direito que tem o marido de exigir todos os deveres de submissão devidos a um superior etc.".

Estamos longe, muito longe, da mentalidade dos tempos feudais, onde um Vicente de Beauvais, resumindo as ideias emitidas desde o século VII por Isidoro de Sevilha e retomadas no século XII por Hugo de São Vítor, dizia da posição da mulher em relação ao homem: "*nec domina, nec ancilla, sed socia* [nem patroa, nem serva, mas companheira]" (tendo *socia* o sentido que foi conservado no termo "associada").

A maioridade, adquirida muito cedo, trazia evidentemente à mulher uma preciosa garantia de independência, da qual hoje estamos conscientes. O jurista Pedro Petot, que estudou especificamente o estatuto da mulher nos países de direito consuetudinário francês[58], fez notar que os interesses pecuniários da mulher, mesmo casada, estão solidamente protegidos no século XIII; ela permanece a proprietária dos seus bens próprios; o marido tem a administração, o usufruto, o que se designava então por "posse", isto é, o uso, mas não podia dispor desses bens; os bens da mulher são totalmente inalienáveis; em contrapartida, a mulher casada participa de direito em todos os bens adquiridos e, em caso de óbito do marido, tem o usufruto de uma parte dos bens dele: na maior parte dos costumes, a metade nas famílias plebeias, um terço nas nobres; acontece também que uma mulher que exerça um comércio pode testemunhar judicialmente por tudo o que se liga ao exercício desse comércio. Sem autorização prévia, ela substitui o marido em caso de ausência ou impedimento". Até o fim do século XV, com efeito, ela goza do que se chama "capacidade jurídica"; só no século XVI a mulher se torna juridicamente incapaz, sendo o controle do marido sobre os atos da esposa cada vez mais rigoroso: os atos da mulher são nulos se não tiver obtido a autorização do marido.

Segue-se perfeitamente através das teorias dos juristas, em particular Tiraqueau e Dumoulin, esta progressão do poder marital que conduz à consideração de que a mulher casada é uma incapaz, o que será consagrado no início do século XIX pelo Código de Napoleão; houve um retorno ao direito romano, que os autores do capítulo consagrado à lei romana, na importante obra de Crump e Jacobs[59], *Le legs du Moyen Age*, analisaram não sem humor: dialéticos e juristas, dizem, esforçaram-se por ligar à lei e ao pensamento romanos sistemas que por vezes lhes eram completamente estranhos, "tendo o desejo de reconciliar todas as contradições e de encontrar a autoridade romana em soluções práticas que eram o inverso da dos romanos, conduzido a pueris sutilezas e a uma grande inexatidão doutrinária".

Contudo, a obsessão reinou tanto nas escolas de direito como na universidade em geral e teve como efeito reduzir a nada a direção que a mulher tinha outrora exercido sobre os seus bens. Nisto todos os historiadores do direito estão de acordo: "A mulher separada, por exemplo, é menos favorecida [no século XVII] do que no fim da Idade Média, quando não só administrava os bens (em caso de separação), mas ainda podia dispor deles livremente. No futuro, o poder do marido é tal que, apesar da sua desqualificação, a sua autorização se faz indispensável à mulher se esta desejar vender os seus imóveis"[60]. Ora, o direito francês teve uma deplorável influência mesmo sobre os direitos estrangeiros; por exemplo, no que diz respeito à Bélgica, John Gilissen indica que "a legislação napoleônica provocou no território um sensível agravamento do estado de subordinação da mulher ao marido, contrariamente às correntes de ideias que até aí se tinham revelado livremente"[61]. Lembra a propósito que, ainda nos costumes do século XIV, uma mulher que tivesse agido sem autorização do marido para estabelecer um contrato, fazer uma doação ou testemunhar judicialmente, em caso de desacordo apenas poderia perder a roca e o fuso!

A questão do direito de sucessão das mulheres exigiria também longas páginas: não se invocou, no início do século XIV, certa "lei sálica" que tinha proibido à mulher a sucessão nos feudos, autorizando-a apenas aos homens? Efetivamente, esse era o costume no direito franco primitivo. Mas se sabemos que, desde meados do século VI, esta restrição está limitada aos bens de família hereditários (o que mais tarde chamaremos o solar, a residência principal); se acrescentarmos que, desde o reinado de Quilderico I (561-584), um edito famoso, conhecido por Edito de Nêustria, transforma esta incapacidade numa segunda linha de sucessão (isto é, que as moças podem suceder na falta de filhos, as irmãs na falta dos irmãos); que, de qualquer modo, para além do solar principal, os bens de família são igualmente distribuídos entre moças e rapazes; e que, na prática e sempre na plebe, todas as discriminações deixam de ser imperativas desde o século VII, tanto no que diz respeito aos francos, aos ripuários, como aos visigodos, burgúndios, alamanos, bávaros etc., podemos compreender quanto era enganosa a argumentação dos legistas do século XIV quando invocavam solenemente a "lei sálica" para reforçar a primeira decisão, tomada por Filipe, o Belo, na véspera da morte, proibindo às mulheres a sucessão nos feudos nobres! Teremos ocasião de retomar o assunto a propósito do poder político que a mulher exerce durante todo o período feudal.

Durante este período, quer o costume que, se a mulher traz um dote, o marido, por seu lado, lhe conceda um aras; e verifica-se, por exemplo, no caso das rainhas que gozam de aras importantes, que os administram durante a vida e após a morte do esposo.

Não é destituído de interesse debruçarmo-nos um pouco sobre uma legislação cujas consequências a todo o momento encontramos na vida econômica da época. Vemos as mulheres vender, comprar, concluir contratos, administrar domínios e, finalmente, fazer o testamento com uma liberdade que estarão longe de possuir as suas irmãs do século XVI e, mais ainda, dos XVII, XVIII e XIX.

Para concluir este capítulo dedicado ao casamento com um aspecto menos austero, mencionemos Cristina de Pisan, a Cristina que teremos ocasião de reencontrar quando abordarmos as primeiras lutas antifeministas e que, da forma mais terna e mais patética, evocava assim a sua união com um esposo falecido demasiado cedo.

Nous avions toute ordonnée
Notre amour et nos deux coeurs,
Trop plus que frere ni soeur,
En un seul entier vouloir,
Fut de joie ou de douloir[62].

Mas há algo ainda melhor: a pedra tumular de Hugo de Vaudémont e da esposa, Ana de Lorena, conservada na Igreja dos Cordeliers, em Nancy, e de que se pode ver uma excelente reprodução em Paris, no Museu dos Monumentos Franceses; ela simboliza, para os séculos vindouros, o regresso do cruzado; o cavaleiro em farrapos é acolhido pela mulher, que o abraça ternamente; Hugo, prisioneiro dos sarracenos durante dezesseis anos, fora considerado morto; a esposa, Ana, sempre se recusara voltar a casar, até que regressou o que já não era esperado: e o escultor fixou o instante deste encontro. Perante esta patética obra-prima da nossa estatuária do século XII, pensamos novamente em Villon:

Dame serez de mon cœur, sans débat,
Entierement, jusque mort me consume.

As mulheres e a atividade econômica: rurais e citadinas

São bem conhecidos dos historiadores os mais antigos quadros que nos podem dar a fisionomia dos campos: entre outros, o famoso do abade Irminon de Saint-Germain-des-Prés, que por volta do ano 800 mandou fazer o recenseamento completo dos rendeiros, camponeses livres ou servos que viviam nas terras de sua abadia. Aí se encontram indicações como: "Valafredo, colono, e a mulher e os dois filhos possuem dois 'mansos' [aproximadamente o terreno no qual pode viver uma família, variando a sua extensão segundo a fertilidade da região]. Pagam por ano: um boi, um porco, duas medidas de vinho, uma ovelha, um cordeiro e a soma de quatro dinheiros". Às vezes, várias famílias vivem no mesmo manso. Assim são descritos Túrpio e os três filhos, bem como Ragenulfo e a mulher com seus filhos, ocupando um manso no total. Por vezes é citada uma mulher sozinha, como Teutegarda e o filho, que em conjunto cultivam um manso, o qual devia ser suficientemente importante, pois pagavam anualmente duas medidas de vinho e dois sesteiros de mostarda.

Semelhantes documentos, no entanto, não satisfazem a nossa sede. Certos eruditos debruçaram-se, em análises precisas, sobre os cartulários que ainda existem; assim, para o Poitou, Jean Verdon pôde estabelecer estatísticas sobre a participação das mulheres e da família nas doações, compras, vendas, trocas etc., em atos estritamente relacionados à vida rural. Em 417 inscrições do século X, contou 198 homens isolados ou, em dois casos, acompanhados dos filhos, mas 53 mulheres sozinhas, das quais treze com os filhos. Por outro lado, trabalham em conjunto 142 casais; em 24 deles é mencionada a presença de crianças, enquanto outros 24 grupos familiares aparecem sem outras descrições. Para a Picardia foram feitas estatísticas do mesmo gênero por Robert Fossier[63]. Ele nota que 83% dos atos mencionam casais ou indivíduos acompanhados ou não dos seus filhos, enquanto na Catalunha, pela mesma época, foram 88% os contados por Pierre Bonassie. Depois, no século XI, o lugar ocupado pelos grupos familiares parece ser maior; em cada uma das três províncias, são quase três vezes mais numerosos do que no século X. A família em sentido lato, ao contrário do que alguns poderiam pensar, ganhou pois maior importância na evolução da sociedade rural. Com efeito, mais do que da família em sentido estrito, no campo deve-se ter em conta a linhagem, o conjunto da parentela. Assim se acumularam dados substanciais, e em números, sobre a atividade do grupo familiar nos campos. Jean Verdon valorizou o papel das mulheres no século X; verificando que os atos passados em nome de mulheres sós são menos numerosos no século XI, conclui haver uma diminuição da sua própria influência, fato contestável se considerarmos, como já vimos, que o que cresce no século XI é mais o papel da família ampliada do que o do simples grupo conjugal ou, com mais forte razão, do que o do ato individual.

É inútil insistir sobre o interesse de pesquisas deste gênero, que refletem dados precisos sobre a vida da época, tanto social como econômica. O protótipo é o enorme trabalho efetuado por David Herlihy e sua equipe sobre o Catasto florentino de 1427. Trata-se de um recenseamento completo de bens e pessoas no território de Florença, efetuado nesta data para facilitar a cobrança do imposto (sabe-se que, em matéria de finanças e de contabilidade, os italianos levaram a dianteira e que Florença em particular foi outrora chamada "o berço da estatística"). Cerca de 60 mil famílias foram descritas minuciosamente, o que permitiu um estudo em profundidade, facilitado pelo computador; ainda que tratando-se dum campo limitado no espaço e bastante tardio no tempo, uma tal exploração, levada a cabo por excelentes especialistas, fornece evidentemente uma referência de primeira ordem para o estudo duma população. Trata-se de um trabalho exemplar que se pode consultar tão seguramente como se consulta a lista telefônica[64].

Mas nem sempre se dispõe de documentos tão detalhados como o Catasto; muito longe disso, e mesmo os cartulários ou recolhas de alvarás acumulados no dia a dia, sobretudo nos mosteiros, apenas permitem estudos fragmentários e forçosamente incompletos. O melhor tratamento é sem dúvida o que fez Jacques Boussard quando reconstituiu a vida do servo Constant Leroux a partir do cartulário de Notre Dame de Roncerey: obra admirável em que o autor desenha, a partir de dados exatos, uma existência e, ao mesmo tempo, um território com os seus campos, vinhas e, no centro, a vontade tenaz dum simples camponês agarrado ao trabalho, que acabou por adquirir ao mesmo tempo a terra e a liberdade — um bem apreciável que ele e a esposa abandonam no fim da vida para entrarem, um e outro, no convento, depois de terem estabelecido na terra o sobrinho e a sobrinha, fornecendo um esquema exemplar para o tempo[65].

Não há dúvida de que, se nos submetermos a um trabalho da mesma qualidade que o de Jacques Boussard, poderemos chegar a uma evocação mais viva dos nossos territórios, graças a essas recolhas de alvarás que não nos dão, no entanto, senão parcelas de existências, muitas vezes tão significativas. Seria possível ter então uma ideia concreta da vida das mulheres e dos homens do meio rural na época feudal.

Outros testemunhos da vida dos campos são as doações, vendas e transações diversas em que as mulheres participam, exprimindo a sua vontade ao lado do marido. Isto acontece desde o século X: assim, em 982, com as doações feitas a São Pedro de La Réole por "Guilherme e sua mulher, Saneie"; por Amério, "com consentimento da mulher e dos filhos"; por Rogério e a mulher, Adelaide. Ou mesmo desde 965, nesse caso à igreja de Saint-Pierre-aux-Nonnains, de Lyon, por Girart e Gilberto. Ou, para mudar de região, no Anjou, os mais antigos alvarás conhecidos emanam da condessa Adélia em benefício do Mosteiro de Saint-Aubin, em 974. E estas intervenções não são apenas questões da nobreza, pois vê-se uns anos mais tarde, em 1056-59, certa serva chamada Gerberge vender trinta hectares de terra, dos quais 29 são plantados de vinha, a um irmão de Marmoutiers por uma soma de quatro libras.

Ao percorrer assim os textos — fora de toda preocupação estatística, entenda-se —, encontramos em todas as épocas e em todas as regiões mulheres ativamente misturadas na vida econômica. Na Champagne do início do século XIII, a condessa Branca, viúva, administra o seu domínio como o teria feito o marido e funda, por exemplo, uma nova cidade, associando-se para isso ao abade da Sauve.

Na Gironda, a propósito da única portagem do porto de La Réole, assiste-se a três vendas de direitos feitas por mulheres na primeira metade do século XIV; duas são casadas — Guillelma de Penon e Baudouine Duport — e agiram sem mencionar o consentimento dos maridos.

Margarida de Gironda, mãe e tutora do senhor Pons de Castillon, fez, em 1318, uma série de negócios com os habitantes de Santa Helena e de Listrac: são ao todo 87 famílias; a castelã estabelece que cada um dará por ano uma galinha, transportará para Lamarque o trigo, os vinhos, a palha e a criação do senhor e pagará ao mesmo tempo a renda sobre a aveia, o trigo candial, o milho miúdo, o linho e os carneiros; por meio disso, todos terão direito de usufruir dos bosques, dos matagais e dos prados. Juntos, farão entrega de 130 libras por ano. Mas o senhor renuncia inteiramente aos direitos que pretendia sobre a sua descendência. É assim que Margarida administra os bens do filho.

São mencionadas também mulheres em relação às decisões de ordem militar: assim, o visconde de Orthez, Garcias Arnaud de Navailles, quando promete ao rei de Inglaterra mandar destruir o torreão do castelo de Sault, está acompanhado da mulher, Maria Bertrand, que se compromete também; isto passa-se em 1262. Alguns anos mais cedo, Mabile de Colomb e o marido, Armando de Blanquefort, combinam em conjunto as reparações a fazer no castelo de Bourg e de Blanquefort.

Todavia, os textos nem sempre são secos. Alguns têm detalhes saborosos, sem nenhuma necessidade de "arranjos" para nos seduzirem. Tal é o caso de um inquérito judiciário levado a cabo por ordem da "Senhora Branca, rainha de França", a 9 e 10 de agosto de 1251, nos arredores de Soissons; põe em destaque os habitantes de duas pequenas comunas rurais, Condé e Celles, que entraram em litígio com os monges de Saint-Crépin[66].

Perante o abade de Saint-Jean-des-Vignes e de João Matiffart, árbitro designado pela rainha, quarenta e quatro habitantes da comuna são chamados a depor em Sermoise, perto de Soissons; entre eles catorze mulheres. São designadas pelo nome: Havoise, mulher de Roberto Mené de Couvaille; Bluauz, de Celles, "que não quis dizer o apelido nem o nome do marido"; Luciana, de Celles; Maria, mulher de Bernardo Morei; Havoise, filha de João, de Celles; Elis, mulher de Wiart, de Celles; Emmeline, de Condé; Isabel, de Condé; Erembour, mulher do rei, de Condé; Margarida de la Fontaine, de Condé; Luísa, mulher de Gérard, de Cours; Margue (Margot), de Celles; Emmeline, mulher de Roberto, de Condé; Emmeline, mulher de Pedro, de Condé. O inquérito conta que, antes de aparecerem perante os juízes designados, os habitantes foram convenientemente instruídos pelos dois chefes das comunas que conduziam a contestação contra os monges. O fundo da questão diz respeito a um *valet*, rapaz da comuna que tinha sido preso em Saint-Crépin e que os companheiros exigiam que fosse julgado (não se sabe por que causa) na terra, não em Soissons ou outro lugar; para impedir a transferência, organizaram uma verdadeira permanência — como hoje diríamos —, um cerco em redor do priorado de Saint-Crépin; e agravaram o caso cortando os salgueiros da abadia, tanto para se alumiarem como para se aquecerem de noite, o que provocou uma segunda queixa contra eles. Os chefes teriam, pois, instruído mais particularmente as mulheres: "A vós, mulheres, os inquiridores perguntarão muitas coisas; vós sois ligeiras a falar (tendes a palavra fácil!). Se vos acontecer obrigarem-vos a jurar, atenção, dizei que não sabeis nada e mais nada respondeis!". Esta recomendação, tal como está consignada no relatório do inquérito, foi perfeitamente observada pelas mulheres, enquanto entre os homens muitos traíram, reconhecendo ter cortado os salgueiros e participado no cerco várias noites seguidas! Pequeno acontecimento da vida rural, a propósito do qual é interessante chamar a atenção para o sentido de solidariedade sem abandono das aldeãs!

Os inquéritos judiciais mostram-nos assim, por várias vezes, as mulheres dos nossos campos intervindo seja como testemunhas, seja como ofendidas. Nos arredores de Beaucaire, quando do inquérito real de 1245-47, a viúva dum chamado Estêvão expõe aos comissários do rei as questões que teve com o senescal Oudard de Villiers, que tentou obrigá-la a se casar com um dos seus familiares. Tendo feito juramento de permanecer viúva "para a honra de Deus", ela recusou. Voltando à carga, o senescal pretendeu então casar a filha, sob pretexto de que as órfãs estavam sob a guarda especial do rei; a mãe opôs-se; Oudard, que decididamente não largava a presa, reclama então uma quantia de 1500 soldos raimundinos, que o marido, coletor de impostos, cobrara em Valabregue. Ao que a viúva retorquiu que se lembrava muito bem de ter levado ela mesma essa soma ao senescal.

Os inquiridores de São Luís registam toda uma série de queixas[67]. Alhures, quando de um inquérito na Normandia, é Auberede que estoura: o rendimento do moinho de Pont-Audemer não lhe fora entregue desde que o mesmo moinho caiu nas mãos do rei. Este gênero de protesto é muito frequente emanado de homens e mulheres; três reclamam o reembolso do dinheiro que entregaram aos operários trabalhando num castelo real perto de Angers; chamam-se saborosamente: Escolástica a Brete, Eduarda a Fegerelle, Ausanne a Brullesse. Algumas viúvas declaram-se lesadas, como Sibila, viúva de Guilherme Cailloles, que se queixa de que lhe extorquiram catorze libras tornesas sob o pretexto de o marido ser usurário, o que diz ser mentira.

Em outro local uma mulher denuncia Martin Frottecouenne — nome quase predestinado! —, que, diz ela, “a forçou”; ou ainda uma chamada Lejart, perto de Chinon, de quem o bailio real desconfiou ter enfeitiçado a sua mulher; ela pretende ter-se justificado da acusação, provando a sua inocência por juramento, e ele nada pôde provar contra ela. Como estivera presa em Fontevraud, pede cem soldos por danos e juros. Uma Isabel, viúva de Guilherme Chaucebure, em Anjou, exige justiça contra o bailio que lhe confiscara as vacas sob pretexto de terem penetrado nos bosques pertencentes ao rei em tempo de interdição; uma delas morrera, e ela quer o pagamento: trinta soldos. Ou é ainda Sédile de Cusey e o filho Geoffroy que reclamam a dízima que o oficial real guardara para si como direito de tutela de seu filho.

Por vezes, as queixas aludem a fatos de guerra; assim, certa Raimunda denuncia Lucas de Cabaret (perto de Carcassonne), que nos anos da guerra (1240) lhe roubara doze carneiros e nove cabras. Levara-lhe também doze sesteiros de trigo, três cofres e cinco recipientes que não discrimina. Por várias vezes, insiste, fora assim roubada por homens de armas; outro despojara-a de duas cabras e de uma ovelha; outro, de lã, de leite e mesmo de objetos de cama: "Tudo isto perdi por amor do Senhor Rei [...]. E, por tantas injúrias, suplico que me façais complemento de justiça". Quanto a Maria a Sauniere, jamais conseguiu recuperar junto dos beleguins reais as colchas e almofadas que lhe requisitaram para uso do rei, então em guerra contra o conde da Marca.

Frequentemente, no decurso destes inquéritos, vemos entrar em cena mulheres que são pequenas suseranas, donas de um feudo de pouco valor, como esta dama Raimunda de Pomas e a sua filha, Flora, que reclamam uma renda de uma libra de cera que um oficial régio conserva injustamente há seis anos. Ou é ainda, e trata-se de direitos muito mais importantes, Bernarda de Beaumont, que apresenta queixa porque lhe suprimiram os direitos de justiça (inclusive julgamento de rapto, roubo e homicídio) e impuseram aos seus homens corveias que jamais tinham feito e "não deviam a ninguém". Outra dama, Thetburge, denuncia os aborrecimentos que lhe causou o senescal de Beaucaire, em 1239, por ela ter protegido, diz, a dama de Rousson contra as suas investidas galantes. Como represália, ele destruiu as vedações de várias das suas aldeias.

Por outro lado, certos prebostes reais desenvolvem um zelo a contratempo: assim, Isabel a Brete protesta contra João Galardon, que a multou porque suspeitava de má conduta com clérigos.

Esta enumeração de pequenos acontecimentos revela, evidentemente, apenas atos que fogem à banalidade e que, de resto, aparecem nos documentos escritos numa ocasião muito particular — a dos inquéritos feitos por ordem de São Luís para fiscalizar os seus próprios agentes, a sua administração. Mas, reparemos, no campo — mais ainda do que na cidade — apenas os atos propriamente extraordinários são objeto de escrita. Muito mais tarde, nos séculos XVI, XVII, ou mesmo XVIII, os registos dos foros ou os censos muito detalhados efetuados por ordem dos proprietários dos domínios, numa época em que a posse da propriedade se torna absoluta, à maneira romana, dão-nos uma fisionomia dos campos no seu modo de vida regular e do ponto de vista econômico, com as rendas que devem pagar cada rendeiro ou ameeiro.

No que diz respeito ao período feudal, não se pode esperar isso — os costumes só começam a ser redigidos por escrito no fim do século XIII, e nós os conhecemos sobretudo na forma que tomaram no século XVI. Apenas por acaso é possível, pois, fundamentarmo-nos num documento, quando houve, como nos casos enumerados, litígios, contestações, queixas à justiça etc. Ou ainda, como já vimos, por ocasião dos contratos estabelecidos especialmente com as abadias, cujos cartulários guardavam fielmente o traço de todos os atos passados no local, a fim de assegurar o bom andamento do corpo coletivo.

O que se pode dizer com segurança é que, através da extrema variedade que pode existir de uma região para outra — talvez por causa da miríade de miniclimas que abundam particularmente no território francês, onde os diferentes hábitos de vida provocaram também diferenças nos costumes locais —, é notável que o lugar da mulher seja infinitamente mais importante nas transações efetuadas desde os séculos X-XI do que será no século XIX, quando o Código de Napoleão fixou a evolução que se desenhava desde o século XVI — evolução que começou mesmo um pouco mais cedo nos países germânicos, devido à forte influência que o direito romano exerceu desde meados do século XIII, e também, de uma forma geral, nos países submetidos à influência romana, como a Itália, ou ainda mais à influência islâmica, como Espanha e Portugal.

A população da França é então, em sua grande maioria, rural. E, além disso, a distinção entre cidade e campo não é de maneira nenhuma a nossa; se a grande cidade não existe, o citadino sem qualquer ligação com o campo, nem que seja por intermédio do cavalo — único meio de transporte da época —, é também uma exceção.

Existem na cidade os jardins e toda uma criação de animais familiares; as cavalariças eram tão frequentes como são hoje em dia os estacionamentos e as garagens, e a integração entre camponeses e "burgueses" é incessante, sendo certo que, numa época que ignora a centralização, as cidades pequenas, tal como os castelos, estão literalmente polvilhadas por todo o país.

Dito isto, a vida cotidiana na cidade, tal como no campo, por vezes nos é apresentada ao vivo nos documentos judiciais, menos suspeitos e sobre os quais já falamos em relação às áreas rurais — sobretudo os inquéritos ordenados por São Luís antes do seu primeiro embarque para a Terra Santa, em 1247.

É o caso duma cabeleireira chamada Raimunda, que tem uma casa em Beaucaire e que conhecemos por uma tarde lhe terem irrompido loja adentro os juízes do rei e prendido um cliente chamado Bonjom, filho de João de Marselha, que acusavam de adultério com Raimunda. No entanto, ela apenas lavava-lhe a cabeça, como a outros clientes; havia luz na loja; a porta estava aberta, e um tal Miguel Pico aguardava a sua vez diante desta porta; apesar de tudo, a cabeleireira Raimunda ficou obrigada, pelo juiz do rei, a uma multa de cem soldos, devendo dar também dezesseis aos oficiais de justiça. Esta exação foi registrada pelos inquiridores de São Luís encarregados de controlar os abusos nesta parte do domínio, e graças a eles a cabeleireira Raimunda viu a reparação da injustiça[68].

Pequenos acontecimentos como este contam-se às centenas nos rolos de inquéritos ordenados por São Luís e justificam, diga-se de passagem, a imagem popular do rei justiceiro, a do carvalho de Vincennes, a recordação dum rei atento à gente pobre. De fato, estes documentos constituem uma mina de ensinamentos que têm a vantagem de nos mostrar "na situação" uma mulher exercendo o seu ofício na cidade.

Reconheçamos já que o engano do juiz no caso de Raimunda não é sem fundamento: as cabeleireiras, como as *étuvieres* (as mulheres dos banhos públicos), tinham então a reputação de se dedicar, sob essa capa, a atividades menos confessáveis, que a moral pública reprovava e as autoridades locais penalizavam um pouco por todo lado. Em Marselha, as prostitutas só podem frequentar as saunas e banhos públicos às segundas-feiras e devem ser expulsas das suas residências se as pessoas de boa reputação que habitam a mesma casa ou quarteirão apresentarem queixa contra elas; em Bordeaux, quem receber uma prostituta em casa será multado: dez soldos por noite.

Sem nos estendermos demasiado sobre a "mais velha profissão do mundo", que não o é, verificamos que, pelo contrário, muitas mulheres exercem a profissão de cabeleireira na cidade; em 1297, certa Susana cabeleireira figura nos registos da talha entre as cerca de 150 profissões femininas neles mencionadas; além disso, as profissões que pagam imposto não são todas expressamente nomeadas.

Depois das cabeleireiras vêm as "barbeiras": duas são taxadas na ocasião do levantamento da talha de 1297 e uma em 1313, na cidade de Paris. Naquela época, a profissão de barbeiro é mais importante do que na nossa. É o barbeiro — ou a barbeira — que faz a sangria, remédio corrente, praticado nas mudanças de estação e em toda espécie de doenças; o barbeiro é também o "cirurgião", o que trata das fraturas, cose as cicatrizes, faz o penso aos feridos. Esta atividade, apesar de tudo, parece-nos pouco "feminina" para a época; está, no entanto, bem atestada, e até tarde, pois em 1374, na paróquia de São Marçal, é posto um processo a uma barbeira em Paris que quiseram excluir da qualidade de mestre da profissão: sabe-se com efeito que, desde o século XIII, muitas profissões em Paris se constituíram em jurandas[69]. A barbeira defende-se precisando que aprendera a profissão com o pai e que não tem outros rendimentos para viver; curiosamente, reencontraremos a profissão de barbeira citada entre as carreiras que se abrem às mulheres — padeira, moleira, capelista, estalajadeira etc. — num poema do italiano Francesco de Barberino, em meados do século XIV. O médico na época é o "boticário" — e não é curioso observar que, no século XIII, o termo existe no feminino e, no século XX, não? As boticárias estão, pois, consignadas nos registros da talha: cinco em 1297, uma em 1313; e então há também um processo vem confirmar as suas atividades — aquele que a Faculdade de Medicina de Paris, em 1322, intenta a uma delas: Jacoba Félicie. Jacoba, que teria então cerca de trinta anos, é acusada de infringir o estatuto que reserva o exercício da medicina aos diplomados pela universidade, ainda que numerosas testemunhas deponham em seu favor.

Nós abordamos aqui um fato sobre o qual voltaremos a falar: o caráter antifeminista da universidade, que desde a nascença é um mundo unicamente masculino. Este é um traço que influenciará toda a nossa história durante séculos. Mas, voltando a Jacoba Félicie, as suas concorrentes eram ainda numerosas no século XIII. Sabemos ainda que

São Luís e Margarida de Provença levaram no séquito, para a cruzada, uma médica chamada Hersent.

O inventário das profissões acessíveis às mulheres, pelo menos durante o período feudal propriamente dito, até o século XIV, e talvez ainda mais tarde, seria mais aberto, portanto, do que teríamos tendência a pensar — certamente mais do que no século XIX, em todo caso. Reconheçamos, no entanto, que encontramos mulheres sobretudo nas profissões que classificamos como "femininas" — mas há restrições.

Assim, nos ofícios ligados ao vestuário, a tecelagem (inteiramente), a costura (parcialmente) e o bordado são profissões de homens. O *Livre des métiers*[70], numa centena de profissões, enumera seis unicamente femininas: fiandeiras de seda (de fusos grandes e pequenos), trabalhadoras de tecidos de seda, tecedeiras de chapéus de seda; e as que fabricam "chapéus de sebasto" ou "bolsas sarracenas" — trata-se apenas de profissões de luxo, necessitando da habilidade de "dedos de fada". Compreendamos que as que trabalham a seda[71] são artesãs de alto luxo, produzindo sobre pequenos teares portáteis, como o que representa a tapeçaria da *Dame à licorne*; elas são taxadas pelo caráter precioso da sua atividade, tal como os "pavoniadores", que manipulam as penas de pavão dos chapéus de seda, ou as "fiandeiras de ouro". Lembremos somente, a esse propósito, que no *Livre des métiers* são designadas as "mulheres-boas", equivalentes dos "homens-bons" destacados em cada ofício para o controle dos hábitos de trabalho e da qualidade da mercadoria, e detendo para isso poderes judiciais.

A indústria têxtil, a dos panos de lã, representa a grande indústria do Ocidente nos tempos feudais; os tecidos são o principal objeto de troca com o Oriente, sobre o qual se funda o comércio marítimo e o das feiras da Champagne e da Ilha de França. Ora, os ofícios de tecelagem empregam homens e mulheres em número mais ou menos igual, mas não para as mesmas operações; as mais fatigantes, como tecer, bater, pisoar, são executadas por homens; no entanto, em Florença, houve uma certa Donata que, em 1288, vive dos panos que tece. De todo modo, as mulheres ocupam-se sobretudo de tosar, pentear, cardar, *esbourer* (retirar as irregularidades do pano) e fiar — trabalho de que pouco a pouco terão a exclusividade. A fiandeira é uma personagem feminina por excelência: "Quando Adão cavava e Eva fiava [...]"; roca e fuso são objetos leves, portáteis, de pouco estorvo, que se usam ou largam segundo as necessidades do momento: em casa, dando uma olhadela ao lume ou à marmita, vigiando as crianças ou os animais, e sobretudo ao serão. A roda de fiar, invenção do princípio do século XIII, dificilmente será aceita: faltava finura ao fio obtido, dizia-se; em Abeville, em 1288, e em Provins, um pouco mais tarde, ela é proibida, enquanto em Spire apenas é autorizada para os fios de trama. A roda de pedal não aparece senão no século XIV.

Deste modo, as admiráveis tapeçarias restituídas pelas miniaturas ou quadros de um Van Eyck foram sobretudo fruto do trabalho masculino, de tecer ou pintar. Por outro lado, as roupas estão inteiramente nas mãos das mulheres e são somente as mulheres virtuosas que vigiam a qualidade das *chainses* (ou camisas) e das *guimples* (ou toucas) de cânhamo ou de linho. Em Paris, a Rue de la Lingerie guarda o testemunho disso; e o estatuto das roupeiras editado em 1485 precisa as suas obrigações, que se estendem não apenas à competência, mas também à conduta moral: as que provoquem escândalo serão riscadas das confrarias. Reparemos que, habilmente, esta sanção as impede de ter loja aberta, mas não de exercer a profissão.

Muitas outras atividades na indústria do vestuário são apanágio de mulheres, cujos salários são suficientemente importantes para que figurem nos registos da talha: bordadeiras, peleiras tratando de forros (duas profissões sobretudo masculinas), luveiras[72], chapeleiras, botoeiras (sabemos que o botão, que constituiu uma pequena revolução no domínio do vestuário, é uma invenção do início do século XIII).

A arte da tapeçaria era interdita às mulheres, ao menos nos cadilhos altos, que obrigavam a ter os braços estendidos sem cessar. Nos estatutos, esta proibição é várias vezes repetida, insistindo-se no perigo a que esta posição expõe as mulheres "grávidas"; isso levaria a pensar que por vezes é infringida. Os textos dão disso testemunho: em 1313, uma Isabeau Caurrée, em Arras, dá quitação por "cinco panos de alto cadilho". No livro da talha, uma "Emengiart la Herniere, tapeceira", paga de imposto a alta soma de sessenta soldos; uma outra é nomeada "Ade, a tapeceira", mas o montante da taxa não é indicado; de resto, talvez uma e outra praticassem a tapeçaria de cadilho baixo.

Onde nos surpreendemos de encontrar mulheres é nas profissões do metal. No entanto, é preciso rendermo-nos à evidência; mesmo sem evocar "a bela fabricante de capacetes e armaduras" cujos pesares François Villon imortalizou (aproveitamos para observar que se dirige sucessivamente a Jeanneton, a fazedora de capas; a Catarina, a bolseira; a Branca, a sapateira remendona; e a Guillemette, a tapeceira, sem, por outro lado, designar a luveira e a salsicheira), verifiquemos que a talha é levantada sobre as agulheteiras, cutileiras, caldeireiras, uma marechala que ferra os cavalos, uma tesoureira que fabricava as tesouras, uma serralheira, uma *haubergiere* que fazia armaduras, uma oleira de estanho e, o que exige dedos delicados, uma *boucliere* que confecciona brincos, uma joalheira e várias ourives e "talhadoras de ouro".

Evidentemente, pode tratar-se de viúvas que substituem o esposo falecido; mas, de qualquer maneira, são "mulheres sós", chefes de família ou não, exercendo uma atividade pessoal, como o atesta o montante dos tributos. E não esqueçamos uma mulher chamada Inês, livreira em Paris, ou uma outra, Margarida, encadernadora ao serviço de João, príncipe de Orléans.

Nas profissões alimentares as mulheres são ainda as mais numerosas: açougueiras e salsicheiras ou padeiras, forneiras e queijeiras, leiteiras e negociantes de galinhas e, com certeza, as peixeiras e vendedoras de arenques, com a sua proverbial eloquência.

Parece, aliás, que em muitas cidades, como Périgueux, a padaria foi um ofício exclusivamente feminino. Em Troyes, as *talemelieres*, ou padeiras, estavam incluídas na categoria das mulheres mais tributadas: 25 soldos em 1406. Da mesma forma, verificou-se que, na Inglaterra, a braçagem da cerveja estava quase inteiramente nas mãos de mulheres. Em Lille, o ofício de pregoeiro agrupa muito mais mulheres do que homens.

Outros ofícios mais inesperados, como as mensageiras, assinalam-se em Troyes, onde se enumeram também muitas mulheres com loja aberta: as *oublieres* (vendedoras de *oublies*, uma espécie de filhó, e pequenos bolos), as fruteiras, cirieiras, sem falar das lavadeiras e criadas de quarto. Ainda as *poraieres*, de poucos ganhos, regateiras que vendem legumes; ou, por sua vez, as tendeiras, vendedoras de especiarias que têm sempre bons lucros. Entre os dois grupos, veem-se as taberneiras e hoteleiras, bem como as *bouffetieres*, que servem o vinho ao balcão.

As mulheres, portanto, estão presentes tanto no grande como no pequeno comércio. Também aqui poderíamos citar exemplos dum ponto a outro da escala social. Em Marselha, Maria Valence associa-se, num notário, com Bernardo Ambulet para montar um açougue nas ilhas de Marselha, onde os navegadores poderão encontrar carne, peixe e outros gêneros alimentícios. E isto com as despesas em comum e os benefícios igualmente divididos ao meio. O contrato data de 6 de julho de 1248, o que nos leva de novo para plena época de cruzada de São Luís. A maior parte dos grandes navios partiam, não do porto propriamente dito, mas das ilhas: If, Pomêgue, Ratounnot; donde o afluxo de peregrinos e marinheiros, que, enquanto os barcos não desfraldavam as velas, eram tentados a completar o seu aprovisionamento no açougue de Maria Valence e Bernardo Ambulet. Alguns anos mais tarde, sempre em Marselha, Beatriz Raoline quita, junto ao mercador de panos Guilherme Lafont, cem das 150 libras que ela lhe emprestara quando de um contrato de associação. Beatriz é filha de um mercador de panos já morto, a quem ela visivelmente sucedera. Mais modestamente, Maria Nasdevaci, de alcunha italiana, mas que se especifica ser "cidadã de Marselha", confia a soma de cem soldos a Marin Bearnier a fim de os fazer valer "com 1/4 dos ganhos": isto é, ele deverá restituir-lhe a soma inicial mais 1/4 dos lucros obtidos. Temos ainda Cecília Roux, que entrega a João Amat uma pacotilha de gêneros no valor de 25 soldos para os fazer frutificar em São João de Acre, onde os comerciantes de Marselha mantêm um entreposto, desta vez com metade dos ganhos.

Trata-se, igualmente, de "mulheres sós". Pessoalmente, nos atos notariais dos séculos XIII e XIV que consultei, nunca encontrei menções de autorizações maritais. Em contrapartida, vemos frequentemente as mulheres atuarem ao lado dos esposos. É assim esta Alambert, mulher de Jacques Vital, mercador de Narbona, que entre 1383 e 1387 recebe os *aveux*, isto é, as rendas das terras que o seu marido detém. E poderíamos citar muitos atos do mesmo gênero.

Terminaremos evocando aquela miniatura que ilustra uma página do *Decamerão* e na qual vemos duas cenas sucessivas: primeiro, o banqueiro que acolhe dois fidalgos, reconhecíveis pela armadura visível sob as vestes, e lhes empresta uma quantia de dinheiro que escreve no livro de contas; enquanto, na segunda imagem, os mesmos nobres vêm restituir a soma em bons escudos sonantes, mas desta vez à banqueira. Os registros da talha de 1292 e de 1313 em Paris assinalam, a propósito, uma mulher tributada como usurária.

Algumas mulheres aparecem-nos em posição inesperada: Bonne de Nieulles, que os textos designam como cruzada e que se reclama dessa qualidade para protestar contra o preboste de Poitiers em 1247, que a acusa de ter relações ilícitas com clérigos. Ou ainda a desportista Margot, jogadora de pela da região de Hainaut, que vai para Paris por volta de 1425: "[...] poucos eram os homens de quem ela não ganhava", assinala o *Bourgeois de Paris*.

E como esquecer o papel ativo das mulheres na resistência da Normandia durante a Guerra dos Cem Anos, sobretudo depois de Azincourt e da invasão do país? De fato, as mulheres foram frequentemente utilizadas como espiãs ou agentes secretas. O *Journal du Siege d'Orléans* menciona por diversas vezes mulheres enviadas pelo bastardo de Orléans, João, futuro conde de Nois, que tinha o encargo de defender a cidade, ou por diversas outras autoridades, para se informarem sobre a posição do inimigo. Na Normandia, em Valognes, vemos paga uma quantia de sessenta soldos a uma espiã chamada Jaquette Paucigot; ou ainda duas outras mulheres que, em 1435, foram "espiar e inquirir do governo dos adversários do rei que tinham cercado Avranches"; e devemos lembrar-nos daquela Joana, a Corajosa, que, desmascarada como espiã, "foi enterrada viva, pela alta justiça do rei de Inglaterra, na região de Falaise", em 26 de abril de 1435.

Que concluir senão que todos os estudos feitos em Lille, Périgueux, Toulouse, Troyes etc., assim como em Paris, atestam que as mulheres, tal como no campo, assumem a parte mais ativa na vida econômica das cidades, que as encontramos em cada canto de rua, não apenas na loja ou na oficina — e seria inexato dizer do "seu marido", porque um e outro estão aí estreitamente associados, ainda que a responsabilidade principal recaia apenas naquele —, mas ainda enquanto "mulher só", viúva ou celibatária, exercendo o ofício da sua escolha para viver. Em Frankfurt, onde puderam estabelecer-se as listas de ofícios entre 1320 e 1500 e calcular-se a repartição da mão de obra entre homens e mulheres, verifica-se que 65 ofícios empregam apenas mulheres, contra 81 em que os homens são mais numerosos e 38 em que uns e outros são em número igual.

No entanto, ao percorrer os textos, é impressionante observar a desigualdade que se afirma entre rurais e citadinos. Não se trata então do domínio econômico, do poder ou, mais exatamente, da administração. No próximo capítulo teremos a oportunidade de ver agir as mulheres como suseranas ou rainhas, exercendo amplos poderes políticos. Mas, examinando o estatuto da mulher na vida cotidiana, a observação que se impõe está ligada àquilo que pode distinguir o seu modo de existência, conforme se encontre no campo ou na cidade.

No primeiro caso, com efeito, tem a oportunidade de exercer um poder idêntico ao do senhor; e ninguém no mundo rural contesta a autoridade das suseranas, quer se exerça sobre vastos domínios, quer sobre territórios por vezes muito exíguos, na ausência do senhor ou enquanto castelã de parte inteira. Quando os estudos do nosso tempo foram levados a cabo, como o do erudito Teodoro Evergates sobre a Champagne no bailiado de Troyes[73], os fatos são concludentes: entre 1152 e 1284, em 279 detentores de fundos há 104 senhores, 48 damas, dez *demoiselles*, sendo os restantes quer escudeiros, quer diversos representantes de linhagens mais importantes que os outros; e o historiador verifica que, "entre as famílias baroniais, as mulheres gozam dos mesmos direitos à propriedade que os homens, e a propriedade passa aos machos e às fêmeas segundo circunstâncias familiares".

Em todas as regiões da França, é às centenas, aos milhares, que encontramos esta espécie de paridade entre homens e mulheres na administração dos domínios: por exemplo, a propósito de mulheres que prestam ou recebem homenagem — sendo aceite que a cerimônia da homenagem é aquela em que se jura fidelidade ao senhor. Assim, Isabel de Harcourt recebe no Rossilhão a homenagem dos seus vassalos. De resto, no início do século XIII, Raimundo, senhor de Mondregon, escolheu para selo a representação duma cerimônia de homenagem que mostra um cavaleiro ajoelhado diante de uma dama. Mais modestamente, uma certa India, filha de Guilherme Gombaud, presta homenagem ao arcebispo de Bordeaux; este dispensa-a de destapar a cabeça, como é de uso para os homens. Observemos, de passagem, que, se o termo "senhor" vem de *senior* (o mais idoso, o ancião), o seu equivalente feminino, "dama", vem de *domina*, a "dona", a que "domina"!

Ora, na cidade não encontramos qualquer traço de mulher almotacé, cônsul ou reitor. Estas palavras, de resto, não têm o equivalente feminino; as funções municipais parecem ter sempre estado nas mãos dos homens, mesmo nas regiões onde é certo que as mulheres votaram nas assembleias. Estes votos de mulheres parecem ter sido praticados um pouco em toda parte, em regiões tão diferentes como as citadas do Béarn, Pont-à-Mousson ou Garchy, na Champagne. Está também confirmado o voto das mulheres quando dos Estados Gerais de 1308, na Touraine; e já citamos anteriormente o caso do arrendamento consentido pelo abade de Saint-Savin aos habitantes de Cauterets em 1316, a propósito do qual os "vizinhos e vizinhas" da comuna foram chamados a dar o seu sufrágio: ora, todos aprovam o ato proposto, "exceto Galhardine de Fréchou"; esta Galhardine merecia bem o nome, pois é a única a manter um "não" enérgico, ao contrário dos sessenta ou setenta representantes dos "fogos" da localidade[74].

De todo modo, já vimos que, ao lado dos homens-bons, existiam nos ofícios mulheres-boas, dotadas, como aqueles, de poderes judiciais; a questão é, pois, menos de ordem econômica do que social. São os nobres que detêm a autoridade nos campos; reciprocamente, os suseranos e suseranas são rurais, terratenentes. Por que, então, os habitantes do burgo, que obtiveram privilégios para as feiras e os mercados, que reivindicaram o direito de se defender e de se administrar a si próprios, não admitiram as mulheres nas estruturas que formaram? Tinham à vista o exemplo da castelã: por que não fizeram uma mulher presidente de câmara ou almotacé?

As explicações que podemos dar não são inteiramente satisfatórias.

A vida no campo mistura mais as ocupações do homem e da mulher; permanecem próximos um do outro em todas as atividades. Mas, na prática, acontece o mesmo na cidade e nas casas dos artesãos: a oficina, a loja, normalmente fazem parte da habitação. Poucas profissões exigem então essas idas e vindas entre lugar de trabalho e casa que assumiram um lugar tão pesado, tão abusivo, na vida do operário ou do empregado no século XIX. Não é pois, pelo menos no caso dos artesãos, o modo de vida que pode diferenciar a situação do homem e da mulher.

Talvez a própria composição familiar tenha desempenhado papel contrário ao que poderíamos supor, sendo a família "ampliada" mais favorável à mulher do que a família restrita ao núcleo pai-mãe-filho. Todas as observações que pudemos fazer conduzem a idênticas conclusões: a família extensa encontra-se mais frequentemente no campo do que na cidade. Curiosamente, a vida no campo, onde, no entanto, as pessoas se dispersam em vastos espaços, leva-as a agrupar-se, a agregar-se; enquanto na cidade, onde muitas pessoas estão reunidas, encontram-se com mais facilidade isoladas, vivendo sozinhas ou a dois. Os trabalhos efetuados por David Herlihy e sua equipe são convincentes deste ponto de vista: em Florença, no início do século XV, um lar conta em média com 3,80 pessoas, contra 4,74 no meio rural; estas médias um pouco abstratas estabelecem, no entanto, que as pessoas isoladas ou os lares de duas pessoas são mais numerosos na cidade. O autor conclui: "A porcentagem das habitações rurais múltiplas iguala a das casas truncadas e das isoladas nas cidades"; pelo menos uma casa em seis, no campo florentino, compreende "um parente próximo que não é o descendente imediato do chefe de família". Daqui resulta que, na prática corrente, mesmo que a mãe esteja ocupada como o pai nos trabalhos do campo, há sempre alguém no grupo familiar ocupado a cuidar das crianças menores, que cedo se iniciam por si próprias nos pequenos trabalhos da existência cotidiana. É curioso, diga-se de passagem, verificar que poucos problemas de educação se põem nestas famílias alargadas, onde a criança usufrui dum meio vital propício ao seu desenvolvimento; eles põem-se num tecido humano muito diferente — os psicólogos reconhecem-no hoje — da vida em coletividade, seja na creche ou escola.

Aqueles que vemos assumir a administração e o poder na cidade — e não tardarão a monopolizá-lo — são sobretudo os comerciantes — entendamos: os que compram para tornar a vender. Profissionalmente são levados a deslocar-se, pois os produtos que oferecem grandes lucros são os que se encontram no ultramar:

Ils vont par terre et par mer
Et en maints étranges pays
Pour quérir laine et vair et gris;
Les autres revont outre mer
Pour avoir-de-poids acheter
Poivre, cannelle ou garingal.
Dieu gard(e) tous les marchands de mal...

Ou ainda:

Marchands s'en vont par le mond
Diverses choses acheter;
Quand reviennent de marchander
Ils font maçonner leur maison,
Mandent plâtriers et maçons
Et couvreurs et charpentiers;
Quand ont fait maison et cellier,
Fêtes font à leur voisinage.
Puis s'en vont en pelerinage
A Saint-Jacques ou à Saint-Gilles,
Et quand reviennent en leur ville
Leurs femmes font grand joie d'els
Et mandent les ménest(e)rels,
L'un tamboure et l'autre vielle,
L'autre redit chansons nouvelles.
Et puis, quand la fête est finie,
Ils s'en revont en marchandie.

Muito diferentes das ausências do senhor devidas à defesa do seu feudo e mesmo pelas expedições à Terra Santa, nas quais, de resto, é geralmente acompanhado pela mulher, são os vaivéns que fazem do comerciante um residente periódico e proporcionam rapidamente uma opulência que o permite tornar-se proprietário de uma parte do solo da cidade; desde finais do século XIII, o burguês é qualificado geralmente como rico, e os dois termos vêm juntos. Na cidade onde passa o inverno, é um homem que conta — em todos os sentidos do termo, pois não tarda a ter na mão as finanças da cidade, ao mesmo tempo que a administração e a justiça. Em casos extremos, como o de João Bionebroke, em Douai, inicia-se o anteprojeto do capitalista sob a forma mais temível.

É nesta alta burguesia das cidades que se desenha mais nitidamente o distanciamento de estatuto entre homem e mulher; mais uma vez, logo essa diferença será reforçada pela redescoberta do direito romano, nitidamente mais favorável aos comerciantes do que os costumes feudais nascidos dos meios rurais, e não urbanos.

É importante sublinhar, mesmo rapidamente, esta influência dos dois enquadramentos cidade-campo sobre a diferença que se irá agravando entre a autoridade reservada ao homem e à mulher.

7

As mulheres e o poder político

Aqui e ali foram evocadas, no decurso desta obra, rainhas e suseranas. Mas convém insistir um pouco mais sobre o poder que efetivamente exerceram.

Primeiro, porque esse poder lhes vai escapar em seguida, sobretudo na França. O século XVIII europeu conta uma Catarina da Rússia, uma Maria Teresa da Áustria; mas que dizer do poder da rainha na França, na corte de Luís XV ou na de Luís XIV? Na alcova ou nos bastidores, sem dúvida. É verdade que a última rainha que exerceu um papel político, Catarina de Médici, tipo perfeito da Renascença italiana, terá deixado uma recordação pouco encorajante! Mas quem teria admitido em 1715, esperando a maioridade do delfim, *uma* regente no lugar de *um* regente? No entanto, no século XIII, o reinado de uma mulher tinha parecido muito natural em circunstância semelhante. E não acabaríamos de enumerar, na época feudal e ainda na medieval, mulheres que dirigiram e administraram domínios por vezes muito extensos. John Gilissen fez notar: "Quase todos os principados laicos belgas foram governados por mulheres num ou noutro momento da sua história: citemos as condessas Joana (1205-44) e Margarida de Constantinopla (1244-80) em Flandres e em Hainaut; a duquesa Joana, em Brabante (1355-1406); Margarida da Baviera, em Hainaut (1345-56); Maria da Borgonha para o conjunto dos principados (1477-82)"[75]. E poderíamos dizer o mesmo de muitos feudos franceses!

É necessário parar aí um pouco: estas mulheres que dispõem do poder político talvez tenham alguma coisa a nos ensinar.

O exercício do poder supremo não as impede, no entanto, de serem plenamente mulheres.

Não têm de maneira nenhuma o desejo de imitar ou copiar um modelo masculino. Em seu comportamento, mesmo quando agem no terreno político ou militar, permanecem essencialmente mulheres. Não renunciam a ser admiradas e amadas; mais ainda: conferem, no próprio decorrer da ação, certa atenção às pessoas, e até mesmo soluções propriamente femininas que teriam escapado ao senhor ou ao capitão. Lembremos dois exemplos marcantes: o de Branca de Castela chegando ao cerco do Castelo de Bellême, em 1229, e verificando que o exército está literalmente paralisado de frio; ela depressa manda cortar madeira nas florestas dos arredores e aquece assim os seus homens, que ao mesmo tempo reencontram o ardor para terminar um cerco que se arrastava já há várias semanas. Da mesma forma, encontramos em Joana d'Arc o ardor no combate e a ternura de mulher quando se debruça sobre um inglês ferido, além de um bom senso quase maternal perante um exército que combate desde a madrugada: "Repousem, comam e bebam"; depois disso, nesse 7 de maio de 1429, os seus companheiros conquistam a cidadela de Tourelle, objeto dos seus assaltos.

Mais sutilmente, é toda uma atmosfera correspondente à vida cortês que rodeia estas condessas, estas rainhas cuja ação política foi tão prudente, por vezes tão tenaz. Elas não abdicam de nada do que faz a originalidade da mulher. Leonor da Aquitânia bastaria para prová-lo, mas, como os exemplos abundam neste domínio, alguns outros podem ser evocados.

Uma suserana: Adélia

Miro ir exemplaire, rose de la patrie ...
D'éclatante renommée, de brillante lignée...

Esta é uma das homenagens prestadas à condessa Adélia de Blois, filha de Guilherme, o Conquistador, uma mulher que, apesar da sua luminosa personalidade, não foi objeto de nenhuma monografia. No entanto, de todos os filhos de Guilherme, o Conquistador, e Matilde de Flandres, Adélia é talvez a que mais se parece com o pai, que, de resto, não foi muito feliz com a descendência: Roberto Courteheuse, descuidado e ligeiro, levava uma vida dissoluta; Ricardo morreu muito novo, no decurso de uma partida de caça; Guilherme, o Ruivo, era tão privado de escrúpulos como de grandeza de alma; apenas o seu filho mais novo, Henrique I Beauclerc, que os barões instalaram no trono em lugar dos irmãos mais velhos, e a sua filha Adélia lhe terão trazido alguma esperança para o futuro.

Em 1081 — exatamente a época em que se bordava a famosa Tapeçaria de Bayeux, contando os feitos heroicos do pai —, Adélia desposou Estêvão, conde de Blois-Chartres, que tomou parte ativa na primeira cruzada e foi durante algum tempo escolhido pelos outros barões como chefe da expedição. Uma das suas cartas, endereçada precisamente à mulher, Adélia, foi-nos conservada: "Podeis estar segura, minha querida, de que o mensageiro que envio para vos dar conforto me deixou em Antioquia são e salvo e, pela graça de Deus, na maior prosperidade. Neste momento, com o exército escolhido por Cristo e por Ele dotado de grande valor, avançamos continuamente para a casa de Nosso Senhor Jesus Cristo há já vinte e três semanas. Podeis ter a certeza, minha bem-amada, de que presentemente tenho prata, ouro e todas as outras espécies de riqueza, duas vezes mais do que o vosso amor me remetera quando vos deixei, pois todos os príncipes, por comum consentimento de todo o exército, contra os meus próprios desejos, me fizeram até o presente o chefe, a cabeça e o guia da expedição"[76].

Esta carta está datada de 29 de março de 1098. Termina com alguns conselhos de sabedoria: "Escrevo-vos pouca coisa, minha querida, de todas as que fizemos; e, porque não sou capaz de vos dizer tudo o que tenho no pensamento, recomendo-vos que procedais bem, que vigieis as minhas terras com cuidado, que façais o vosso dever como é devido para com as crianças e vassalos. Tornareis a ver-me logo que possa voltar para vós. Adeus".

Mas ele mesmo iria mostrar-se estranhamente desprovido desta firmeza que recomendava à mulher. Os cruzados tinham chegado em 21 de outubro precedente (1097) perante a cidade de Antioquia; o cerco desta cidade, que se dizia inexpugnável, iria custar os maiores esforços; pouco faltou para que a cruzada não acabasse; as muralhas de Antioquia alinhavam-se por doze quilômetros de comprimento, guarnecidas por 360 torres. Muitos perderam a vida frente a essas muralhas; o conde Estêvão, esse perdeu a coragem. "Estêvão, conde de Chartres, o insensato, que os nossos grandes tinham eleito como chefe supremo, antes que Antioquia fosse tomada fingiu que tinha adoecido e retirou-se vergonhosamente para outra cidade fortificada, chamada Alexandreta", conta o historiador anônimo da primeira cruzada, "e nós todos os dias esperávamos que viesse trazer socorros, encerrados como estávamos na cidade, sem nenhuma ajuda salutar". Com efeito, dois dias após a partida de Estêvão, em 2 de junho, as muralhas tinham sido escaladas graças à astúcia do chefe normando Boemundo e a cidade, tomada de assalto; mas, quase no mesmo instante, os cruzados passaram de sitiantes a sitiados: o enorme exército turco comandado pelo sultão Querboga fazia a sua aparição. "Ao perceber que o exército dos turcos nos circundava e cercava", prossegue o cronista anônimo, "Estêvão trepou secretamente a uma montanha vizinha nas proximidades de Antioquia e avistou as inumeráveis tendas [do exército turco que acampava em redor da cidade]. Tomado de grande terror, retirou-se e fugiu à pressa com a sua tropa. Regressado ao seu campo, desocupou-o e bateu rapidamente em retirada".

Ora, a despeito da horrível fome que assolava Antioquia e da desproporção das forças entre sitiados e sitiantes, os cruzados, reconfortados pela descoberta da Santa Lança numa igreja — pelo menos esta é a descrição que fazem as testemunhas do acontecimento —, tentaram uma investida que foi uma vitória total.

Durante este tempo, o conde Estêvão chegou à França com os seus homens. Pior: persuadido do resultado infeliz do cerco de Antioquia, de passagem aconselhou o imperador Aleixo Comneno a abandonar à sua sorte os antigos companheiros, segundo ele votados a um desastre certo. Imaginamos que a sua conduta foi severamente julgada pelos que o rodeavam, e no primeiro plano dos que lhe faziam censuras encontramos a própria Adélia. "Estêvão era alvo das reprovações de muita gente e foi constrangido, tanto pelo receio como pela confusão, a voltar a juntar-se ao exército de Cristo. A isto o incitava frequentemente a mulher, Adélia, que, expandindo-se em efusivas carícias na vida conjugal, lhe dizia: 'A Deus não agrada, ó meu senhor, que devas sofrer o opróbio de tanta gente. Lembra-te do ardor que te tornou famoso na juventude; toma as armas da louvável cavalaria para a salvação de vários milhares de homens, para que resplandeça em todo o globo a exultação dos que reverenciam Cristo, para terror dos infiéis e para rejeição total da sua lei facínora'. Isto e muitas outras coisas semelhantes repetia ao esposo essa mulher sábia e cheia de ardor; mas ele, conhecendo os perigos e as dificuldades, recusava expor-se de novo a tão duros sofrimentos. Enfim, encontrou força e coragem e pôs-se a caminho com vários milhares de francos e, a despeito dos piores obstáculos, chegou ao sepulcro de Cristo" (Orderico Vital).

Era a cruzada dos retardatários, no que diz respeito aos valorosos que tinham reconquistado a Palestina e atingido o seu fim: libertar o túmulo de Cristo. De resto, são numerosos os que se põem a caminho em 1101: com Estêvão, experimentado com a primeira e dolorosa experiência, encontravam-se em especial Guilherme IX de Poitou, o Trovador; Hugo de Vermandois, irmão do rei; e Estêvão, conde da Borgonha; com eles, algumas mulheres: a mulher do margrave, Ida da Áustria, beleza famosa que acompanhava o exército do duque de Welf da Baviera; no decurso dos combates, na altura da famosa batalha de Heracleia, onde esta segunda cruzada foi quase aniquilada, desapareceu. O acontecimento deu lugar a suposições romanescas: contava-se que fora feita prisioneira e que num harém distante tinha dado vida ao futuro herói muçulmano Zengui.

Nesta mesma batalha, Estêvão de Blois encontrou uma morte de herói que o resgatou aos olhos dos contemporâneos e, sobretudo, aos olhos da mulher. Compararam-na a Enida, a heroína do romance de Chrétien de Troyes; plenamente feliz junto do esposo, Erec, inquieta-se de ver que este, tão ocupado com o seu amor, perde o "valor" de cavaleiro; por muito que lhe custe, não descansa enquanto ele não retoma o curso dos seus feitos, que o casamento tinha interrompido. Efetivamente, Erec voltará a partir, mas com a mulher. Juntos correrão os perigos que a cavalaria implica, até o momento em que Erec, tendo definitivamente vencido os inimigos do rei, provoca a "Alegria da Corte", onde os dois retomam o seu lugar, tornados o Cavaleiro e a Dama. Evocou-se também, a propósito de Adélia, a figura de Guibourg, esposa do Guilherme de Orange das canções de gesta, que se recusou abrir as portas do castelo ao esposo vencido, ao "herói fatigado". Por mais diferentes que sejam as situações, não há dúvida de que esta visão da mulher corresponde a uma mentalidade, e mais: a uma realidade. Poder-se-ia, no elogio fúnebre, dizer da condessa de Blois que "venceu a mulher que existia em si própria", isto é, que "nada guardou", segundo o poeta, "da frivolidade feminina".

Após a morte do marido, Adélia continua a administrar o seu domínio de Blois-Chartres; consagra-se à educação dos filhos Guilherme, Estêvão, Henrique, Eudes e, por fim, Teobaldo, que vem a ser Teobaldo IV, conde de Blois e, depois, da Champagne, quando, em 1125, herda esta província por morte do tio Hugo. Guilherme, o filho mais velho de Adélia, gago e disforme, aparentemente pouco dotado para gerir um domínio, é afastado da sucessão pela própria mãe. Estêvão, conde de Mortain, é pretendente da coroa de Inglaterra, como já vimos; Henrique, entrando na Abadia de Cluny, tornou-se abade de Glastonbury e depois bispo de Winchester; quanto a Eudes, morreu jovem; é assim que o filho mais novo, Teobaldo, herda os domínios continentais administrados pela mãe. Adélia teve também duas filhas: Matilde, que desposou Ricardo, conde de Chester; e Lithuise, casada com Milon de Bray, senhor de Montlhéry.

Seria absolutamente inexato, no entanto, imaginar Adélia como uma matrona, fixada no "dever austero" de mãe e suserana. Perfeitamente capaz neste duplo papel, ela é também, como mostrou Bezzola, uma condessa amável e letrada, que criou em Blois toda uma atividade cultural totalmente descurada pelos primeiros condes de Blois-Chartres, que descendiam, dizia-se, dum palafreneiro.

Não contente de ter papel político, a filha do Conquistador impõe-se também pelo gosto, pela poesia e pelas letras. Encontra-se na sua corte o bispo Ivo de Chartres, muito famoso e seu conselheiro desde os primeiros tempos do seu casamento. Hildeberto de Lavardin, bispo de Maus, de quem já vimos que manteve correspondência com todas as damas do seu tempo, várias vezes felicita a sua prudência experimentada na governação do domínio. Sobretudo, recebe poema atrás de poema de Baldrico de Bourgueil, graças aos quais podemos imaginar a corte que Adélia possui: nenhum poeta, declara ele, a deixa de mãos vazias; é protetora de todos; melhor, é o árbitro mais competente para julgar as suas obras. Não compõe ela também?

Na primeira carta, o abade de Bourgueil, futuro arcebispo de Dol, rende-lhe homenagem, pedindo desculpa por sua simplicidade rústica: jamais ousaria render homenagem àquela que todo o universo celebra se ela não lhe tivesse pedido um poema. É ela que dignifica o seu canto, que sozinho ele não saberia dignificar. E prossegue:

> Muitos a quem a sua beleza, o seu procedimento, o seu coração reto levam a preferi-la a outras jovens gostariam de a seduzir. Mas de que lhes serviria seduzi-la? Ela guarda, inviolada, a sua fidelidade ao leito conjugal. Admiram o seu encanto singular, a sua beleza incomparável e também a graça da sua conversação. Mas quem poderia amolecer este sílice intocável? Contemplam-na sem esperança, mas encontram alegria na contemplação. Calculam prazeres sem nome, alimentando-se de esperanças vãs, e atormentam-se a olhá-la maravilhados. Não espanta, pois, que, a tal ponto a sua beleza resplandece, a prefiram a todas as jovens. E eu olhá-la-ia assim se não corasse, desastrado como sou, eu que coro apenas ao falar em olhá-la. Se não afastasse os meus olhos espantados, cedo a voz me faltaria [...][77].

Assim se dirige Baldrico à condessa Adélia no primeiro poema que lhe dedica ainda em vida do conde Estêvão. A seguir renovará muitas vezes as homenagens em latim, nas quais se mostra o antepassado dos trovadores; o amor que exprime é já o amor cortês, o sentimento que o transporta é já esta alegria que não sabemos se é dor ou felicidade.

Baldrico faz reviver perante nós o quadro onde evolui esta alta dama, que ele apenas afaga com o olhar. Descreve as salas do castelo de Blois e, entre todas, o quarto de Adélia. Trata-se de uma peça de magnificência, repleta de obras de arte que poderiam — faz notar Bezzola — parecer imaginárias se não tivéssemos conservado um testemunho concreto da exatidão destas descrições na sua entusiástica minúcia: a tapeçaria de Bayeux. Da mesma forma que esta, episódio após episódio, retrata a conquista da Inglaterra pelo pai de Adélia e seus companheiros, também as tapeçarias de Adélia descrevem a criação, o paraíso terrestre, o dilúvio e uma sequência de cenas bíblicas de Noé a Salomão. Duas paredes estão assim enfeitadas; na terceira, as tapeçarias lembram cenas mitológicas; quanto ao dossel, descreve a mesma famosa conquista em fios de seda, prata e ouro. No teto estão pintadas estrelas c os signos do zodíaco: no chão, embutidos de mármore, reproduzem-se flores, montanhas, animais familiares ou fabulosos. A cama assenta sobre pés de marfim; na cabeceira estão esculpidas figuras das artes liberais com inscrições fornecidas pela própria Adélia.

Assim, a decoração interior do Castelo de Blois resulta faustosa e mesmo erudita. Os gostos desta mulher letrada, a quem são familiares as categorias de Marciano Capela e os poemas de Ovídio, bem como a Bíblia, são simultaneamente de ordem intelectual e artística. Trata-se do gênero de decoração de que teria gostado Heloísa, sua contemporânea. E afirma-se também o seu interesse pela história, a que seu pai acrescentara um capítulo entre todos ilustre no Ocidente.

Baldrico de Bourgueil não é o único a apresentar uma imagem lisonjeira de Adélia, mulher tão cultivada quanto bela. O monge Hugo de Fleury-sur-Loire dedica-lhe a sua obra histórica, *História eclesiástica*, em 1109. E é para ele ocasião de um elogio vibrante não somente a Adélia, mas à inteligência feminina: "O sexo feminino está longe de não ter a inteligência das coisas profundas", escreve; "há geralmente nas mulheres uma grande engenhosidade de espírito e uma elegância de maneiras absolutamente notável". Celebra por duas vezes as qualidades intelectuais e pessoais da condessa. No prólogo: "Parece-me digno, Dama muito ilustre, dedicar-vos no presente esta obra, homenagem suplicante da vossa indulgência, pois devemos preferir-vos a muitas altas personalidades do nosso tempo, vós que sois de uma generosidade notável, de uma retidão admirável, e que sois também erudita e letrada, o que é a principal nobreza e delicadeza [...]". E no epílogo retoma este pensamento, precisando que seu pai, Guilherme, deixou terras em herança aos filhos e irmãos, mas transmitiu-lhe a ela uma parte ainda mais apreciável do que tinha a partilhar: "Assim vós possuís, muito mais do que vossos irmãos, a liberdade e elegância de costumes; a Gália é testemunho, pois goza hoje toda inteira da vossa liberalidade e não fica com isso ilustrada mediocremente".

Outro poeta, Godofredo de Reims, mestre de Baldrico de Bourgueil, exalta a condessa numa carta em verso dirigida ao seu amigo Engueran, que tinha composto um poema sobre os feitos de Guilherme, o Conquistador, dedicado à sua filha; ele excede este: por que, diz, atravessou Guilherme o mar e conquistou a Inglaterra? Para ser rei. Mas para quê quis ser rei? Porque o destino quis que Adélia nascesse filha de rei. E declara vão querer fazer o seu elogio: "A tentar dizer o que ela é, a língua e a mão renunciam; lembrar como a beleza e a honra brilham nela e como o sol resplandece em seu rosto é como descrever a rainha das Amazonas, a virgem Lacoena ou a beleza de Vênus tal como a viu Páris, o Frígio".

É, pois, todo um círculo de poetas, de sábios, de historiadores que gravita em redor de Adélia de Blois e que lhe dirige louvores, tanto — como vimos — dum modo ditirâmbico como mais familiarmente. Hildeberto de Lavardin, num dos seus poemas, lembra a Adélia que ela lhe prometera uma casula para dizer a Missa; ele ficaria bem contente de a receber. No mesmo tom confinado a brincadeira, Baldrico de Bourgueil reclama uma capa de asperges: será uma capa rutilante de ouro e pedras preciosas, "e, como estás acima de rainhas e condessas, esta obra ultrapassará a de todas as rainhas e condessas. [...] O meu papel é pedir, o teu é dar; responde-me de forma que cada um cumpra o seu e tem a atenção de pregar um galão no bordo da minha capa".

Todo o séquito da condessa é composto de damas nobres, frequentemente muito instruídas como ela e a sua irmã Cecília, que foi abadessa da Trindade de Caen, às quais os prelados, de resto irrepreensíveis, dirigem prosa e versos. Baldrico de Bourgueil especialmente, novo Fortunato, emite epigramas dirigidos a uma jovem Beatriz que, intimidada sem dúvida, fica muda e perturbada na sua presença; implora a Ema, uma abadessa, um julgamento sobre os seus versos, ou exorta sempre, em verso, certa Constança, poetisa também, uma nova Sibila, a perseverar na sua conversão; ou ordena à jovem Muriel, bela, rica e nobre, o envio de um poema em troca do seu.

E esta corte, ao mesmo tempo poética e piedosa, só terá uma voz para celebrar o que foi o último acontecimento na vida de Adélia: com efeito, em 1122, estando o seu filho Teobaldo capaz de tomar em mãos a administração do domínio de Blois-Chartres, Adélia entrará no convento — e não numa ordem qualquer: escolherá a ordem cisterciense na Abadia de Marcigny. Hildeberto de Lavardin e Baldrico de Bourgueil exprimir-lhe-ão a admiração por renunciar assim ao mundo depois de ter vivido no fausto e na vida opulenta da corte de Blois. E, após a sua morte, em 1137, o bispo de Mans dirigirá a Adélia uma última homenagem poética, um epitáfio em verso:

Fleurissant dans les délices, visagede fête...
La nature la forgea, l'esprit au-dedans,
Le corps au-dehors, de façon que l'esprit fut sans tache,
L'apparence sans défaut.

Uma rainha: Ana

Para encontrar o retrato da mais antiga rainha de França é necessário deslocarmo-nos à Ucrânia, à Catedral de Kiev. Um afresco muito belo representa quatro mulheres, as duas primeiras levando um círio, as duas últimas nitidamente mais jovens e menores, de mãos postas; estão agrupadas um pouco como no famoso mosaico de Ravena, onde se vê a procissão das santas. A segunda a partir da direita é a princesa Ana, destinada a ser rainha da França. Neste afresco está ainda a filha do grão-duque de Kiev, Vladimir Iaroslav; às quatro mulheres da família correspondem em nosso afresco quatro rapazes de uma família de dez. De fato, perdemo-nos em conjecturas sobre a identidade exata deste conjunto de personagens. Supõe-se em especial que as quatro mulheres sejam as três filhas de Vladimir com a mãe e que os homens sejam quatro dos filhos do mesmo Vladimir. As mulheres estão todas cobertas por um vestido terminado num largo pano bordado e por um manto. O da primeira-dama, guarnecido de bordado, está aberto à frente à maneira de uma peregrina. A segunda veste uma espécie de túnica de mangas sobre o vestido. O manto das duas últimas, cobrindo o ombro esquerdo, está preso sobre o ombro direito, provavelmente por um fecho pouco visível. Por fim, as quatro têm a cabeça coberta por uma touca que lhes dissimula completamente a cabeleira. Aquela em que acreditamos reconhecer Ana — uma das duas portadoras de círio, muito bela — parece ter mais do que uma touca: um véu cujo drapeado desce da cabeça para os ombros, sobre os quais assenta um manto ricamente bordado de rosáceas. O afresco data provavelmente de meados do século XI, cerca de 1040-50.

Foi por volta de 1050[78], época em que o afresco foi pintado, que uma embaixada se apresentou pedindo a mão da filha de Iaroslav para o neto de Hugo Capeto.

Os russos, ou antes os ucranianos, acabam então de entrar na história. Entre os seus antepassados está Rodrigo, cujo nome pertence mais à lenda, e sobretudo uma mulher, Olga, que faz autenticamente parte da história. Olga é esposa de Igor, filho de Rurik. Quando este é massacrado, em 945, no decurso duma expedição contra um povo rebelde, Olga toma o poder e assegura-o energicamente para o filho, que tem apenas nove anos. Olga, mulher corajosa, empreende imediatamente uma expedição contra os derevlianos, que esquartejaram o esposo. É também uma mulher sábia e conhecedora, a quem Novgorod e as regiões circundantes devem a sua primeira organização estável. Além disso, é cristã. Na época de seu nascimento, em 887, havia já vinte anos que os dois irmãos Cirilo e Metódio tinham trazido aos eslavos os primeiros ecos do Evangelho e, ao mesmo tempo, o começo de uma cultura escrita, pois foram eles que inventaram, compuseram e utilizaram o alfabeto cirílico, o *slavon*, que na Rússia ortodoxa é ainda a língua e o alfabeto da liturgia, depois de ter dado nascimento à língua e ao alfabeto de que se servem ainda os soviéticos.

É em 954, doze anos após a morte do esposo, no momento em que o filho atinge a idade de tomar o poder, que

Olga aprende o Evangelho e recebe o batismo em Constantinopla. Tenta espalhar a fé de Cristo e pede ao imperador Otão que envie missionários, os quais serão quase todos massacrados — salvo um, Adalberto, que, de todo modo, logo deverá voltar às regiões germânicas. Olga é a primeira cristã do seu país. Na Rússia, como mais ou menos por todo o Ocidente, é a uma mulher que se deve o primeiro anúncio da Boa-nova e também, simultaneamente, o acesso a uma cultura escrita, como também falada. Olga era uma mulher excepcional, a única que exerceu o poder em seu país até a chegada de Catarina da Rússia, no século XVIII. Quando morreu, em 969, com 82 anos, foi unanimemente proclamada santa. A festa de Santa Olga, em 11 de julho, está para sempre indicada no calendário da Igreja universal.

No entanto, só com o seu neto Vladimir, o Grande, Vladimir, o Santo, a fé cristã começa realmente a expandir-se entre os eslavos. Vladimir é um bastardo de Sviatoslav e de Maloucha, serva de Olga. Passa algum tempo no país dos seus ascendentes paternos — os países nórdicos donde veio Rodrigo —, depois volta para Kiev e lá não descansa enquanto não obtém a mão da princesa Ana, irmã do imperador de Bizâncio. Será batizado e favorecerá os missionários bizantinos que o imperador lhe envia. É ele que, sempre por arquitetos bizantinos, manda construir a primeira igreja de pedra na cidade de Kiev. O seu batismo e o seu casamento acontecem em 989. Na França, há dois anos que um barão da região entre o Sena e o Loire, Hugo Capeto, fez com que os seus pares lhe atribuam o poder e coroem rei.

O túmulo de Vladimir, o Santo, ergue-se sobre uma colina em Kiev, na margem do Dniepre. Seja qual for o caráter da sua santidade, é evidente que a personalidade de Vladimir se assemelha a uma espécie de Carlos Magno eslavo. O seu poder é respeitado de Novgorod até ao Mar Negro; é o "pai do povo russo", ao qual o seu reinado proporciona trinta anos de paz; não possui as ambições dum simples corsário dos mares ou chefe de bando; faz respeitar a justiça, e a sua conversão está marcada pela atenção que dá aos pobres, fracos, doentes; mais ainda, suprime a pena de morte, no que pode ser considerado um pioneiro mal seguido.

Vladimir, o Grande, terá tido 25 crianças: doze filhos e treze filhas. Entre eles os dois santos Bóris e Gleb, que as crônicas eslavas cantarão amplamente e que ainda hoje vemos representados em ícones por todos os lados. Massacrados por um dos irmãos, o terrível Sviatopolk, que tenta apropriar-se sozinho da herança paterna, são vingados por outro irmão, Iaroslav, que lhes manda dar sepultura cristã. Por fim, é Jaroslau, o Sábio, que recebe a herança de Vladimir, o Grande, e da rainha Olga. Foi batizado ao mesmo tempo que seu pai com o nome de *Iouri*, Jorge. Príncipe esclarecido e culto, reúne a primeira biblioteca de Kiev e lança a fundação da grande igreja de Santa Sofia de Kiev. Desposa uma sueca chamada Ingegerda, que será a mãe de Ana de Kiev, mais tarde Ana de França, sem dúvida a segunda das suas três filhas.

Elisabete, a irmã mais velha, casa-se com o espantoso aventureiro chamado Haroldo, o da bela cabeleira, um norueguês a quem Oslo deve a sua fundação, em 1058. Viúva, liga-se em segundas núpcias a Sueno da Dinamarca. Anastásia, a sua irmã mais nova, casa-se com o rei André I da Hungria, por volta de 1050. É possível que a mãe, Ingegerda, tenha acabado os seus dias num mosteiro, onde toma o nome de Ana, sem dúvida em recordação da filha, de quem estava separada há muitos anos.

Hoje, quando algumas horas de avião bastam para percorrer em linha reta os dois mil quilômetros que separam Paris de Kiev, temos dificuldade em imaginar o percurso da embaixada que em fins de 1049, princípios de 1050,

Henrique I, rei de França, envia à Ucrânia. Que negociações terão precedido as diligências oficiais? O que é que terá levado o rei de França a escolher uma esposa junto do "rei dos rutenes"? Ao longo dos tempos, a questão surge tão misteriosa que em 1808 o escritor Dreux du Radier, nas suas *Mémoires et anecdotes des reines et des régentes de France*, afirma que Ana talvez nunca tenha sido "de Russie", mas "de Roucy", sendo o conde Eble de Roucy um poderoso senhor cujas terras, situadas ao sul da cidade de Laon, eram contíguas ao domínio real. É inútil dizer que a hipótese não tem fundamento, pois todos os documentos do século XI e posteriores a contradizem; o fato é, no entanto, muito significativo duma época: o século XVIII e o início do XIX fervilham de suposições deste gênero, nascidas de imaginações férteis que corrigiram a história de forma a torná-la verossímil aos seus olhos. Não foi na mesma época que um cérebro engenhoso sugeriu que Joana d'Arc era uma bastarda de Orléans, conjectura que, sabe-se, é ainda hoje relembrada por escritores que, à falta de formação histórica, têm pelo menos sequência nas ideias?

Voltando às fontes, Suger, o abade de São Dinis, fala, a propósito do tesouro da abadia, dum jacinto, pedra preciosa que lhe tinha sido dada por "Ana, filha do rei dos rutenes", e que foi engastado num relicário contendo um pedaço da coroa de espinhos. Sem dúvida fazia parte dos presentes trazidos por Ana ao seu esposo, Henrique I, que um dia a veio acolher, após a longa viagem através da Europa central.

Henrique tivera uma infância difícil; nasceu da terceira esposa de Roberto, a bela e imperiosa Constança de Arles, filha do conde de Toulouse, Guilherme Taillefer, a qual não o amava, preferindo os seus irmãos mais novos. Sagrado em Reims, em 14 de maio de 1027, Henrique tomaria o poder quatro anos mais tarde, por morte de Roberto, o Piedoso, o que deu ocasião a Constança de lhe provocar toda espécie de dificuldades, sublevando contra ele os seus dois filhos mais jovens, Roberto e Eudes. Só conseguirá a paz após lutas pertinazes, concedendo a Roberto o ducado de Borgonha, encerrando Eudes em Orléans e aliando-se ao duque da Normandia, Roberto, o Diabo. Felizmente para ele, possui a tenacidade dos Capetos. Mas só quando morre a mãe, em julho de 1032, em Melun (vê-a pouco antes para lhe exprimir o seu perdão), pode tratar de se estabelecer, de fundar uma família, a despeito da experiência desastrosa que tinha vivido. Pede primeiro a mão de Matilde, filha do rei Conrado II da Germânia, mas esta morre antes das núpcias; vira-se então para outra Matilde, sobrinha de Henrique III, imperador da Alemanha, e casa-se por volta de 1043, mas ela morre também um ano depois: Henrique está viúvo e sem filhos; tem 36 anos e a preocupação de transmitir o reino a um herdeiro legítimo; no entanto, apenas alguns anos mais tarde se desenha a ambição estranha de ir procurar a esposa nas margens do Dniepre. Percebe-se que a experiência duma mãe tão parcial, vingativa e injusta, como tinha sido para ele Constança, afastava para sempre a ideia duma esposa meridional. Acontece que foi procurar muito longe, ao leste, a mulher que contava instalar no trono de França.

Pode-se pensar que uma circunstância o influenciara; alguns anos antes, um monge de Cluny fora dispensado dos votos: era um polaco que o povo tinha designado para reinar na Polônia. Tornou-se rei sob o nome de Casimiro I e desposou a irmã de Jaroslau, Maria, de sobrenome Dobrogneva (de bom caráter). Não é impossível que as relações do rei de França com a grande abadia borgonhesa o tenham levado a conhecer a família de Jaroslau. O casamento russo-polonês foi celebrado em 1043, sem dúvida, no Castelo de Senlis, onde residia Henrique I.

Entre tantas suposições, temos, no entanto, uma certeza: a composição da delegação que vai pedir a mão de Ana e que a acompanha a França. Trata-se de Rogério II, bispo de Châlons; Gauthier, bispo de Meaux; e Gosselin de Chauny.

Ao contrário, nada se sabe do itinerário seguido à ida e à vinda. Talvez uma expedição marítima pelo norte — está provado que uma verdadeira estrada fluvial seguindo o Dniepre e o Volkov ligava o mar do Norte ao lago Ládoga; pelo Neva, viajantes e mercadores podiam penetrar no golfo da Finlândia, seguir pelas costas do Báltico, que se chamava mar dos varegues (é o nome dado aos vikings do leste) e depois, contornando a Dinamarca, chegar à foz do Escalda pelo mar do Norte, como farão, cerca de trezentos anos mais tarde, os pesados *coggen* das cidades da Liga Hanseática. Mas é possível também que a escolta de Ana da Rússia tenha passado pela Polônia, onde se encontrava em país amigo e mesmo parente — sendo Maria, a jovem rainha da Polônia, sua tia — e que de seguida tenha atravessado a Boêmia; chegou-se a pensar que foi perto de Praga, na Abadia de Sazawa, que foi copiado o evangeliário eslavo que trouxe entre os presentes para o esposo.

A segunda recordação que nos resta dela é este evangeliário conservado hoje na biblioteca de Reims, em que possui o número 255 (A 29) no catálogo dos manuscritos; representa para os eruditos o mais antigo monumento da língua ucraniana. É provável que, depois da chegada de Ana, os reis de França coroados em Reims tenham prestado juramento sobre esse evangeliário. Certo é que a 19 de maio de 1051, em Reims, foi celebrado o casamento e que a nova rainha foi coroada, pois na época as rainhas recebiam a unção e a coroa, tal como os reis, ao contrário do que se passará mais tarde, no século XVII. No mesmo dia realizou-se uma terceira cerimônia que as crônicas descrevem: o bispo Lieberto de Cambrai recebe em Reims a consagração episcopal. O fato está consignado na *Vita Sancti Lieberti*, pois este Lieberto de Cambrai seria um dia colocado no altar. Hoje é-nos difícil evocar os faustos desta cerimônia: sabe-se que a Catedral de Reims foi inteiramente reconstruída cerca de duzentos anos mais tarde, mas imagina-se com facilidade a curiosidade dos mais novos perante a jovem rainha vinda de tão longe.

Ana da Rússia parece ter-se aclimatado à França; partilha a vida errante do marido — a vida comum dos reis e senhores que vão de residência em residência; mas, aparentemente, mostra alguma predileção pela de Senlis. Em 1052 nasce um batizado, pela primeira vez nos anais da realeza, Filipe. Alguns viram neste nome uma recordação das origens bizantinas de Ana. Com maior probabilidade é uma homenagem ao apóstolo Filipe, de quem diziam ter evangelizado o país dos citas, isto é, a Ucrânia. Contava-se que uma minúscula parcela das relíquias do apóstolo fora introduzida na cobertura do evangeliário de Reims, o que testemunharia a devoção particular da rainha a este santo.

Henrique e Ana terão outros dois filhos, Roberto, que morre aos dez anos, e Hugo, futuro conde de Vermandois, nascido em 1057 e que participará da primeira cruzada; por fim, uma filha, Ema, que desapareceu jovem, antes do casamento.

Os documentos conservados permitem ter alguma mínima noção sobre a vida de Ana na França. O mais antigo, registrado em Melun em 12 de julho de 1058, é um diploma em benefício da Abadia de Saint-Maur-des-Fossés, dispensando-a, no futuro, das requisições abusivas de gado para a mesa real. Se somos surpreendidos ao ver este documento solene ratificado não apenas por Ana, mas por seus três filhos — Filipe, Roberto e Hugo (os três muito pequenos, pois Filipe, o mais velho, tem apenas seis anos) —, é porque a nossa época está ainda moldada pelo direito romano. No direito consuetudinário, sabe-se, a família forma um todo fortemente constituído, no qual o pai é apenas gerente em nome dos restantes, que eventualmente são chamados, como no presente caso, a confirmar os seus atos.

No mesmo ano, no dia 5 de agosto, em Cambrai, uma doação feita à Abadia de Hasnon assinala a aprovação da rainha.

Três outras doações feitas no ano seguinte e em 1060 em favor de São Pedro de Chartres e de Saint-Martin-des-Champs têm a mesma menção: *Anne Regina*. O mesmo acontece com uma confirmação de privilégio a favor da Abadia de Tournus, realizada em Reims, a 29 de maio de 1059, um dia solene pelo Pentecostes. Trata-se de dia solene pois Filipe, filho mais velho de Ana e Henrique, foi sagrado rei por Gervais, arcebispo de Reims. Tinha apenas sete anos quando foi assim associado à coroa. Frequentemente se diz que os reis, na época feudal, presidiam em vida à sagração dos filhos por simples precaução, a fim de assegurar o trono à sua dinastia. Isso é desconhecer uma característica muito mais profunda do direito consuetudinário, que leva a conferir ao filho mais velho uma parte da autoridade paterna, ou, antes, da administração do patrimônio, desde tenra idade. Numa época em que o herdeiro não é designado pelo pai, mas pelo sangue, pelo lugar que ocupa na família, era natural que esta continuidade, marcada nas famílias reais pela sagração, fosse objeto de uma cerimônia pública, a que confere a unção. É restringir o significado ver nisso uma simples garantia de guarda da coroa.

Em 1060, quando Henrique morre, em Vitry-aux-Loges, na floresta de Orléans, não longe de Saint-Benoit-sur-Loire, Ana toma o poder — como é natural na época —, enquanto o jovem rei Filipe, de nove anos de idade, recebe, também segundo o costume, um tutor: o conde Balduíno da Flandres. Daí em diante, em todos os atos são mencionados

Filipe e Ana: *Philippus rex cum matre sua regina*. Um documento de Etampes, datado de 25 de novembro de 1060, fala mesmo da vontade "dos nossos muito piedosos reis, a saber, Filipe e sua mãe, Ana".

Em um texto encontraremos mais do que uma simples menção: a assinatura completa de Ana em caracteres eslavos. Trata-se do diploma — famoso entre os eruditos — passado em Soissons no ano de 1063, que concede à Abadia de Saint-Crépin-le-Grand, de Soissons, o privilégio de dispor com toda a liberdade das eleições à cúria de duas igrejas, Pernaut e Colombes. Pouco importa, de resto, o conteúdo do ato; o estranho é ver ao lado do monograma do rei e de Ana a menção certamente autográfica: ANA PbHNA [Ana rainha].

Pode-se supor, com alguma segurança, que esta assinatura insólita era motivada pela nova situação da rainha Ana. Com efeito, na época, Ana voltara a se casar: com Raul II de Péronne, conde de Crépy, um dos feudatários do rei de França. Este casamento, ocorrido dois anos após a morte de Henrique I, teve lugar em circunstâncias bastante particulares, pois Raul de Crépy, já viúvo da primeira mulher, voltou a casar, em 1053, com uma certa Haquenez, aparentada ao conde da Champagne e que ele repudiou para casar com a rainha viúva. Ora, no ato de 1063 são enumeradas numerosas testemunhas — entre as quais o próprio Raul —, mas não é referida Ana. Pode-se imaginar, como fez R. Hallu, que esta, descontente por ter sido esquecida e querendo afirmar a sua condição, tenha querido marcar, ao lado do monograma, o seu nome e a sua qualidade de rainha. Que o tenha feito em caracteres eslavos seria uma marca suplementar de desafio.

Nada disto é impossível; seria sinal suficiente para sublinhar uma característica do caráter de Ana, que os acontecimentos confirmam. A carta que o Papa Nicolau I — redigida sem dúvida por São Pedro Damião — lhe dirige em

1059 ou 1060, em todo caso antes da morte de Henrique I, está cheia de exortações sobre os deveres de esposa e mãe; depois dos elogios à sua generosidade, à benevolência para com os pobres, às liberalidades que lhes faz, aconselha-a a conservar a submissão à Igreja, a exortar o rei nesse sentido e a educar os filhos numa santa justiça. Nada de muito surpreendente, exceto que, depois deste casamento relativamente rápido, contraído em circunstâncias contestáveis aos olhos da Igreja, pode-se perguntar se não haveria nesta carta alguma advertência à rainha em relação à sua conduta. Gervais, o arcebispo de Reims, mantém correspondência com o papa Alexandre II a propósito das segundas núpcias de Ana, da qual, dizia ele, "o reino está muito perturbado [...], o nosso rei Filipe e todos os conselheiros estão consternados. Eu estou muito afetado [...]". Entretanto, o papa recebeu a queixa de Haquenez, a mulher abandonada, e deu instruções ao arcebispo para procurar o conde Raul e, "se o assunto é como esta mulher o conta", agir de acordo, sem dúvida para excomungar Raul de Crépy.

Parece, no entanto, que as crises se acalmaram. Ana continuará sendo esposa de Raul, morto em 1074, e aparece mais uma vez num alvará do ano seguinte, 1075; depois não se fala mais dela. Quatro anos mais tarde, em Saint-Benoit-sur-Loire, num privilégio em benefício da Abadia de Cluny, o rei Filipe I determina: "Faço esta doação para remissão dos meus pecados, dos de meu pai, de minha mãe e de todos os meus predecessores". Sem dúvida sua mãe, Ana, morreu nesse meio-tempo.

Uma carta de privilégio de Filipe para São Vicente de Senlis, em 1069, dá testemunho do reconhecimento dos cônegos pelas liberalidades da rainha Ana. Os termos do ato no qual ela está envolvida fazem menção expressa duma intenção particular da sua parte: "Eu, Ana, compreendendo pelo coração, refletindo pelo espírito, sobre a tão grande beleza e grande honra daqueles de quem é dito: 'Felizes aqueles que são chamados às bodas do Cordeiro [...]', interroguei-me sobre como poderia participar de alguma forma nestas bodas. [...] E decidi pelo coração mandar edificar uma igreja para Cristo [...] e conceder-lhe o que possuo e o que o meu esposo, o rei Henrique, me deu por alturas do nosso casamento". E passa a enumerar os bens, que consistem numa terra ao lado da igreja ("a que possuía o preboste Ivo"), um forno, os rendimentos desta terra, os nove hóspedes (camponeses livres) que nela habitam e o censo de três libras recebidas na cidade, assim como um moinho em Gouvieux, uma quinta chamada Blanc-Mesnil e, enfim, no território de Laon, um burgo chamado Crépy.

Todos os anos, em 5 de setembro, era celebrada uma cerimônia em memória da rainha Ana pelos cônegos de São Vicente de Senlis, que depois ofereciam uma refeição a treze viúvas dos arredores. A tradição manteve-se até a Revolução.

Inês e Matilde, ou o papa e o imperador

O estudioso da obra dos historiadores do século XIX e início do XX sempre se surpreende ao verificar como são, pode-se dizer, ingenuamente masculinos. Perguntamo-nos se não seria necessário, em relação ao período feudal, rever esta obra retificando as posições, a fim de ter em conta tanto a ação das mulheres como a dos homens. De resto, é o que pede o recurso às fontes, pois os contemporâneos da época dão muito naturalmente às mulheres o lugar que então ocupam.

Assim é o famoso episódio de Canossa. A expressão "ir a Canossa" significa, ainda, sofrer uma humilhação, arrepender-se. Sabe-se que o imperador germânico fez penitência ali, permanecendo com os pés na neve durante três dias, à espera do perdão do papa. Trata-se de uma cena a que não falta grandeza dramática e que inúmeras vezes foi contada em verso e prosa. Está aí a ocasião de tomar a medida dos dois poderes, o espiritual e o temporal, através da luta hugoliana entre "as duas metades de Deus: o papa e o imperador".

Nos antigos livros de escola essa luta resumia-se ao que denominávamos, com um termo bastante sibilino, "querela das investiduras".

Na realidade, de que se tratava? Da liberdade recíproca da Igreja e do Estado, das relações entre espiritual e temporal, tão claramente definidas pelo "Dai a César..." do Evangelho, mas, na prática, duma aplicação constantemente espinhosa.

Com efeito, durante o período imperial da Europa, do fim do século VIII ao fim do X, Carlos Martel e depois Carlos Magno e os seus descendentes tinham-se habituado a designar bispos e abades, um pouco como faziam com os condes ou os barões; e, como na época tudo se traduzia em gestos tradicionais, "investiam" numa diocese aquele que tinham escolhido, entregando-lhe as insígnias do poder: a cruz e o anel. Assim, os laicos dispunham de nomeações eclesiásticas — sem excetuar a cadeira de São Pedro, que cedo foi ocupada por famílias romanas ricas, como a de Teofilato, um funcionário imperial que se tornou todo-poderoso em Roma, e posteriormente a dos condes de Túsculo. O resultado foi o inacreditável estado de decadência do papado no século X, que se pode comparar ao do século XVI, enquanto as paróquias eram distribuídas pelos senhores aos favoritos da sua escolha, geralmente em troca de dinheiro.

O movimento de reforma que se desenha no decorrer do século XI tem essencialmente por fim retirar ao poder temporal, a todos os níveis, esta influência sobre as nomeações de curas, bispos e até do próprio papa. E Canossa é o episódio mais marcante: são mulheres que o preparam e que agem com rara eficácia neste afrontamento do qual dependia o futuro do povo cristão.

Não podemos deixar de evocar a miniatura muito bela, e também altamente simbólica, que embeleza um manuscrito conservado até os nossos dias na biblioteca do Vaticano. Vê-se nele o imperador, de joelho em terra, segurando na coroa; detém o globo, que é o atributo do seu poderio, mas a postura é mais a do suplicante; no segundo plano, Hugo, o abade de Cluny, vestido com a cogula, trazendo a cruz igual à de um bispo, que marca a sua dignidade, designa com a mão direita, o indicador levantado, o terceiro personagem: a condessa Matilde. Ela está sentada num trono elevado, enquadrado por um dossel triunfal. A mão direita está aberta num gesto de acolhimento; a esquerda, meio fechada, ameaça ou admoesta. Tudo é sublinhado por uma legenda: *Rex rogat abbatem, Mathildim supplicat* [O rei pede ao abade, este suplica a Matilde].

A cena de Canossa aconteceu em 28 de janeiro de 1077: nesse dia, o imperador Henrique IV foi absolvido da excomunhão pronunciada contra ele graças à intercessão da condessa Matilde, que tinha acolhido o Papa Gregório VII em seu castelo de Canossa. Mas o ano de 1077 é também o da morte de Inês, mãe deste mesmo Henrique IV. Figura extremamente atraente, teve uma vida das mais movimentadas, cujos diversos episódios não são aqui indiferentes, pois mostram a participação das mulheres neste poder imperial que para nós está personificado num Carlos Magno ou num Frederico II.

A imperatriz Inês é filha de Inês de Borgonha e de Guilherme, o Grande: Guilherme V, conde de Poitou e duque da Aquitânia, de quem já falamos a propósito de Leonor. Inês de Poitou não chega a conhecer o pai, pois tem apenas cinco ou seis anos quando ele morre, em 1030; a mãe, Inês de Borgonha, volta a casar dois anos mais tarde com Godofredo Martel, conde de Anjou; Inês de Poitou, no entanto, fica com o irmão, ou, melhor, meio-irmão, mais velho (Guilherme, o Grande, tinha se casado três vezes), e depois é confiada ao tio Renaud, conde da Borgonha. É neste cenário que, ao passar por Besançon, chama a atenção de Henrique III. Casa-se em 1043. As núpcias celebradas em Ingelheim impressionam os contemporâneos porque, ao contrário do que habitualmente se passa, bem pouco se parece com a "multidão infinita de comediantes e jograis" que é comum ver em circunstâncias semelhantes. Certos clérigos próximos de Henrique III, soberano muito instruído e de grande piedade, muito se alarmaram, com efeito, com o seu projeto de casamento com uma princesa da França: o que vinha do Ocidente parecia-lhes falsificado, pouco compatível com as tradições austeras do Império Germânico. O abade Siegfried de Gorze escrevia a um dos seus amigos: "Sobretudo uma coisa nos inquieta: a honradez do reino, que desde o tempo dos antigos imperadores se manifestava tanto na maneira de se vestir e de se comportar como pelas armas e cavalgadas, está hoje muito esquecida. A ignominiosa e inapta moda dos franceses introduziu-se na maneira de cortar a barba, nesta maneira vergonhosa e execrável de diminuir e deformar o vestuário, no desafio ao pudor e noutras novidades que seria demasiado longo enumerar. [...] Procura-se imitar as modas e as perversões do estrangeiro, de quem queremos ser iguais [...]". Sem dúvida ficou tranquilizado ao ver no casamento o imperador e a esposa dispersar a multidão de bobos tradicionais: mimos, jograis, palhaços; "dando a todos um útil exemplo", acrescenta outro cronista, satisfeito por ver que não se deixavam contaminar pelas modas francesas...

Inês de Poitou, princesa também culta e devota, estará continuamente associada aos elogios concedidos ao marido, pois, como se fez notar, eles constituíam uma síntese feliz, um equilíbrio justo entre a cultura ocidental da França ou da Itália e a influência germânica, saxônica, na linha dum Carlos Magno e dum Otão, o Grande. Henrique III era o digno aluno de Wipo, que o tinha formado nos anos da juventude e lhe dizia: *Notitia litterarum, lux est animarum* [O conhecimento das letras é a luz da alma], e será suficiente, para sublinhar o valor de Wipo como poeta, indicar que é o autor da bela sequência pascal *Victime pascali laudes*. Quanto a Inês, está completamente penetrada da influência clunicense, então em pleno desenvolvimento; é nesta época que se constrói a maravilhosa abacial e que os monges de Cluny fazem aceitar por todo lado as instituições da paz de Deus; a primeira distinção na história entre militares e população civil, esta última — clérigos, camponeses, mulheres — devendo ser respeitada; e a trégua de Deus pela qual os combates estão proibidos de quarta-feira à tarde até segunda-feira de manhã.

É perfeitamente expressiva certa miniatura do tempo: representa, sobre um fundo dourado, a Virgem sentada num trono, segurando com a mão direita a obra que lhe é estendida pelo imperador, enquanto a esquerda abençoa a imperatriz Inês. É uma época de grande renome do Império, de desenvolvimento da vida literária e artística, da construção de edifícios tão notáveis como a Catedral de Spire, São Miguel de Hildesheim e o palácio imperial de Goslar.

Com todo o seu poder, Henrique III favoreceu o movimento de reforma da Igreja, que se esboçara com a chegada do bispo Bruno de Toul, mais tarde Papa Leão IX, seguido pelo sucessor Vítor II, um e outro prelados dignos e piedosos. "Tu cortaste com o gládio da virtude divina as cabeças múltiplas duma hidra chamada simonia", escrevia-lhe São Pedro Damião, o ardente eremita de Fonte Avellana que foi o grande apóstolo da reforma da Igreja, nesta época mais do que todas perturbada; chamava ao imperador o "novo Daniel".

Mas este morreu muito cedo: em 1056, com 39 anos. Inês, a viúva, exerce então o poder com uma prudência notável. Reprime as tentativas de revolta que estalam em Flandres, no Saxe, na Francônia; por todo lado se restabelece a calma, mas deverá, em compensação, desfazer-se da autoridade sobre algumas partes do Império, a Suábia, a Coríntia, a Baviera, concessões indispensáveis para manter a ordem, que sente precária. Recebe Salomão, filho do rei da Hungria, que tinha sido afastado pelo tio, e fá-lo retomar o reino. Desenvolve uma ação política firme e sábia quando se dá um golpe de teatro: em abril de 1062 está em Kaiserswerth com o filho, quando este é raptado por um audacioso golpe de mão, que é também um golpe de Estado preparado por Otão, o novo duque da Baviera, e pelo arcebispo Anon, de Colônia, que cedo será suplantado por outro personagem altamente inquietante: Adalberto, bispo de Brême. É este que toma a seu cuidado, simultaneamente, a educação do jovem príncipe (Henrique IV tem então dez anos) e os negócios do país.

Inês, frustrada em sua tarefa política e maternal, consciente da impossibilidade de reconquistar o poder que lhe escapou, toma o hábito no Mosteiro de Fruttuaria, no Piemonte. É daí que se dirige a São Pedro Damião, censurando-se continuamente por não ter sabido prevenir a brutal traição que comprometeu não apenas os destinos do Império, mas também a reforma da Igreja, agora posta em perigo pelos prelados, nas mãos de quem se encontra o jovem Henrique IV. Não se enganava: Adalberto de Brême comprazia-se a gabar as paixões que o jovem príncipe cedo manifesta e rodeia-o de familiares pouco recomendáveis, de maneira que Henrique IV não tarda a revelar tendências muito opostas às dos seus pais.

Inês vai para Roma, onde se reúne à cunhada Ermesinda, viúva do conde de Poitou, Guilherme VII. Com São Pedro Damião estabelece uma amizade espiritual que evoca um pouco a do bispo Fortunato e da rainha Radegunda em Poitiers, cerca de quinhentos anos mais cedo. É extraordinário o contraste entre o estado de guerra civil, de insurreição, de anarquia, que reinava no império sob a influência das paixões e da ambição do jovem imperador e a serenidade mística que nasce em Roma — objeto da cobiça imperial — e de que são testemunho as cartas trocadas entre a imperatriz e São Pedro Damião: "Que nas tuas entranhas passe a seiva do amor divino, que a chama escondida da doçura interior penetre no teu coração, esta chama que ignora o mundo do pecado e todo o espírito carnal". Ou ainda, em acentos que são já os do amor cortês: "Onde está o meu tesouro está também o meu coração; mas no perigo Cristo é, sem dúvida, o meu tesouro, e, como sei que Ele está escondido no teu coração como num cofre, considero-te a morada do tesouro celeste; é por isso que te sigo para todo o lugar que vás". Ou, ainda: "Enquanto todos os dias me aflijo na tristeza da tua ausência, não estou verdadeiramente comigo, mas suspiro com uma nova tristeza ao sentir o coração longe de mim".

Inês suscita também outras amizades, especialmente a do místico italiano João de Fécamp, que lhe dedica um tratado: *Da contemplação divina*. Com efeito, ela é o centro de uma vida espiritual fervorosa, na qual participam igualmente Matilde da Toscana e a sua mãe, Beatriz, outrora tratadas como inimigas por Henrique III e depois libertadas. Este foi severo para com o segundo marido de Beatriz, o duque Godofredo da Baixa Lorena, personagem inquieto que se revoltou abertamente, fortalecido com o acréscimo de poder que representava o casamento toscano. Em poucos meses, o imperador chamou-o à razão e fez prisioneiros

Beatriz e Matilde (na época uma menina de nove anos, filha do primeiro casamento); além disso, o imperador libertou as senhoras e perdoou ao duque exatamente antes da sua morte.

Uma carta emocionante do Papa Gregório VII para a imperatriz Inês associa-se aos esforços de Matilde e da sua mãe. De fato, os papas em parte alguma encontrarão apoios mais devotados do que estas três mulheres. "Sabemos como haveis trabalhado para a paz e a concórdia da igreja universal. [...] Saiba Vossa Eminência que nestes tempos, vivendo grandes sofrimentos pela causa de São Pedro, o primeiro dos apóstolos, recebemos uma ajuda muito eficaz de Beatriz e de sua filha Matilde, que nos auxiliam permanentemente, segundo o vosso exemplo, imitando-vos como fiéis discípulas, a vós que sois a sua dama e senhora". E compara as três aos santos que, "antes de todos os discípulos, dirigiram-se ao sepulcro do Senhor cheios de um admirável ardor amoroso; assim vós, antes de muitos, e mesmo antes de quase todos os príncipes da Terra, visitastes com amor piedoso a Igreja do Cristo jacente no sepulcro da aflição e, para lhe restituir o seu estado de liberdade, desenvolvestes todo o vosso zelo e, como que instruído diretamente pelo anjo, incitastes as outras a vir em auxílio da Igreja sofredora".

Com efeito, nas dificuldades que vão surgir, o papel de Matilde da Toscana será um papel de destaque. Gregório VII, que mantém correspondência com ela, designa-a, com a sua mãe, Beatriz, "as irmãs e filhas de São Pedro"; em 1074 e 1075, assistirão pessoalmente aos sínodos romanos, que conduziram à reforma eclesiástica. Beatriz falece em 1076; no mesmo ano morre o marido de Matilde[79]. Desde então, esta consagra-se à direção dos domínios italianos, que, situando-se no caminho da Germânia, revestiam uma importância especial na luta entre o imperador e o papa. Estes domínios comportam o ducado de Espoleto, Parma, Modena, uma parte da Lombardia, Régio, Ferraria etc.

No Sínodo de Worms, os prelados rebeldes acusam Gregório VII de manter com Matilde relações "contra toda a decência"; a Igreja, dizem, caiu nas mãos "dum senado de mulheres"!

Lembremos resumidamente os acontecimentos que precederam Canossa: os decretos de reforma promulgados por Gregório VII provocaram protestos unânimes; na realidade, apenas renovaram os de Nicolau II em 1059, que reservavam a eleição do papa aos cardeais, ao mesmo tempo que condenavam a simonia e os males que provoca: "Que nenhum clérigo ou padre receba uma igreja das mãos de laicos, seja de que maneira for, quer gratuitamente, quer por dinheiro". É o suficiente para que um certo número de pessoas fiquem em estado de excomunhão; as paixões estão exacerbadas a tal ponto que, no dia de Natal de 1075, houve um atentado contra o papa, fomentado pelo famoso Cenci, "tipo perfeito do nobre aventureiro e salteador da Roma medieval". Escreveu-se: enquanto o papa celebrava a Missa em Santa Maria Maior, no momento exato da consagração, viu-se rodeado dum bando de antigos soldados, que o agarraram à força, levando-o para o Palácio Cenci; porém, mal a notícia do atentado se espalhou pela cidade, o palácio foi invadido pela multidão e o prisioneiro, libertado e transportado para Latrão. Este episódio dá a medida das violências que imperavam em Roma.

Logo recomeçam as desordens; Gregório VII excomunga o imperador Henrique IV e, quando este entra na Itália, Matilde da Toscana aconselha o papa a retirar-se para a fortaleza de Canossa. É então que se desenrola a cena da miniatura de que já falamos. Henrique IV, inquieto com os movimentos de revolta que se manifestam tanto na Saxônia como na Itália, pede a Matilde e a Hugo, abade de Cluny, que intercedam por ele; obtém o perdão do papa ao fim de três dias. Todavia, vale dizer, não ousa comungar a hóstia de que Gregório VII lhe apresenta uma fração, depois de ele mesmo ter comungado, exortando-o a recebê-la se tivesse o coração puro de toda má intenção.

Por conseguinte, Matilde é o apoio constante e devotado do papa. Começa por escoltá-lo até Mântua com o seu exército; depois, sabendo de uma emboscada dirigida por Guiberto, arcebispo de Ravena, conduz Gregório a Canossa. Veremos Matilde constantemente na frente, sem recear aparecer à cabeça das tropas. Alguns anos mais tarde, em 1082, o imperador poderá devastar a Toscana, e Matilde resistirá numa luta onde os próprios papas se esgotam. Henrique IV instala em Roma os antipapas; Matilde age de forma a unificar a Itália do Norte e torna-se "o principal sustentáculo da causa pontifical"[80]. O monge Donizon, que escreveu a sua vida em verso, segundo o costume da época, resume-a assim: *Sola resistit ei Mathildis filia Petri*. Frequentemente retoma o epíteto: *filia digna Petri*.

Espantosa figura a desta mulher, extremamente culta e que tinha sido pedida em casamento por Aleixo, imperador de Bizâncio. "Fala-se dela nos acampamentos dos turcos", escreve Donizon, "e o rei grego Aleixo [...] envia-lhe como presente *écharpes* ornamentadas de pedras preciosas. O rei alemão tanto a ama como a odeia. Mas o povo alemão por todo lado a serve com amor. Russos, gascões, saxões, frisões, gente da Auvergne, da França, da Lorena, da Bretanha, conhecem-na tão bem que lhe dirigem oração sobre oração [...]. A sua figura está sempre serena; o seu espírito, sempre tranquilo. Dita as cartas; conhece o alemão e fala também a agradável língua dos franceses". Eloquente é de resto a inscrição do seu túmulo: *Mathilda Dei gratia si quid est* [Matilde, pela graça de Deus se ela é alguma coisa].

Por duas vezes Canossa foi o símbolo da resistência duma mulher que se impôs ao imperador, detendo o mais eminente poder na cristandade. Donizon exalta a força das muralhas da fortaleza que se apóia nos flancos dos Apeninos e faz frente àquele que pretende dominar o mundo. Ele coloca-a a falar: "Eu sou pedra e não madeira. [...] Poderás morrer antes de penetrar na massa que sou".

Quando pela primeira vez Canossa serviu de refúgio ao papa contra o imperador, Matilde era ainda uma jovem de 31 anos. Em 1089, aos 46, casa-se com o jovem Guelfo, da Baviera, que tem dezessete anos. Este casamento é um desafio, uma provocação: o ducado da Baviera está também em revolta contra o imperador. É isso que Henrique IV entende, e de novo vem devastar a Toscana; Matilde, após uma resistência feroz, teve de fugir de Mântua, de que o imperador se apossou na noite de Quinta para Sexta-Feira Santa, 10 e 11 de abril de 1091. Matilde entrincheira-se sucessivamente em Modena e em Reggio, sofre ainda uma derrota nas margens do Adige e depois alcança Canossa, a fortaleza fiel. Henrique IV oferece-lhe negociações, que são recusadas. Finalmente, graças a um estratagema, é ela quem triunfa: deixa Canossa com algumas tropas, que na planície se esquivam ao combate que o imperador quer travar, até ao momento em que, a um sinal combinado, os defensores da fortaleza se lançam em massa por uma saída que permitirá a Matilde tomar por sua vez a ofensiva; os exércitos imperiais são assim atacados em duas frentes e completamente dispersados. A "grande condessa", vitoriosa, retoma os castelos um a um; Henrique IV não tem mais do que retirar-se para Pavia; é aí que terá conhecimento da revolta de Conrado, seu próprio filho, que será coroado rei da Itália em Milão, com o apoio de Matilde e de Guelfo.

Trata-se de uma verdadeira epopeia, como se vê, conduzida por uma mulher que terá assim consagrado a vida a um combate em que estava em jogo o futuro da própria cristandade. Esta luta ainda continuará por algum tempo, pois na realidade os imperadores apenas renunciarão à investidura pela cruz e o anel, que implica para eles a possibilidade de colocar e retirar os bispos segundo o seu interesse, em 1122, com a Concordata de Worms, sete anos após a morte de Matilde (1115)[81]. O fim da sua história é contemporâneo do Papa Urbano II.

Todavia, Matilde pôde assistir não apenas à reconquista dos Lugares Santos (1099), como também à extraordinária renovação de fervor que marca o fim do século XI e o século XII na Igreja de Ocidente, libertada do poder temporal após uma luta ao longo da qual ela foi árbitro e responsável por todo o povo cristão no vasto esforço de purificação que marca o seu tempo.

A rainha querida

Centenas, milhares de franceses tiveram ocasião, em Londres, de tomar o comboio na estação de Charing Cross. Quantos sabem que o nome desta estação é de origem francesa — e mais: evoca um delicado romance de amor vivido por uma francesa, uma rainha infinitamente simpática? *Charing Cross* significa, com efeito, a cruz da *chere reine*, modificado e contraído em *charing*. Trata-se de uma rainha cuja recordação permanece viva na Grã-Bretanha, mesmo que nascida no continente. Figura quase ideal a desta *chere reine*, que mereceria ser mais conhecida: Leonor de Castela, rainha da Inglaterra.

O nome indica-nos que é da linhagem de Leonor da Aquitânia, verdadeira "avó da Europa"; esta casou uma das filhas na Saxônia; outra na Sicília; e Leonor, a mais jovem, em Castela; foi para buscá-la que, em 1200, com oitenta anos, atravessou os Pireneus. Leonor e o marido, Afonso VIII, sempre atraíam os trovadores quando reuniam a corte em Burgos, em Palença, ou nos castelos dos arredores. No início do século XIII, a corte de Castela representa o meio cortês por excelência. Peire Vidal e Peire Roger não deixam de elogiar a "amplitude", a generosidade dos soberanos, que têm mesa aberta aos poetas; Raimon Vidal de Bezalu deixou mesmo a descrição duma corte literária presidida pela jovem rainha Leonor, rodeada de "cavaleiros e donzelas" cheias de frescor, de alegria e avidez poética, aprendendo de cor as canções que se improvisam.

Como já vimos, a jovem Leonor teve três filhas: Urraca, Branca, que a avó escolheu para esposa do rei de França, e Berengária, que se casou com Afonso IX, rei de Leão. Branca dá à luz São Luís; Berengária, a Fernando III, futuro rei de Castela e Leão, que, tal como o primo francês, vai ser venerado como santo. Recupera dos mouros boa parte do sul da Espanha: Córdoba, Sevilha, Cádiz; soube praticar nos seus estados uma tolerância excepcional e favorecer a coexistência pacífica; denomina-se "rei das três religiões", considerando igualmente como seus súditos os cristãos, os judeus e os muçulmanos. Acrescentemos que é ele quem funda a Universidade de Salamanca e concordemos que nada falta a este rei para merecer simpatia. Morto muito cedo, aos 52 anos (1152), dá com o primo Luís uma alta imagem deste tempo, onde dois reis cavaleiros governavam juntamente o oeste da Europa.

Fernando III teve dois filhos (entre outros) da esposa, condessa Joana de Ponthieu: Leonor de Castela e o irmão Afonso X, denominado o Sábio ou o Astrônomo, que lhe sucede no duplo trono de Castela e Leão. Ele perpetua as tradições culturais da corte; o sobrenome faz alusão aos trabalhos científicos; é a ele que se devem o que chamamos as *Tábuas afonsinas*, resumindo os conhecimentos astronômicos da época. Ele mandou igualmente pôr por escrito os costumes hispânicos, compôs poemas e diversas outras obras que lhe deram no decurso dos anos uma reputação de alquimista. Quanto a Leonor, foi pedida em casamento pelo rei de Inglaterra, Henrique III, para o filho Eduardo, então com quinze anos de idade. Outra Leonor, Leonor da Provença, sem laços de parentesco com ela, reinava então na Inglaterra; mulher do rei Henrique III, em 1272, após a viuvez, recolheu-se na Abadia de Amesbury e morreu vinte anos mais tarde, em 1292, em ambiente de santidade. Leonor de Castela, favorecida por ter o mesmo nome que as duas outras muito estimadas, suscita a simpatia geral; os cronistas qualificam-na de "dama bela e gentil", o que não seria suficiente para justificar a sua reputação de beleza se esta não fosse testemunhada diversas vezes; além disso, foi-nos deixado um traço imperecível com o túmulo que tem a sua efígie — obra admirável do famoso ourives inglês William Torel, conservada na Abadia de Westminster e primeiro exemplo de uma estatuária que deixou no bronze dois testemunhos duma humanidade invejável do ponto de vista artístico: o túmulo de Henrique III e o de Leonor de Castela.

O jovem Eduardo deixa, pois, a Inglaterra num grande cortejo para ir a Castela buscar a prometida, munido — graças a seu pai — de um dote importante: a Gasconha, a Irlanda e o País de Gales, assim como um rendimento anual de 15 mil marcos. Eduardo reúne-se à corte de Castela na Abadia de Las Huelgas, que era um pouco o São Dinis dos soberanos espanhóis. É no enquadramento do admirável convento[82], que ainda subsiste, que Eduardo I recebe do cunhado Afonso a Ordem de Cavalaria. As festas do casamento duram seis semanas, após as quais Eduardo e a jovem esposa, Leonor — o casal devia totalizar cerca de trinta anos —, dirigem-se para a Gasconha, onde, escreve o cronista Mateus Paris, Eduardo é acolhido pelo pai como "um anjo de Deus, com extremo júbilo". Através das contas pode-se seguir o itinerário: em 11 de novembro de 1254, em Vitória; 21, em Baiona; 26, em Dax, em 1º de dezembro em Saint-Sever; no dia 15 chegam a Bordeaux, onde, segundo um cronista contemporâneo, tanto incenso tinham queimado nos cruzamentos que "cheirava tão bem como em Montpellier, quando os tendeiros esmagam as drogas na época do Natal".

Os jovens soberanos prolongam a viagem de núpcias até Paris, onde São Luís lhes reserva também um acolhimento suntuoso, que se destaca nos anais da época. Durante muito tempo se falará deste "festim dos reis". Henrique III e a mulher pediram ao rei da França autorização para atravessar o território, após paragem em Fontevraud: com efeito, Henrique deseja construir para sua mãe um túmulo decente[83] na famosa abadia onde estão já enterrados os avós Henrique II Plantageneta e Leonor da Aquitânia, assim como o tio Ricardo Coração de Leão. Ele quis também visitar em peregrinação o túmulo de Santo Edmundo de Cantuária, que repousa na Abadia de Pontigny, na França. O seu real primo Luís de França aproveitou com prontidão a ocasião para reatar relações mais pessoais e mais pacíficas com o rei da Inglaterra; o seu último encontro não tinha sido no campo de batalha em Taillebourg e em Saintes? Para as quatro filhas de Raimundo Berengário, conde da Provença; e da esposa, Beatriz de Savoia (esta, viúva pouco depois de estar presente nas festividades), tratava-se também de um reencontro familiar, sendo as quatro rainhas: Margarida, rainha de França; Leonor, rainha da Inglaterra; Sancha, mulher de Ricardo da Cornualha, rei dos romanos; e Beatriz, mulher de Carlos de Anjou, futuro rei da Sicília. Nada tinha sido esquecido para dar a este acontecimento o calor e o esplendor duma festa de família. Luís vai a

Orléans em pessoa e, de lá, a Chartres, ao encontro do cortejo dos reis de Inglaterra, para os escoltar em seguida até Paris, onde é exibido todo o esplendor desejável; é servido um banquete no palácio (hoje o Palácio da Justiça), ao que Henrique e o seu séquito, por sua vez, recebem o rei da França no templo que foi posto à sua disposição.

Trata-se, sem dúvida, de uma recepção como a que nos descreve um escritor gaulês de veia cáustica: "Havia dezesseis serviços dos mais caros, talvez mesmo mais. [...] Serviram também ervas das hortas [legumes], mas poucos as provaram. Pois devíeis ter visto esta diversidade de peixes, assados ou cozidos, recheados ou fritos, esta quantidade de pratos que a engenhosidade de hábeis cozinheiros consegue fazer dos ovos e da pimenta, esta profusão de aromas e condimentos dosados com a arte de fazer crescer água na boca e despertar o apetite; além disso, imaginai toda esta abundância de vinhos e de espirituosos, hidromel palhete, vinhos doces, hidromel vinoso e néctar de amora; em suma, toda espécie de licores próprios para embriagar, ao pé dos quais excelentes bebidas como a cerveja, mesmo a melhor, a inglesa, não têm lugar, pois a cerveja, entre as demais bebidas, é como as ervas hortícolas entre as outras iguarias!".

A troca de presentes não é menos impressionante. Luís trouxe da Terra Santa um elefante, presente do sultão do Egito; ofereceu-o, por sua vez, a Henrique; o elefante seria transportado para a Inglaterra no mês de fevereiro seguinte, em 1255, e alojado na Torre de Londres, onde já se encontravam três leopardos oferecidos pelo imperador Frederico II, um camelo e alguns búfalos devidos às liberalidades do irmão do rei Ricardo da Cornualha: uma espécie de zoo privado, como em todas as épocas é um desejo reunir; infelizmente, o enorme animal não sobreviveu muito tempo aos rigores do clima inglês.

Seja como for, os banquetes oferecidos pelos reis uns aos outros, neste fim do ano de 1254, em Paris, permaneceram célebres: "Jamais houve tão famosos festins no tempo de Assuero, ou Artur, ou Carlos Magno", escrevia o cronista Mateus Paris, monge de Saint-Albans, a quem o rei Henrique se devia dirigir pouco depois do seu regresso à Inglaterra e a quem provavelmente fez uma descrição minuciosa da sua estada na França. Declarava a quem quisesse ouvir que, se pudesse, levaria para a sua terra a Sainte Chapelle numa carroça; ficara fascinado com tanta beleza; a estrutura do maravilhoso edifício, espécie de muro luminoso incrustado na pedra, impressionara-o vivamente: os dois primos tinham em comum o gosto pela bela construção. Henrique admirou também as ruas de Paris, a sua arquitetura elegante, a cor clara do estuque parisiense, sem falar da profusão de *tentures et de guirlandes* [tapeçarias e grinaldas] com que estavam ornamentadas para a circunstância.

Esta reunião de família ao cabo dos seis anos que Luís e Margarida acabavam de passar na Terra Santa teve as suas consequências na história política e militar.

Os caminhos estavam abertos para uma paz durável, aquela que um pouco mais tarde, em 1259, seria firmada pelo Tratado de Paris, no qual Luís, num gesto excepcionalmente pacífico, concedia a Henrique certas terras conquistadas em combate leal. O resultado: quase meio século sem nuvens no corredor da Mancha, outrora carregado de tempestades. Só a brutalidade de Filipe, o Belo, tentando arrancar pela força a Guiana, pela qual, doravante, os reis de Inglaterra renderão sem dificuldade homenagem aos suseranos da França, irá reatar as hostilidades, que conduzirão, após numerosos e inúteis combates, aos horrores da Guerra dos Cem Anos.

Mas é necessário dar lugar à influência das mulheres nos acordos para os quais então se encaminhava, antes de nos anteciparmos por estes desvios: na verdade, as duas irmãs, Margarida e Leonor, unidas por grande afeição, foram agentes de paz; alguns anos após o tratado, quando Henrique é contestado no reino pelos próprios súditos, apelará para a arbitragem de Luís e confiará o seu bolsinho pessoal à cunhada Margarida.

Enquanto o rei Henrique se dirige novamente para a Inglaterra, Eduardo e a esposa instalam-se no feudo de Bordeaux, que será sempre a residência preferida de Leonor de Castela, a rainha querida e bem-amada do esposo; os dois dedicam-se não somente à caça e à poesia, mas também, mais concretamente, à administração do belo domínio da Guiana.

No entanto, o futuro vai ser marcado por acontecimentos trágicos; em 1260, Eduardo é preso como refém pelos partidários de Simão de Montfort (filho do que tinha conduzido a guerra albigense meio século antes), que fomenta a revolta dos barões ingleses contra os soberanos. Ano difícil para o rei de Inglaterra, difícil para o jovem casal. Na Guiana, Eduardo conquista a sucessão a Simão, que, pela sua dureza, se tinha tornado insuportável para as populações; é, de resto, em consequência da sua desgraça que o antigo lugar-tenente do rei na Aquitânia cristaliza na Inglaterra a oposição senhorial e que o seu rancor o faz chefe dos descontentes; os cronistas da época fazem eco das lamentações dos mercadores de vinho da Guiana, que consideram demasiado pesado o imposto régio e aproveitam a chegada de Eduardo para o suprimir: "Como mercadores temos mais liberdade e menos encargos junto dos sarracenos; podemos descarregar as mercadorias e obter o preço mais razoável com menos dificuldades" etc. Neste assunto há alguns desacordos entre Henrique e Eduardo, pois este último toma a defesa dos negociantes do seu domínio.

Novas dificuldades por parte dos galeses, de quem Eduardo é doravante o príncipe designado por título e que, tradicionalmente insubordinados, fazem desde 1257 ato de revolta aberta, ocupando fortalezas inglesas na costa galesa. A agitação que se seguiu vem a dar na batalha de Lewes, onde o rei é feito prisioneiro, e, alguns anos depois, na de Evesham, onde cabe a vez a Simão de ser vencido e morto. A paz restabelece-se então pouco a pouco: se os barões tiveram de renunciar às provisões de Oxford que instauravam na Inglaterra uma espécie de regime parlamentar em seu benefício, não deixaram de ganhar certas garantias em relação ao arbítrio real; a partir de 1266, a calma voltou à Inglaterra.

De tal maneira isso se deu, que Eduardo e Leonor, segundo uma tradição bem instalada no Ocidente, desejam tentar a reconquista de Jerusalém; em 1270, quando o rei da França empreende uma segunda expedição à Terra Santa, decidem acompanhá-lo. Leonor, assim como a avó Leonor da Aquitânia um século e meio antes, vigia pessoalmente o embarque das tropas e o abastecimento em Baiona sob a direção dos seus vassalos da Guiana; em seguida embarca com o marido em Aigues Mortes, ao mesmo tempo que São Luís. Se, ao contrário do rei da França, o casal e o seu exército escapam à desastrosa epidemia de disenteria que dizima os franceses em Tunes, afrontam, por outro lado, os perigos do cerco de Acre e ainda os dum naufrágio no regresso, no decurso duma medonha tempestade, na altura da passagem da África para a Sicília.

É na Sicília, onde se detêm algum tempo para recuperar as forças, que têm conhecimento da morte do rei da Inglaterra, Henrique III. Dirigem-se, pois, os dois para Bordeaux e, depois, para Londres, onde são sagrados rei e rainha em 1272, em Westminster:

L'archevêque Robert de Kilwardby
Couronna le Roi sire Edouard en l'Abbaye
De Westminster, témoins baronnie et clergie;
Aussi la Reine Eléanor s'amie
Fut couronnée ce jour; jamais à Saint-Denis
Ne fut si grande fête ni si grande noblie.

Leonor participa amplamente da atividade de Eduardo I, que seria cognominado o Justiniano inglês, tal importância teve a sua obra legislativa.

A Inglaterra está então em pleno desenvolvimento e manifesta uma grande fecundidade, em especial no domínio intelectual. O inglês passa a ser, a partir de 1258, a língua oficial (mas passará ainda uma centena de anos antes que o Parlamento a declare a única língua oficial). Eduardo I procede ao primeiro levantamento geográfico do país, de que se conserva uma cópia que se encontra hoje na biblioteca Bodleienne de Oxford.

No entanto, as preocupações militares perturbam o reinado: os galeses revoltam-se de novo. Llewelyn, o Grande, que desposou a filha de Simão de Montfort, retoma a atitude belicosa do sogro e recusa homenagem; são necessárias várias campanhas para o dominar; por outro lado, as pretensões de Filipe, o Ousado, o novo rei da França, e as suas ambições sobre Aragão inquietam o casal real inglês; deste ponto de vista pode-se seguir, através das contas[84], a atividade de Leonor a partir das somas consideráveis que distribui aos mensageiros para o regimento dos negócios espanhóis que estava preparada para compreender, dadas as ligações familiares.

No entanto, a sua saúde preocupa os que a rodeiam; sentindo-se doente, deseja voltar durante algum tempo à sua Guiana; talvez pense restabelecer-se; talvez queira ver pela última vez os lugares da juventude e do feliz casamento. Eduardo e Leonor embarcam para a França em 13 de maio de 1286. O percurso está todo enfeitado de bandeirolas de festa; em sua honra são organizados torneios em Creil, em Senlis, em Mareuil; em 27 de junho entram em Paris, onde Leonor, uma vez mais, recebe os mensageiros de Aragão, enquanto Eduardo presta homenagem a Filipe, o Belo, por todas as possessões francesas. A paz reinava totalmente entre as duas casas, assegurada pelas relações antes estabelecidas entre São Luís e Henrique III.

Graças aos rolos de contas, conhece-se o trajeto do rei e da rainha; passam por Melun, depois por Gien, onde um familiar, Guilherme de Montravel, preside ao seu embarque no Loire. Leonor para em Saumur, pois quer visitar o túmulo dos reis ingleses em Fontevraud; é magnificamente recebida pela abadessa Margarida de Pocey[85].

As contas, apesar da sua secura, testemunham uma atmosfera de tristeza e de fadiga em redor de Leonor; duas acompanhantes adoecem e são isoladas, transportadas de carroça. Várias outras pessoas, entre as quais o cavaleiro Roberto de Leybum, são hospitalizadas em Villeneuve-la-Gaillarde; mestre Pedro, o cirurgião da rainha, ocupa-se de uns e de outros.

O séquito real dirige-se para Niort, depois para La Rochelle, onde embarca em 28 de setembro para a ilha de Oléron. O historiador Marcel Gouron, que estudou a viagem de Leonor de Castela a partir dos livros de contas, diz-nos que a flotilha real comportava na ocasião onze barcas: a primeira, reservada à rainha; a segunda, ao tesouro; a terceira, aos capelães e clérigos que acompanhavam o cortejo; a quarta, à cera de cor que a rainha mandou comprar em Niort em grande volume, a fim de assegurar a iluminação cotidiana; a quinta transporta as camas; a sexta, bagagens, vestuário etc.; a sétima, a dispensa; na oitava têm lugar o senescal e o seu séquito; enfim, nas três últimas estão armazenados os víveres e a garrafeira.

Leonor permanece algum tempo em Oléron, onde, diz-se, Leonor da Aquitânia dera os últimos retoques nos famosos *Rôles d'Oléron*, recolha dos costumes da gente do mar na costa atlântica. Em seguida chega à residência de Talmont, que sempre foi cara aos reis angevinos e onde Ricardo Coração de Leão preferia caçar; depois chega a Bordeaux; enfim, por Saint Emilion e Libourne atinge o seu domínio preferido, o de Condat, numa península na Dordonha, muito próxima da cidade de Libourne; as margens do rio, de grandes jardins repletos de árvores frutíferas, constituem uma estância ideal. Leonor compraz-se a visitar o pequeno parque zoológico particular, pois possui também lobos-tigres e tigres, enquanto noutro canto do parque cria periquitos de cores vivas, presentes da princesa de Salerne.

Durante esta última estada na Aquitânia, e sempre graças aos rolos de contas, podemos seguir a rainha quase passo a passo: faz as contas em Bordeaux, na rua Judaica; manda entregar as compras na rua de Londres, na casa dos Irmãos Pregadores, onde reside, preferindo-o ao velho Palácio da Ombriere, de que não gosta; encomenda panos de seda tecidos em Florença pelos artesãos da *l'arte di Calimala*; conhecem-se também os presentes que distribui à sua volta: ao sobrinho castelhano Martinho Afonso, quando vai estudar na Universidade de Orléans, dá de presente taças e dinheiro; à dama de companhia Isolda, a morena, e às damas que a rodeiam oferece rosários de ouro ou azeviche, ou ainda tecidos caros ou mantos de peliça; distribui ornamentos litúrgicos pelas igrejas; retribui abundantemente os menestréis, como Gilot de Picquigny, que viera do país de origem materna, o condado de Ponthieu. Mas tem também outras atividades mais sérias: manda traduzir para o francês, por João de Pentham, o tratado *De hierarchia* (conservado em Paris, na Biblioteca Santa Genoveva); encomenda ao iluminurista Alberto a ornamentação das iniciais das cartas que manda redigir sobre pergaminho; mais ainda — e daí lhe virá o sobrenome: "a fiel" —, a rainha ocupa-se incansavelmente de apaziguar as querelas, de pacificar as discórdias, de estar onde a justiça o exige: quer se trate de disputas privadas, como a que estalou entre os dois senhores Amanieu de Fossat e Raimundo des Pins, quer das contestações que puderam nascer entre as ordens religiosas, especialmente entre os Frades Menores, que favorece, e os Beneditinos de Saint-Sever; vigia também as negociações, sempre longas e espinhosas, entre os reis de Aragão e da Sicília, multiplicando as tentativas e as proposições de tréguas, transportando ela própria o resgate do príncipe da Sicília, Carlos de Salerno, até que a paz seja enfim restabelecida entre os príncipes e selada pelo casamento do infante Pedro de Aragão com a princesa filha de Eduardo e Leonor. Esta união foi pretexto de belas festas que duraram um mês.

Por fim, em 1289, o rei e a rainha deixam a Gasconha, que Leonor não voltará a ver. Eduardo parte a toda pressa para tentar dominar nova revolta dos escoceses, mas cedo é chamado: a rainha, cada vez mais doente, morre. Em 4 de dezembro de 1290, em Herdeby, ele recolhe o seu último suspiro. "O rei abandonou a expedição", diz o cronista Walsingham, "vindo com grande desgosto presidir ao cortejo fúnebre em Londres. [...] A rainha sempre fora piedosa, modesta, misericordiosa, amada por todos os ingleses e como que a coluna de todo o reino. [...] O seu corpo foi transportado para Londres, onde o rei o recebeu, acompanhado de toda a nobreza do reino e dos prelados; foi embalsamado e sepultado na Abadia de Westminster com a maior pompa. Em todos os lugares onde tinha habitado, o rei mandou erigir uma grande cruz, na qual mandou pintar a imagem da rainha, em sua memória".

Essa é a origem das "cruzes da Rainha Querida": *Charing Cross*. Recordam uma mulher que cumpriu o seu papel em plenitude, deixando uma recordação de doçura e beleza; na fachada da Catedral de Lincoln, não longe da cidade onde morrera, elevar-se-á, no século seguinte, a sua estátua, ao lado da do rei: em 1280 tinham assistido juntos à consagração da abside do maravilhoso edifício. Figura graciosa e sorridente, o escultor colocou-lhe o cetro entre as mãos: não tinha sido plenamente a "Rainha Querida", exercendo o poder real ao lado do marido, como toda rainha do seu tempo?

TERCEIRA PARTE

Passado o tempo das catedrais

1

Da corte do amor à universidade

No século XVIII, por um estranho reencontro, Lorris e Meungsur-Loire, duas aldeias da região de Orléans, deram origem a duas personagens cuja obra é perfeitamente representativa da maior mutação de mentalidade que podemos verificar na França, ou mesmo no Ocidente da época. Trata-se de Guilherme de Lorris e de Jean de Meun, os dois autores do *Roman de la Rose*[86]. Poucas vezes uma obra literária foi tão representativa de dois aspectos sucessivos da mentalidade geral e terá traduzido melhor uma evolução que certamente se processava de forma muito lenta, mas cujo ponto de partida está aqui bem marcado. Pode-se dizer que, nas letras, Jean de Meun, meio século depois de Guilherme de Lorris, joga em sentido oposto um papel semelhante ao de Fortunato nos primórdios da tradição cortês: a veia que inaugura e que visa anular toda a cortesia reflete o início de uma nova corrente no domínio do pensamento e dos costumes, na maneira de sentir e mesmo na expressão artística; mas levará vários séculos a impor-se:

> *Au vingtieme an de mon (a)age*
> *Au point qu'Amour prend le péage*
> *Des jeunes gens* [...].
> *Lors vis un songe en mon dromant*
> *Qui moult fut beau et moult me plut* [...].

Or veux mon songe rimoyer
Pour rnieux vos coeurs faire égayer,
Qu'Amour nele prie et commande.

Et si nul ou nulle demande
Comment je veux que se roman
Soit appelé, que je commen(ce)
Que c'est: le Roman de la Rose
Ou l'art d'Amour est toute enclose.

Guilherme de Lorris escreve por volta de 1236. Rita Lejeune, historiadora de literatura medieval, sugere que o poema era dirigido a Margarida da Provença, jovem rainha da França que, dois anos antes, em 1234, desposara o rei Luís IX; esta princesa com nome de flor, que tinha treze anos na época do casamento, residia frequentemente na pequena aldeia de Lorris, em Gâtinais, uma das residências reais na região.

Seja como for, o *Roman de la Rose*, obra repleta de juventude e frescor, parece resumir na sua primeira parte a tradição cortês; numa atmosfera de sonho, é evocado o nascimento do amor no coração do jovem; sob um véu alegórico, com uma extrema finura, são personificados os sentimentos que sofre, os obstáculos com que se defronta, as esperanças e as angústias que o agitam na procura da Rosa, isto é, da mulher amada.

Desde os primeiros versos, o amante diz-nos a quem deve a inspiração:

Donne Dieu qu'en gré le reçoive
Celle pour qui je l'ai empris:
C'est celle qui a tant de prix
Et tant est digne d'être aimée
Qu'el(le) doit être rose clámée.

O sonho que nos é contado ocorreu no mês de maio:

Au temps amoureux, plein de joie,
Au temps ou toute rien s'égaye,
Que l'on ne voit buisson ni haie

Qui en mai parer ne se veuille
Et couvrir de nouvelles feuilles.

O amante levanta-se, passeando perto de um pomar rodeado por muros onde estão pintadas imagens simbólicas: Cólera, Felonia, Cobiça, Avareza, Inveja, Velhice, os obstáculos do amor enumerados por André Capelão no século precedente. Desde então começa uma inquietação, reflexo da inquietação não menos simbólica dos romances de cavalaria, ainda que o elemento dramático aqui tenha desaparecido. Atrás destas altas muralhas, um pomar; é tomado por um desejo "angustiado" de aí penetrar; depois de muitas tentativas, sem perder a coragem, acaba por encontrar uma pequena porta, que lhe é aberta por *une noble pucelle, qui moult était et gente et belle*; a virgem chama-se Oiseuse; o jardim, diz-lhe, é o de Déduit. Os dois nomes evocam lazer e prazer, com o toque de gentileza que os séculos corteses deram ao *service d'Amour*. Ultrapassada a porta, o Amante fica maravilhado:

Et sachez que je croyais être
Vraiment en paradis terrestre
Tant était le lieu délectable.

Encantam-no as melodias dos pássaros, enquanto se dirige, por uma pequena vereda "cheia de funcho e hortelã", para a clareira onde dançam e se entregam aos prazeres amorosos as personagens que denomina Liesse, Déduit e Courtoisie. Com elas, *il se prend à la carole*, mistura-se à dança.

Robe de fleurettes
Faite par fines amourettes.

Perto dele, Doce Olhar, uma adolescente, transporta uma aljava cheia de flechas.

Trovadores e cortes de amor cultivaram a alegoria familiar que se vai desenvolver no decurso do poema. Cinco das flechas de Doce Olhar chamam-se: Beleza, Simplicidade, Franqueza, Companhia e Belo Semblante; e, por contraste, outras cinco: Orgulho, Vilania, Vergonha, Desesperança e Pensamento Novo. Todo o jogo do encontro amoroso está nestas dez flechas, sendo a última a que desvia o amante da amiga. No entanto, prosseguindo o sonho, Guilherme, após uma paragem perto da fonte de Narciso, "espelho perigoso" transformado em fonte de Amor, irá para um "roseiral carregado de rosas", entre as quais avista um botão "tão belo" que lhe pareceu o mais atrativo de todos tanto pelo perfume como pela cor. De tal forma que o resto do poema será consagrado à procura da Rosa, de quem o afastarão os inimigos como Medo, Vergonha, Ciúme, enquanto o Amor, com os seus auxiliares Doce Olhar e Doce Falar, lhe prestam ajuda e conselho. O poema acaba sem que se saiba se o Amante conseguirá, graças à cumplicidade de Belo Acolhimento, colher a Rosa.

Todo um universo interior se exprime através destas personagens detentoras de sentimentos, impulsos, tendências profundas que acontecem entre dois seres, de que um está animado pela busca e o outro recebe ou recusa, acolhe ou se esquiva. O jogo amoroso é aqui revelado com extrema sutileza. Não se trata, como num romance, de criar tipos humanos, um Perceval, um Lancelote, mas de exteriorizar os sentimentos que os agitam, projetá-los sob uma aparência figurada: Vergonha, Vilania, Franqueza ou Doce Olhar; neste jogo duma delicadeza um pouco extenuante, a história e a pessoa esbatem-se. O amante é apenas um sonho e a dama, uma rosa. Atinge-se o limite extremo do refinamento nesta celebração do Amor, que os trovadores e "jograis" exprimiam com um vigor por vezes abrupto; o poeta move-se num mundo onde a própria imagem faz alusão a outra imagem: vem aplicado aos sentimentos o domínio da alegoria.

Guilherme de Lorris é o último representante da tradição cortês, tal como o seu contemporâneo Guiraut Riquier, último trovador digno deste nome, ainda que a obra de um e do outro se tenha perpetuado através dos tempos, pois tiveram numerosos imitadores. O *Roman de la Rose* teve imenso sucesso: mais de 250 manuscritos no século XIII, tendo a voga permanecido até ao século XVI, com inconábulos ou edições precoces.

Mas então não se trata somente da obra de Guilherme de Lorris, que comporta apenas cerca de quatro mil versos e parece inacabada. Na verdade, quarenta anos depois, na segunda metade do século XIII, outro poeta, João Chopinel (ou Clopinel?), originário de Meungsur-Loire, lembrou-se de lhe dar continuidade: cerca de dezoito mil versos — o que deu ao conjunto do poema exatamente 21.781 versos.

João Chopinel teria realmente a ideia de que continuava a obra do seu antecessor? É lógico que façamos a pergunta, pois raramente terão sido compostas, uma a seguir à outra, duas obras de espírito tão diverso. O poema de Guilherme de Lorris interrompia-se numa súplica dirigida a Belo Acolhimento, em quem o amante depositou a "sua confiança"; um dos primeiros versos de Jean de Meun é: *Mais de tout ce n'ai-je que faire* [Mas de tudo isto não sei o que fazer]. O que mostra bem o que ele pretende dizer: daqui em diante desaparece toda a preocupação de cortesia; não mais sonho, amoroso, rosa. Estamos diante de um discurso de natureza didática e científica, uma dissertação magistral emanada dum clérigo, dum universitário. Neste final do século XIII, Jean de Meun inaugura o domínio do professor, como farão noutros domínios os legistas seus contemporâneos. Ele faz discorrer infatigavelmente a

Razão que educa o amante e, sem dificuldade, demonstra que serve um mau senhor:

Amour ce n'est que paix haineuse,
Amour est haine amoureuse.

E prossegue neste tom, por vezes com felizes descobertas:

C'est ris plein de pleurs et de larmes.

À arte de amar sucede um discurso onde se juntam à Razão duas outras entidades: Natureza e Gênio; a alegoria, como veremos, não se aplica aos sentimentos, mas a abstrações; os três personagens impõem ao amante, com muitos exemplos em apoio, o mito da Fortuna, a história de Pigmaleão etc., uma demonstração circunstanciada da conduta que deve manter para com as mulheres. Já não se trata duma questão de cortesia e ainda menos de humor; uma e outro parecem ter desaparecido ao mesmo tempo das cartas. E, com eles, o sentido da procura, que até aqui caracterizava as relações entre homem e mulher. Jean de Meun cobre de sarcasmos o antecessor Guilherme de Lorris, pois não concebe outro gênero de relações amorosas senão as do potro e da égua, outras relações entre homem e mulher senão as do gato e do rato. Da procura passa-se ao conflito: é uma estratégia ensinada ao amante pela Natureza, pondo-o de sobreaviso contra a astúcia feminina e demonstrando sem rodeios que uma mulher substitui outra; o instinto conduz o mundo, e Jean de Meun, discípulo antecipado de muitos sexólogos do nosso tempo, convida a considerar vacas e touros, ovelhas e carneiros, para concluir:

Aussi est-il beau fils, par m'âme,
De tout homme et de toute femme
Quant à naturel appétit.

Como, em seu entender, a Natureza é ainda muito feminina, é ao Gênio ("tipo clerical, logo masculino", como escreve o seu mais recente comentador, Daniel Poirion) que ele dá a última palavra.

No momento em que Jean de Meun se atreve a tomar a direção oposta à daquele que pretende continuar, a Universidade de Paris, a que pertence, conta uma centena de anos de existência. Encontra-se nos seus versos o eco das lutas travadas pela "sua mãe" — é assim que designa este corpo respeitável —, entre outras a da famosa questão contra as ordens mendicantes, às quais o mestre parisiense Guilherme de Saint Amour, seguido pela maior parte dos confrades, queria proibir de ensinar.

A universidade parisiense, sabe-se, nasceu de uma reivindicação de liberdade: os mestres e estudantes da cidade, agrupados em associação, queriam subtrair-se à tutela do bispo de Paris para adquirir a sua autonomia, obtida desde os primeiros anos do século XIII e reconhecida quer pelo papa, quer pelo rei de França. Mas manifesta muito cedo a vontade de monopolizar a liberdade para seu uso exclusivo. Os clérigos seculares que nela ensinam pretendem preservar as suas cátedras e excluir os recém-chegados, cujo sucesso os irrita e inquieta: os Pregadores e os Menores, isto é, os dominicanos e os franciscanos. Isso correspondia a recusar a permissão de ensinar a um São Tomás de Aquino ou a um São Boaventura...

Jean de Meun, nos seus versos, toma exatamente o partido dos mestres parisienses; expande-se em diatribes contra a obra, então famosa, dum franciscano do ramo dos Espirituais, intitulada *L'Évangile éternel*:

Bien est digne d'être brulé,

exclama ele; e é a ocasião de louvar uma vez mais os méritos da *alma mater*:

Et si ne füt la bonne garde
De l'Université, qui garde
La clef de la chrétienté,
Tout en eült été tourmenté.

Nota importante: a Universidade de Paris detém, pois, a chave não apenas do saber, mas da ortodoxia em matéria religiosa. Trata-se de uma dupla pretensão sobre a qual teremos a oportunidade de voltar a falar e que é impressionante ver formulada com tal nitidez desde este fim do século XIII.

Para se ater, num primeiro tempo, à atividade intelectual propriamente dita, à formação dispensada aos escolares e estudantes, esta tendência para o monopólio criava em bloco um mundo rigorosamente masculino. A universidade, com efeito, nasceu do clero e pretendia desde o início suplantar as escolas monásticas; era — a questão com as ordens mendicantes o atesta — hostil a tudo o que não pertencesse às estruturas clericais; os religiosos, subtraídos às autoridades locais e dependendo apenas do papa, eram considerados intrusos, e serão necessários dois séculos de lengalengas e discussões para que lhes seja realmente permitido ensinar. Que poderemos dizer das religiosas? Menos ainda do que os monges, elas não seriam admitidas ao benefício do saber universitário, que é cada vez mais considerado o único válido; isso se traduz, entre outras coisas, nas perseguições efetuadas contra as mulheres médicas no início do século XIV: é-lhes interdito exercer medicina sem a justificação de um diploma que não podem obter. Neste contexto, assiste-se ao declinar bastante rápido do nível de instrução nos conventos de mulheres.

Certa Gertrudes de Helfta pode, ainda no século XII, dizer com que alegria, após os estudos de gramática, passou aos de teologia, como que um segundo grau no ensino superior; doravante, as confidências deste gênero deixarão de ser possíveis, apenas com raras exceções. E, de resto, toma raízes a ideia de que a formação dispensada pela universidade não convém às mulheres. Outros fatores contribuirão para fazer baixar o nível intelectual nos mosteiros, tanto masculinos como femininos: no Ocidente, após a grande peste de 1348, muitos conventos dificilmente encontraram o ambiente adequado e as personalidades capazes de transmitir um conhecimento suficiente. A universidade pôde reformar os seus quadros, mas, fora dela, e sobretudo na França, com a insegurança e as guerras que sucedem durante um século ou mais, fica difícil reencontrar o nível de outrora. E, de resto, quem o desejava? Certamente não seriam os próprios universitários, demasiado orgulhosos de deter "a chave" da ciência, como escrevia Jean de Meun.

De resto, uma influência era preponderante no pensamento universitário: a de Aristóteles, que podemos comparar à influência de Hegel sobre a filosofia do nosso tempo. No que diz respeito à mulher, Aristóteles partilha os preconceitos comuns à antiguidade clássica, o que não poderia de maneira nenhuma incomodar os Avicenas, os Averróis e outros pensadores do islamismo, mas provocava uma regressão notável na cristandade em relação à evolução geral e, entre outras, à filosofia dos mestres de São Vítor. Mesmo Tomás de Aquino, integrando o pensamento aristotélico à Revelação, tem como certa a superioridade do homem sobre a mulher, o que o distingue do seu contemporâneo Vicente de Beauvais; afirma, no entanto, que a imagem de Deus se reflete tanto na mulher como no homem e concede que a mulher difere deste apenas por *aliquid secundarium* (algo de secundário); contudo, segundo a expressão de René Metz, a sua definição "revela um pensador para quem a filosofia aristotélica e o direito romano são tão familiares como os textos do Apóstolo"[87].

Mais adiante será desenvolvida toda uma corrente antifeminista e que não se manifesta apenas nos textos literários e nas opiniões individuais, pois já vimos a progressão do direito romano, influenciando diretamente os costumes tanto na vida religiosa como no domínio profano.

É inútil insistir sobre obras ainda pouco conhecidas, como as *Lamentações*, de Matthieu, que no final do século XIII retoma os ataques iniciados por Jean de Meun, e sobre a literatura satírica, que se desenvolve de seguida nalgumas obras virulentas, como o *Dit de l'épervier*[88], que assimila o amor à caça ao falcão. Mesmo na obra de Eustache Deschamps[89], certos poemas, como *Le miroir de mariage*, têm como tema as exigências das mulheres e o seu gosto pelo luxo. Assim é esta burguesa, mulher de comerciante, se a julgarmos pelas declarações com que importuna o marido, considerando-se inferior em relação às outras mulheres:

Et je vous dirai que ma huve
Est vieille et de pauvre façon:
Je sais tel(le) femme de maçon
Qui n'est pas à moi comparable
Qui meilleure a, et plus costable
Quatre fois que la mienne n'est!

Ela reclama:

Quand je chevaucherai par rues
haquenée belle et amblant
et selle de riche semblant
à lacs et à pendants de soie [...].
Je vois bien femmes d'avocats,
De pauvres bourgeois de village
qui l'ont bien — pourquoi ne l'aurai-je? —
A quatre roncins attelé.

Isto para exigir

un char
dedans et dehors peinturé.

Mulher de mercador destinada a viajar de uma feira para outra, faz notar com azedume que os maridos das outras,

Quand ils reviennent de Paris,
De Reims, de Rouen, de Troyes,
Leur rapportent gants ou courroies,
Pelisse, anneaux, fremillets, boucles,
Tasses d'argent ou gobelets [...].

Ela quer também um espelho de marfim num estojo pendurado "com corrente de prata", ou ainda um livro de piedade: *Heures de Notre Dame*, numa encadernação de fino pano de ouro, fechada por "fechos de ouro", de tal forma que

Ceux qui les verront
puissent partout clire et conter
qu'on ne peut plus belles porter.

É o tom que reencontraremos no século XV, nas muito famosas *Quinze joies de mariage*, de Gilles Bellemere: literatura antifeminista que apresenta o marido inevitavelmente como vítima, achincalhado por uma esposa irascível e insaciável.

E, se citamos estas páginas do poema de Eustache Deschamps, que tem o mérito de retratar de forma viva a vida de uma burguesia abastada da segunda metade do século XIV, dispensamos ao leitor de seguir aqui a obra de Bellemere, que foi amplamente editada[90].

Foi na época das *Quinze joies de mariage* (primeiros anos do século XV) que estalou a querela antifeminista entre os universitários parisienses e a poetisa Cristina de Pisano.

Esta foi frequentemente apresentada como "a nossa primeira mulher de letras": a "primeira no tempo e a mais insuportável das nossas mulheres letradas", como escreveu carinhosamente um professor de Literatura da Idade Média[91]; sem querer discutir esse julgamento, sublinhamos o nosso reconhecimento a Cristina, cujo nome sobreviveu ao desprezo generalizado para com as "mulheres letradas", tão propagado depois de Molière e cujo exemplo prova que uma mulher, ainda no século XV, podia viver da sua escrita.

Foi a propósito do *Roman de la Rose* que Cristina teve oportunidade de afrontar os universitários do seu tempo.

Em 1400 compõe, contra Jean de Meun, o *Epitre au Dieu d'Amour*:

Si se plaignent les dessus-dites dames
Des grands extorts, des blâmes, des diffames,
Des trahisons, des outrages tres griefs,
Des faussetés et maints autres griefs,
Que chacun jour des déloaux reçoivent,
Qui les blâment, diffament et déçoivent.

E Cristina acrescenta a seguinte reflexão:

Sur tous pays se complaignent de France
Qui jadis fut leur écu et défence,
Qui contre tous de tort les défendait
Comme il est droit, et comme faire doit
Noble pays ou gentillesse regne.

Vale notar até que ponto a França, país onde nasceu e eclodiu a cavalaria, parece aos olhos de Cristina embrenhar-se nos caminhos abertos por Jean de Meun. E nisto ela se mostra observadora sagaz do seu tempo.

Não nos espanta, pois, ver um universitário, Jean de Montreuil, seguido de muitos outros e tendo à cabeça Gontier Col, aceitarem o desafio e sentirem-se atacados na pessoa de Jean de Meun; trata-se de dois secretários do rei, amadores das letras antigas e humanistas antecipados, que desencadeiam todo este debate antifeminista[92] com grande ênfase de discursos, divertindo Cristina:

Dieu! quels parleurs! Dieu! quelles assemblées
Ou les honneurs des dames sont emblés!

A querela espalha-se: a universidade parisiense estava inteiramente comovida com a ideia de que se pudesse atacar o autor do *Roman de la Rose*, em quem reconhecia o seu próprio estado de espírito.

Houve, no entanto, um universitário, e não dos melhores (era então chanceler da Universidade de Paris), Jean Gerson, que tomou a defesa de Cristina de Pisano. Jean Gerson é uma exceção em seu tempo e manifesta-o numa ocasião exemplar, pois será um dos raros universitários a recusar todo ato de colaboração em benefício do invasor inglês, de tal modo que, curiosamente, o vamos encontrar uma vez mais ao lado de Cristina de Pisano, tomando a defesa duma mulher muito célebre: Joana d'Arc.

Sem, no entanto, nos anteciparmos sobre o objetivo do próximo capítulo, verifiquemos que se trata de uma corrente de opinião que se desenvolverá e culminará num decreto do Parlamento de Paris conhecido como Decreto Lemaitre, proibindo em 28 de junho de 1593 à mulher qualquer função no Estado.

Como tentamos revelar os diversos movimentos literários ou jurídicos que contribuíram para este resultado, poderíamos entregar-nos aqui a um pequeno jogo de citações que constituam um florilégio eloquente. Limitemo-nos a três dentre elas[93], dimanadas de cérebros notáveis — ainda que diferentes um do outro — do pensamento clássico e burguês.

Richelieu, primeiro, no que chamamos o seu *Testamento político*: “Nada é mais capaz de causar prejuízos aos estados do que este sexo. [...] Sendo os melhores pensamentos das mulheres quase sempre maus, conduzem-se pelas paixões, que ocupam normalmente o lugar da razão no seu espírito, em vez da razão, que é o único e verdadeiro motivo que deve animar e fazer agir os que se ocupam dos negócios públicos”. Não iremos insistir nas insinuações voltaireanas, reveladoras, quase sem que ele o saiba, da escala de valores que lhe é própria: “Vimos mulheres muito sábias, tal como boas guerreiras, mas não há mulheres inventoras” (censura que seria retomada em coro pelos urbueses do século XIX); contentamo-nos em escutar Rastif da Bretanha: “As mulheres assemelham-se aos povos orientais, com quem partilham uma imaginação viva e fácil de assustar; preferem sem dúvida um governo a que possam obedecer sem raciocinar a outro em que tenham de escolher obedecer ou não”.

Como reunir mais desprezo em tão poucas palavras?

2

Duas meninas como as outras: Joana e Catarina

No capítulo dedicado ao poder político, apenas citamos exemplos de mulheres nascidas em famílias abastadas: princesas, rainhas, jovens de nobre linhagem; pode-se concluir que toda ação no plano político estivesse necessariamente ligada ao nascimento?

É certamente a regra geral — ainda que, na prática, a questão seja mais complicada do que parece quando falamos em abstrato: os estudos um pouco mais aprofundados oferecem exemplos que se conjugam mal com a fixidez que facilmente imaginamos entre as diversas "camadas sociais" na época feudal[94].

Lembremos que, neste caso, raparigas e rapazes encontravam-se num pé de perfeita igualdade, pois os direitos de nascença jogam tanto para uns como para outros. Pode-se facilmente concluir o que caracterizou, por exemplo, os séculos XVII e XVIII numa sociedade aristocrática em que o privilégio da linhagem tinha uma força absoluta. Ora, quanto aos homens, dois nomes, entre muitos outros, vêm imediatamente ao espírito: Suger, filho de servos que veio a ser regente da França; e o papa Silvestre II, filho de pastores de cabras que, em criança, guardava rebanhos algures na Auvergne.

Quanto às mulheres, dois exemplos se impõem, tanto mais impressionantes quanto tardios e datando duma época em que, na França, Inglaterra e Itália, as preocupações guerreiras, essencialmente masculinas, começam a prevalecer na mentalidade geral e a impor-se na vida cotidiana. Ora, do ponto de vista político, duas mulheres tiveram uma ação decisiva — uma no século XIV, outra no século XV. Duas mulheres que não devem absolutamente nada a privilégios de nascimento e que nada chamava a desempenhar um papel particular: não eram nem rainhas, nem princesas, nem nobres, mas duas moças como as outras, de quem se falou em todo o mundo conhecido de então e que alteraram profundamente o equilíbrio desse mundo: Catarina de Siena e Joana d'Arc.

Uma citadina e uma rural que poderíamos tomar como exemplos para evocar a vida das moças na cidade e no campo, pelo menos nos seus primeiros anos, até perto dos dezesseis. Isto representa metade da vida de Catarina e ainda mais de Joana, morta aos dezenove anos.

Uma jovem como as outras: foi o que pensaram em Siena quando nasceu a penúltima das 25 crianças de Lapa e Jacopo, filho de Benincasa. O pai é tintureiro, ofício tão rentoso na época que, a despeito da numerosa prole, a família vive tranquilamente. Esta Lapa, que aguentou vigorosamente numerosas maternidades, atingirá a idade de 89 anos.

Catarina nasceu em uma época que, com o passar dos anos, possui algo de patético: 1347. É neste mesmo ano que um navio genovês volta ao porto de partida, transportando alguns marinheiros com uma doença contraída no cerco de Caffa, nas margens do mar Negro. No ano seguinte, a peste bubônica assola a Europa, semeando mortes e desastres; aldeias inteiras desaparecerão do mapa; calcula-se que houve, pelo menos, uma vítima em cada três pessoas. Até meados do século XV serão numerosos os retornos ofensivos do flagelo; Nora, uma das irmãs mais velhas de Catarina, morre da peste; mas, pelo menos na primeira onda da epidemia, a família não parece ter sido muito atingida numa cidade que, como diziam, ficou reduzida à metade.

Este é o enquadramento dramático de milhares de outras jovens da época. Assim é com Joana, provavelmente nascida em Domrèmy, a 6 de janeiro de 1412. De fato, o ano do seu nascimento não está absolutamente determinado como o de Catarina: raras são as paróquias que tiveram e de que foram conservados regularmente os registros de batismo, antepassados dos nossos registros civis. E é exatamente esta incerteza que faz de Joana e de Catarina "meninas como as outras", pois naquele tempo começa-se a tomar nota apenas das datas de nascimento das crianças de linhagem nobre; todavia, para Joana existe uma precisão fornecida por um dos padrinhos: uma das madrinhas sobrevive em 1456, data em que Joana é reabilitada e em que fazem investigações a seu respeito: nasceu em 6 de janeiro, festa da Epifania; lembremos de passagem que, na época, o hábito de escolher numerosos padrinhos e madrinhas vem precisamente da importância dada à prova oral, ao testemunho dos que assistiram a um acontecimento: é muito maior do que a dada ao testemunho escrito. Neste início do século XV, se a peste de tempos em tempos desaparece, é sobretudo a guerra que devasta tanto os civis como os combatentes; as "companhias" que percorrem os campos pilham e devastam tudo. Joana nasce no momento em que a guerra civil começa em Paris, com o que se chamou a revolta de Cabochien; ela tem três anos quando a guerra estrangeira se traduz na derrota do país com a batalha de Azincourt. E a sua aldeia, "na marca da Lorena", está próxima do país borgonhês.

Quando, em 1456, o inquérito levado a cabo para saber se tinha sido herege ou não é feito em Domrèmy, os camponeses interrogados são unânimes em dizer de Joana: "Era como as outras"; fiava, cosia e fazia os trabalhos da casa; quando chegava o turno da quinta, guardava os animais com as crianças dos arredores; ia quase todos os sábados com a irmãzinha chamada Catarina à ermida de Bermont. Sabe-se também que tinha três irmãos mais velhos e que dois se lhe vieram juntar em Orléans; enfim, se o pai se chama Jacques Dart ou Tard, que veio a dar Jacques d'Arc, a mãe tem um sobrenome característico da época: Isabel Romée, o que significa que ela ou a mãe foram de bom grado em peregrinação. De fato, no próprio ano da partida de Joana, Isabel toma o caminho de Puy para as festas solenes do jubileu, que se realizaram nesse ano de 1429[95].

São, pois, duas mocinhas que nada distingue das outras do seu tempo; nem chegam a aprender a ler ou escrever na infância: é, como vimos, o caso dum bom número delas, sobretudo durante o período medieval propriamente dito, quando as escolas são subvertidas e muitas desaparecem totalmente: a peste matou a maior parte dos quadros eclesiásticos, os mestres-escolas. Alguns conventos, como os dos dominicanos ou franciscanos de Marselha, ficaram inteiramente despovoados, pois o mal encontrava um terreno propício nas coletividades. Mais tarde Catarina aprenderá a ler e a escrever; Joana saberá escrever o nome, não há dúvida. Mas a primeira terá um papel na formação da língua italiana, hoje universalmente reconhecido, e estão conservadas, para lá do *Diálogo* que ditou a vários clérigos que a cercavam, 382 cartas que são verdadeiras obras-primas; quanto a Joana, segundo o testemunho dos seus contemporâneos, exprimia-se admiravelmente; "esta rapariga falava muito bem", diz Alberto de Ourches, velho senhor da região de Vaucouleurs, e acrescenta: "Gostaria de ter tido uma filha tão boa". De resto, testemunhos desta clareza e do seu vigor de expressão ficaram-nos na espécie admirável que é a "Carta aos ingleses" e as que envia tanto aos habitantes de Reims como ao duque da Borgonha.

Uma terá influência decisiva no regresso do papa a Roma, de que o papado estava afastado há mais de setenta anos; a outra levantará em oito dias um cerco que durava sete meses, o de Orléans, e alterará o equilíbrio de forças, vencendo aos ingleses a batalha de Patay, réplica fulminante de Azincourt. E, tal como os antepassados, fará coroar em Reims o rei Carlos VII, que vivia havia sete anos retirado em Bourges, afastado como estava do trono pelo Tratado de Troyes, que em 1420 o substituíra pelo herdeiro do rei de Inglaterra, o futuro Henrique VI.

A questão que se põe é saber quais foram as influências que levaram essas moças a agir, dado que nada destinava a tamanha ação sobre o mundo que as rodeava.

No que diz respeito a Catarina a questão é complexa, mas bem conhecida; faz parte de uma linhagem numerosa e extremamente viva, a das beguinas, que na nossa época finalmente foram objeto de estudos[96]. No século XIII, Mathieu Paris definiu-as perfeitamente: "[...] beguinos e beguinas dizem-se religiosos; são dos dois sexos, mas sobretudo mulheres; tomam o hábito, mas simplificado, professam a castidade e a simplicidade da vida por voto privado, mas não estão sujeitas a regra, nem congregadas num convento"; ele declara que elas se multiplicaram muito, que, por exemplo, em Colônia e nos arredores se contam mais de duas mil[97]. Estes beguinos e beguinas são leigos consagrados que levam uma vida quase religiosa, mas no mundo e sem que nada por vezes os diferencie em seu aspecto exterior. No *Le ménagier de Paris*, a intendente da casa do burguês que redige a obra chama-se Inês, a beguina; esta, como muitas outras, vivia isolada e tinha o que chamaríamos uma ocupação assalariada; muitas viviam em pequenas comunidades que deixaram admiráveis recordações: basta ter visitado os conventos de beguinos em Bruges, Gand, Amsterdã, para apreciar esta atmosfera de recolhimento, com pequenas casas muito asseadas e alinhadas que fazem pensar nas cartuxas e que representavam, digamos, uma solução para o que chamamos os "problemas da terceira idade"; as beguinas idosas e sem recursos aí encontravam normalmente asilo. Algumas destas santas mulheres tiveram uma influência notável, posta em evidência pelo historiador americano Mac Donnell, que as estudou. Temos assim Maria de Dignies, a quem o bem conhecido bispo de Acre, Jacques de Vitry, declara dever a conversão e a vocação; ou Juliana do Mont-Comillon, que introduz na diocese de Liège a festa do Santíssimo Sacramento, até hoje celebrada com fama.

Em resumo, as beguinas eram uma manifestação do mesmo movimento de fervor religioso ao qual se devem também, no início do século XII, as ordens mendicantes, que, por sua vez, irão dar origem ao que chamamos ordens terceiras, isto é, associações de leigos reunidos sob a égide dos dominicanos ou franciscanos, com vista à oração, à esmola, às obras de caridade. Ora, Catarina de Siena, quando descobre a sua vocação de consagrada, escolhe fazer parte de uma ordem terceira feminina fundada por frades pregadores. Eram chamados na cidade os *mantellate*, pois os seus membros usavam como único indício de que pertenciam a uma ordem religiosa um manto negro sobre o vestuário habitual. Catarina de Siena expressou várias vezes a sua profunda afeição pela Ordem de São Domingos; a sua espiritualidade está impregnada do ardor que lhe é próprio; tem por confessor o bem-aventurado Raimundo de Cápua, que mais tarde será o mestre geral dos dominicanos e escreverá a vida da sua penitente: vida semeada de êxtases, de revelações e de asceses que a transformam numa personagem totalmente fora do vulgar, pois durante os últimos anos de vida se alimenta unicamente da Eucaristia.

Por outro lado, aqueles — pouco numerosos, a bem dizer — que se debruçaram sobre a espiritualidade de Joana d'Arc surpreenderam-se por verificar que ela não sofreu qualquer influência notável; alguns esforçaram-se por supor que ela tinha sido da Ordem Terceira de São Francisco ou que, pelo menos, sentira uma atração particular pela Ordem de São Francisco; mas nenhum documento permite afirmá-lo, e de fato ela mesmo declara expressamente que "de ninguém recebeu a crença, a não ser da mãe". Segundo os testemunhos posteriores, o pároco dizia "que não havia melhor na paróquia", mas a este padre a quem se confessava não confiou ela as revelações. Em suma, Joana representa o cristão médio do seu tempo; sabe o que sabem em geral os cristãos numa época em que, como faz notar Francisco Rapp, especialista na religião popular no tempo de Joana d'Arc, "o cristianismo brota como de uma fonte"[98]. No seu caso não existe grupo, nem ordem, nem corrente de devoção particular: a espiritualidade reduz-se (se assim se pode dizer!) a fazer o melhor possível, no dia a dia, a vontade de Deus, tal e qual é expressa por aquilo a que chama "as suas vozes", "o seu conselho"; para além disso, é "como as outras", a tal ponto que, para quem a considera com o recuo dos tempos, este é talvez um dos traços mais singulares da sua personalidade.

Enfim, Catarina e Joana têm em comum o voto de virgindade, que de alguma forma marca o início da sua aventura interior; uma anuncia-o desde os sete anos de idade, após uma visão em que lhe parecia ver Cristo sob a forma do papa, tendo vestido o vestuário tradicional e as insígnias do papado; Joana pronuncia o voto quando, "com a idade de cerca de treze anos [...] [ela soube] que era a voz dum anjo" que se lhe dirigia no jardim da casa paterna[99]".

A carreira política de ambas será decisiva: uma influenciando o papa; a outra, o rei da França e, por consequência, o próprio equilíbrio da Europa, isto é, do mundo do seu tempo.

Sabe-se em que circunstâncias o papa Clemente V, em 1309, se instalou em Avignon: a situação da cidade santa, onde se sucediam revoltas, agressões e atentados, assustou o arcebispo de Bordeaux, natural de Villandraut-en-Guyenne, que tinha sido eleito papa sob a égide de Filipe, o Belo, e em Lyon tinha solenemente colocado a tiara. Seis papas residem sucessivamente na cidade condal; o sétimo, Gregório XI, tomará a decisão corajosa que havia muito tempo personalidades tão diversas como Petrarca ou Santa Brígida da Suécia adjuravam aos predecessores e voltará para Roma, após setenta anos de "exílio", que desde então se compara ao "cativeiro da Babilônia".

Neste intervalo, todos os papas de Avignon foram franceses, e em 1378, quando morre Gregório XI, dos dezesseis cardeais que compunham a Cúria, onze eram da mesma nacionalidade; isto mostra a que ponto a Igreja depende do rei da França, o que não é mais tranquilizador do que no tempo em que se encontrava sob o poder do imperador da Alemanha. É o mal-estar engendrado por esta situação anormal que levará ao que chamamos o Grande Cisma do Ocidente. Os cardeais, descontentes com o Papa Urbano VI (antigo arcebispo de Nápoles), que tinham eleito, designaram em seguida outro francês, Roberto de Genebra, que tomou o nome de Clemente VII e voltou tranquilamente para Avignon, onde sabia poder contar com o apoio do seu primo, o rei da França.

Durante a maior parte do século XIV, o papado é francês, ligado a uma corte cuja influência o distancia um pouco do resto da cristandade, a começar pela Itália e pela Alemanha; ao mesmo tempo, está submetido de perto à autoridade logo preponderante que a Universidade de Paris detém na Igreja. A *alma mater*, que se considerava detentora da "chave da cristandade", manifesta cada vez mais esta pretensão pela voz dos seus membros; ela desencadear-se-á na época do Grande Cisma.

Nesta confusão, o papel de Catarina de Siena é nítido e claro: na cidade de Siena está de tal forma cercada dum renome de santidade que logo agrupa à sua volta o que chama a sua "bela brigada": religiosos, clérigos, mas também leigos e, em particular jovens poetas, como Neri di Landoccio, todos atraídos por uma sede de vida espiritual que a jovem da Ordem Terceira de São Domingos parece fazer nascer e desenvolver à sua volta; esta cedo será chamada, neste tempo de guerra civil que assola ao mesmo tempo as duas cidades de Florença e Siena, a intervir para tentar restaurar a paz. E pode-se resumir desta maneira a sua carreira política: trata-se de um esforço de pacificação e de reforma da Igreja — um e outro orientados no seu pensamento por um fim a longo prazo: socorrer a Terra Santa, reconciliar os chefes da cristandade para reconquistar a Palestina, recaída na mão dos infiéis uma centena de anos antes, em 1291. A seus olhos, o ponto capital para a reforma da Igreja é reconduzir o papa a Roma, onde se tornará chefe da Igreja universal. Ela conseguirá: a sua vontade persistente vai ao encontro do desejo do Papa Gregório XI e, quando chega a Avignon, em 18 de junho de 1376, rodeada de uma parte dos seus fiéis, é recebida por ele quase imediatamente — dois dias mais tarde —, e prevalece a sua decisão; o papa reentrará em Roma — depois de muitas hesitações: é um regresso retardado por tempestades marítimas e inumeráveis dificuldades materiais — em 17 de janeiro de 1377. Infelizmente, morrerá catorze meses mais tarde, em 27 de março de 1378, não sem ter encarregado Catarina de diversas missões de negociações, de novo entre Siena e Florença;

ele tinha-lhe concedido privilégios extraordinários: o direito de ter um altar portátil e nele celebrar Missa mesmo nas regiões atingidas de interdito. Tinha junto a si três confessores que lhe estavam adstritos e podiam, sem solicitar autorização ao bispo da região, confessar os penitentes que se apresentassem; por onde passava Catarina, as conversões eram numerosas, e por vezes os três confessores cumpriam a tarefa com dificuldade.

A "carreira política" de Catarina exerce-se, pois, no seio da Igreja universal em época de perturbações, de confusões, de erros, no meio dos quais ela indica o caminho direito. Aquela de Joana d'Arc se dará num terreno mais propriamente político e temporal — ainda que tenha logrado muitas repercussões do ponto de vista religioso — e através de meios militares, coisa muito inesperada numa santa. Quando ela se manifesta, em fevereiro de 1429, a França é simultaneamente devorada pela guerra estrangeira e pela guerra civil, e podia-se perguntar quem deveria legitimamente reinar, se aquele que ela chama o delfim, futuro Carlos VII, ou se o rei da Inglaterra, Henrique VI de Lencastre, destinado a reinar, pensava-se, ao mesmo tempo no seu país e na França e que age como todos os invasores do mundo, efetuando regularmente levantamentos antecipados no Norte da França, que controlava, através da família e dos agentes a quem o solo da Normandia, do Anjou e do Maine tinha sido distribuído.

Joana trouxe alguma clareza à perturbação geral dos espíritos e das armas, designando o legítimo herdeiro e fazendo-o coroar em Reims, após ter feito levantar o cerco de Orléans. Mas vai reencontrar o mesmo inimigo que Catarina de Siena meio século antes: a Universidade de Paris, no conjunto aliada da causa inglesa; alguns universitários que sentiram uma alma de "resistente" foram juntar-se ao delfim no sul do Loire e estão reunidos em

Poitiers quando Joana entra em cena, enquanto seus colegas parisienses aprovavam por meio de grande quantidade de argumentos o assassinato de Luís de Orléans por ordem do primo, o duque da Borgonha João Sem Medo, ato que desencadeou a guerra civil em 1407. Para fazer o gosto ao invasor, foi elaborada esta teoria da dupla monarquia, França e Inglaterra, sob a coroa inglesa, de que um dos principais defensores é o antigo reitor da Universidade de Paris, chamado Pedro Cauchon, um dos negociadores do Tratado de Troyes, que antecipadamente deserdara o futuro Carlos VII; ele não perde a ocasião de desenvolver o seu zelo, quer em 1424, quando recebe pelo lado inglês a capitulação da cidade de Vitry, próxima de Reims (defendida pelo famoso La Hire), quer ainda levantando taxas e impostos na Normandia, sempre por conta do invasor. O seu zelo concede-lhe o bispado de Beauvais, e é sob este título que empreende contra Joana, quando esta é presa em Compiègne, um processo de heresia que termina, sabe-se, pela fogueira de Rouen, em 30 de maio de 1431; mas não podemos deixar de notar que a Universidade de Paris tinha mostrado a intenção de empreender um processo de heresia desde as primeiras vitórias de Joana, no momento em que esta dirigia para Reims o exército real a fim de proceder à sagração que devia fazer de Carlos, segundo a sua expressão, "o lugar-tenente do Reino dos Céus, que é o rei de França". Desde que foi feita prisioneira e que o processo começou, a Universidade não deixou de se recompensar da longa espera, enviando seis dos seus membros para assistir; para os universitários parisienses era inconcebível que esta rapariga de dezessete anos, filha de camponeses, viesse pôr em causa uma teoria lenta e longamente elaborada pelos detentores da "chave da cristandade".

É suficiente para analisar, em toda a sua extensão, o ato de Joana evocar o que ainda é a Irlanda no nosso século XX, dividida em duas pela influência dos ex-colonizadores, que nela intervieram com métodos de invasores, tomando posse de 97% do solo no século XVI e de mais ainda no XVII; o esforço de libertação que Joana por si só representa, e pelo qual se transformou na mais eminente figura de todos os tempos, fez literalmente oscilar o jogo de forças em presença e permitiu uma ordem europeia na qual a França pôde desempenhar o seu papel e permanecer ela própria, isto numa época em que começavam a manifestar-se um espírito e métodos de colonização que no futuro dariam as suas provas.

Recolhida num convento desde a entrada dos ingleses em Paris, tendo cessado de escrever, Cristina de Pisano, que tinha também lutado contra os universitários parisienses, saúda a vitória de Joana em Orléans no seu último poema:

> *L'an mil quatre cent vingt et neuf*
> *Reprit à luire le soleil.*

Haveria certamente muitos outros aspectos a evocar na personalidade de Catarina e de Joana; no nosso século XX, a primeira foi nomeada doutora da Igreja e foi então a única mulher, juntamente com Teresa de Ávila, que teve esta honra. Quanto à extraordinária popularidade de Joana, desde que, em meados do século XIX, foram publicados os seus dois processos (traduzidos pela primeira vez em 1868) e que a sua personalidade foi sendo mais conhecida, não é preciso insistir. O nosso século XX assistiu à criação, em Roma, do Instituto Santa Catarina de Siena, que se debruçou sobre a personalidade e os escritos da filha do tintureiro, morta aos 33 anos, em 29 de abril de 1380; ao mesmo tempo, mais modestamente, nascia em Orléans, em 1974, um Centro Joana d'Arc, criação da municipalidade desta cidade, reunindo sob a forma de microfichas os documentos relativos a esta filha de camponeses.

É evidentemente extraordinário o contraste entre estas duas breves existências femininas e o número de obras, de documentos de todas as espécies, de discussões frequentemente apaixonadas, que uma e outra suscitaram, tudo emanado dos investigadores mais qualificados; sem contar as estátuas, pinturas, obras de arte e, mais ainda, o fervor que atualmente as rodeia.

Não é possível concluir sem fazer notar, a propósito de Joana, o traço bem significativo de certa mentalidade: a do século XIX, prolongada ainda hoje por alguns obstinados. Com efeito, a questão então posta e que provocou sobretudo o espanto é a de saber como pôde esta filha de camponeses ser recebida pelo rei, ou como foi esta mulher admitida a dirigir um exército. Sem insistir na inconsequência da questão que despreza o essencial (pois, além do mais, são sobretudo os feitos heroicos de Joana que são espantosos), pode-se, no termo de um estudo sobre o que terá sido o estatuto da mulher nas épocas que precederam Joana d'Arc, pensar que o problema está já resolvido, ou, melhor, que se trata de um falso problema. A Ordem de Fontevraud, ainda viva no século XV, atesta que se trata de uma época em que se confiava na mulher, e a imagem de Leonor, de Branca e de tantas outras está longe de ser apagada.

Joana inscreveu-se na linhagem das mulheres que participaram das expedições de além-mar, das que podiam receber homenagem dos vassalos e fazer justiça; e, no século XV, o rei não tem ainda nada dum Luís XIV.

Poderemos dizer que a missão de Joana d'Arc teria sido impossível no século XIX? No sentido estrito da palavra ela seria, em todo caso, "impensável".

Conclusão: das mulheres de anteontem às de hoje

Toda a humanidade se pode rever nos símbolos vivos que oferecem Heloísa e Abelardo no seu frente a frente, sinal da perpétua alternativa em que cada termo é tão necessário ao outro como dois olhos para ver, dois membros para agir e andar. É muito curiosa esta visão monocular — a da perspectiva clássica em pintura — que manifesta a tendência para resolver o eterno conflito do casal, do "dois", eliminando um em benefício do outro! Na época feudal tinha-se compreendido que os contrários são indispensáveis entre si, que uma abóbada apenas se segura pela mútua pressão que duas forças exercem uma sobre a outra, que o seu equilíbrio é função da sua igual pressão. Talvez nos seja dado redescobrir esta feliz necessidade na época em que redescobrimos as abóbadas românicas, em que estas se tornam próximas e familiares, objetos, ainda por cima, dum interesse crescente.

Talvez, após estes quatro séculos que podemos chamar "monárquicos" (*monos*: "um só"), quaisquer que tenham sido os sucessivos regimes, e onde o poder e o pensamento foram unicamente masculinos, possamos voltar a ver a influência feminina em função do movimento que se inicia.

Mas perguntamos por vezes (nada é jamais irreversível, quer na história dos povos, quer na dos indivíduos) se o atual esforço de libertação da mulher não corre o risco de abortar; pois marca uma tendência suicida para a mulher: negar-se a ela própria enquanto mulher, satisfazer-se a copiar os comportamentos do seu companheiro, tentar reproduzi-lo como uma espécie de modelo ideal e perfeito, recusando logo à primeira toda originalidade.

E, no entanto, o mundo rigorosamente masculino da civilização clássica e burguesa surge-nos contestável e está de fato contestado. Não será paradoxal que se conserve, duma herança de riqueza inegável, precisamente o legado mais pernicioso: a tentação totalitária, que consiste em querer reduzir todos os indivíduos a um esquema único que apenas admite a igualdade na uniformidade? As mulheres se contentarão em serem homens forçosamente falhos — a menos que houvesse uma mutação gigantesca da humanidade que, de resto, seria também o seu fim?

A cópia é um bom exercício escolar: jamais produziu uma obra-prima. Por que não inventamos, nós mulheres, soluções adequadas ao nosso tempo, como outras mulheres fizeram em sua época? Não teremos nada de original a propor ao mundo, por exemplo, perante as lacunas tão graves de hoje? Quem nos diz que não seria necessária uma solução feminina para pôr termo à injustiça generalizada que faz com que, em nosso universo racional e planificado, dois seres humanos em cada três não comam o suficiente? Será certo que a violência, que até hoje apenas o tem agravado, possa sozinha desfazer aquele mal?

Sempre se reconheceu à mulher um certo sentido das realidades concretas. Não estará ela qualificada para discernir, para além dos sistemas dos ideólogos e dos cálculos dos futurólogos, as medidas a tomar para melhorar a vida cotidiana, mostrando-se vigilante perante um mundo que se esgota e se maltrata? A "qualidade da vida", a beleza do mundo ou, numa palavra, a sobrevivência do planeta não dependerão também das mulheres, ou, digamos, primeiro das mulheres?

Em quantos domínios poderá a mulher manifestar-se com eficácia: em todos aqueles que dizem respeito à pessoa (isto é, a cada um de nós, ao respeito pelo outro), à educação e à felicidade das crianças. Não é curioso que, desde que o mundo é mundo, logo que as recordações da infância — severidade, angústia ou ternura — tomam lugar no adulto, nos inquietemos tão pouco de dar a cada criança aquilo de que tanto necessita nos primeiros anos: um certo calor, um ambiente tranquilizador? Não caberá às mulheres pensar nisso?

Tudo isso, porém, exige um esforço de invenção, de atenção ao tempo em que vivemos. E também a convicção de que só criando nos afirmamos e — hoje muitos o reconhecem — de que "a diferença que é a criadora"[100].

Notas

[1] Georges Tessier, *Le baptême de Clovis,* Paris, Gallimard, 1965. As nossas citações foram extraídas desta obra.

[2] Jean Duché, *Histoire du monde,* t. n, p. 44, Paris, Flammarion, 1960.

[3] Cf. artigo de Robert Villers, "Le Statut de la femme à Rome jusqu'à la fin de la République", na compilação da Société Jean-Bodin consagrada a *La Femme,* t. I, Bruxelas, 1959, pp. 177--189. Cf. também, na mesma coletânea, os estudos de Jean Gaudemet, *Le Statut de la femme dans l'Empire Romain,* pp. 191-222, e de F. Ganshof, *Le Statut de la femme dans la monarchie franque*, 1962, pp. 5-58.

[4] Cf. números da revista *Missi* (Lyon, Rue de Auvergne) dedicados à mulher em 1975: nn. 7 e 8.

[5] Cf. as obras de Pierre Grimal, que dá esses exemplos.

[6] Cf. Robert Etienne, "La Conscience médical antique et la vie des enfants", in *Annales de démographie historique,* 1973.

[7] O n. 132 da revista *Population et sociétés* (fevereiro de 1980) contém um parágrafo que vale a pena citar: "Em numerosas sociedades, o nascimento de rapazes é valorizado e o de meninas, desvalorizado. Este era um caso frequente da França no século passado. Mas enquanto, nos países cristãos, as crianças dos dois sexos foram sempre batizadas e, por isso mesmo, registradas sem discriminação, acontece em outras civilizações serem as meninas parcialmente omitidas nas declarações à autoridade religiosa ou civil. Isso sucede em numerosos países de África, do subcontinente indiano e na maior parte dos países islâmicos".

E o autor, Michel-Louis Levy, prosseguindo com o estudo da mortalidade dos recém--nascidos masculinos, acrescenta: "Conhecem-se países onde a mortalidade das crianças do sexo feminino é superior à das do sexo masculino devido à menor importância que lhes é concedida e aos menores cuidados que lhes são dedicados. Parece que, na Índia, a esperança de vida das mulheres será menor do que a dos homens. Jacques Vallin mostrou que na Argélia a mortalidade feminina, dos seis meses aos 35 anos, era maior — ao que tudo indica, ligada a causas sociais" *(L'équilibre des sexes,* ed. pelo Institut National d'Études Démographiques).

[8] J. Daniélou e H. Marrou, *Nouvelle histoire de l'Eglise*, p. 339.

[9] Vacant e Mangenot, *Dictionnaire de théologie catholique*, pp. 465-480. O Concílio de Eauze recomenda não mandar trabalhar muito os escravos ao domingo, enquanto um concílio anglo--saxão um pouco mais tardio proclama diretamente que o servo a quem o seu senhor faça trabalhar ao domingo deverá ser libertado, subtraído à autoridade desse senhor.

[10] Cf. Pierre Riché, *Education et culture dans l'Occident barbare,* Paris, Le Seuil, 1962.

[11] Bruno Albers, *Consuetudines monasticae*, Monte Cassino, 1907, pp. 159-168.

[12] Reto Bezzola, *Les origines et la formation de la littérature courtoise em Occident,* Bibliothe-que de l'École des Hautes Études, fase 286, Paris, 1958-63, 5 vols. Cf. pp. 55ss.

[13] Ver a narrativa e a descrição detalhadas da pesquisa nos *Dossiers de l'Archéologie*, n. 32, janeiro-fevereiro, 1979.

[14] Beda, o Venerável, monge em Wearmouth e depois em Yarrow (673-735), e que, no seu tempo, foi um espírito enciclopédico como Isidoro de Sevilha na Espanha do século VII, conta a história de Whitby e do seu poeta.

[15] Ernest Tonnelat, *Histoire de la littérature allemande des origines au XVIIe siecle*, Paris, Payot, 1923, p. 22.

[16] Lina Eckenstein, *Woman under Monasticism*, Oxford, 1896.

[17] Assinalemos a pequena reprodução das principais miniaturas do *Hortus delicarum* feita pelas edições Oberlin de Estrasburgo, em 1945.

[18] Houve uma exposição na pequena cidade de Bingen do Reno. Agradecemos a L. Jarlund--Wernscheid pela citação no respectivo catálogo, redigido pela Sr. Heike Lehrbach, *Katalog zur internationalen Ausstellung-Hl. Hildegard von Bingen 1179-1979*, Bingen, 1979. Mencionemos igualmente a notável biografia devida ao Sr. Jacques Christophe, *Sainte Hildegarde*, Paris, Gallimard, 1942.

[19] Duoda, *Manuel pour mon fils*. Introdução, texto crítico e notas por Pierre Riché. Tradução de Bernard de Vregille e Claude Mondésert. Col. "Sources chrétiennes", n. 225, Paris, Ed. du Cerf, 1975.

[20] Não deixa de ser interessante relembrar que hoje os métodos da psicanálise fazem de novo apelo a este processo analógico.

[21] Grabar e Nordenfalk, *La peinture romane du XIe au XIIIe siecle*, Skira, Genebra, 1958. Cf. em especial pp. 170ss.

[22] Citado por Jacques Stiennon, *Paléographie du Moyen Âge*, p. 294.

[23] Crump e Jacobs, *The Legacy o f the Middle Ages*, reed. Oxford, 1943. Ver em especial o capítulo de J. W. Adamson sobre a educação e a importante contribuição de Eileen Power intitulada *The Position of Women*, recentemente traduzida para o francês (Aubier, 1978).

[24] Cf. os trabalhos de Pierre Riché, nomeadamente o já citado *Education et culture dans l'Occident barbare*, bem como os trabalhos de Mgr. Lesne e de Roger, Paré e Tremblay sobre as escolas.

[25] Cf. E. de Bruyne, *Études d'esthétique médiévale*, Bruges, 1946, 3 vols., p. 85.

[26] Note-se que a bela cripta da Abadia de Saint-Michel-de-Cuxa (Pireneus Orientais) tem mesmo um sistema de ventilação simultaneamente muito simples e eficiente, eliminando a umidade e mantendo a temperatura mais ou menos constante. E este não é, nem de longe, o único exemplo que se poderia citar.

[27] A expressão familiar: *Ne pas pouvoir être au fur et au moulin* [Não poder estar ao mesmo tempo no forno e no moinho], a qual que se manteve, indica bem as idas e vindas que se efetuam entre esses diferentes lugares essenciais à família.

[28] Encontrar-se-á um excelente resumo da questão em Jean Gimpel, *La Révolution industrielle du Moyen Âge*, Ed. du Seuil, 1975.

[29] Remetemos aqui ao historiador das técnicas Bertrand Gille, *Histoire général des técniques*, Paris, PUF, t. 1, 1962, p. 463.

[30] Lynn White, Jr., *Medieval Tecnology and Social Change*, Oxford, 1962; ver também, do mesmo autor, o notável artigo "Cultural Climate and Tecnological Advance in the Middle Ages", saído nas publicações da Universidade da Califórnia, Los Angeles. Ver também Ernest Benz, "Fondamenti cristiani della tecnica occidentale", in *Technica e Casistica*, ed. Enrico

Castelli, Roma, 1961, pp. 211-263; Robert Forbes, em *History of Tecnology*, ed. Charles Singer, Oxford, 1956. Pode-se encontrar um resumo dos progressos técnicos na obra de Jean Gimpel, citado na nota 28.

[31] Jean Gimpel pode assim propor projetos de moinhos, simplificando notavelmente o trabalho cotidiano das mulheres, que foram apreciados num bom número de aldeias da Índia.

[32] Comunicação de Robert Fossier, *La Femme dans les sociétés occidentales*, e *Conclusions*, de Edmond-René Labande, no colóquio de Poitiers: *La Femme dans les civilisations des Xe-XIIIe siecles*, publicação do Centre d'Études Supérieures de Civilisation Médiévale, Poitiers, 1977. Cf. especialmente p. 12, p. 4 etc.

[33] Publicado por Urban Nyströn: *Poemes français sur les biens d'un ménage*, Helsinque, 1940.

[34] Marianne Mulon, *Deux traités inédits d'art culinaire médiéval*. Trecho extraído do *Bulletin philologique et historique*, publicado pelo Comité des Travaux Historiques et Scientifiques, 1968, Paris, Bibl. Nac., 1971.

[35] Trata-se dos manuscritos do Museu Britânico: Sloane 2463 e Bodl. Douce 37 (Western 21611).

[36] Ver as receitas publicadas por Clovis Brunel em *Romania*, LXXX, 1959, pp. 145-190; LXXXIII, 1962, pp. 145-182; LXXXVII, 1966, pp. 505-542.

[37] Françoise Piponnier, *Costume et vie sociale. La cour d'Anjou XIVe-XVe*. Paris, Mouton, 1970.

[38] Para o vocabulário do traje medieval português, recomenda-se A. H. Oliveira Marques, *A sociedade medieval portuguesa*, pp. 23-62. (N. T.)

[39] Espera-se, para este tema, a tese de François Garnier que estuda o significado do gesto na miniatura, a publicar pelo CNRS.

[40] E. de Bruyne, *op. cit.*, em especial t. 11, pp. 173ss.

[41] André Capelão, *Traité de l'amour*, citado por Bezzola, parte III, t. II. pp. 380ss, segundo a edição de Salvatore Battaglia, Roma, 1941.

[42] Ver J. Lafitte-Houssat, *Troubadours et cours d'amour*, Presses Universitaires, n. 422, 1960.

[43] Lembremos que na época se chama *clerc* ao que estudou nas escolas, e não ao membro do clero.

[44] Myrha Lot-Borodine, *De l'amour profane à l'amour sacré: études de psychologie sentimentale au Moyen Âge*, Paris, 1961, reed. Nizet, 1979. Cf. também os excelentes estudos do mesmo autor: *La femme et l'amour dans l'oeuvre de Chrétien de Troyes* e *Le roman idyllique au Moyen Âge*. Sobre o papel da mulher educadora do cavaleiro, poderemos reportar-nos a obras como *Le dit du prunier*, editado e traduzido por Suzanne Duparc e publicado no *Mercure de France*, 1° trimestre de 1942, pp. 78-97.

[45] Para todo este capítulo, cf. a obra já citada de Reto Bezzola.

[46] Estes poemas, tal como os precedentes, são citados por Bezzola. Ver em especial a parte 11, t. II, pp. 389ss.

[47] Ver Maria d'Elia Angiollino, "L'epistolario feminile di S. Bernardo", in *Analecta ordinis cisterciensis*, t. XV, 1959, pp. 23-55.

[48] Citação tirada da *Vie de Bernard de Tiron*. A Ordem de Saint-Morillon, citada acima, tinha sido instaurada por um dos cavaleiros do Poitou que acompanharam Guilherme à Terra Santa: Robert, senhor de Puy, perto de Persac.

[49] Rita Lejeune, em *Orbis medievalis. Mélanges de langue et de littérature médiévales offerte à Reto Bezzola,* ed. Francke, Berna, 1978, p. 241.

[50] Gabriel Le Bras, em particular "Le mariage dans la théologie et le droit de l'Église du XIe au XIIIe siècle", in *Cahiers de civilisation médiévale,* ano 11, n. 2, abril-junho de 1968, pp. 191-202. Ver também o seu artigo "Mariage", no *Dictionnaire de théologie catholique,* t. IX, cols. 2044-2317.

[51] A questão está tratada no artigo "La femme dans la Bible", escrito por uma pastora protestante, Claudette Marquet, na revista *Croire aujourd'hui,* abril de 1980. Cf., em especial, pp. 204-209.

[52] Vacant e Mangenot, *Dictionnaire de théologie catholique,* artigo "Divorce", t. IV, cols. 1464ss. Ver também o t. VII, col. 1547.

[53] J. Michelet, *Le peuple,* Paris, Flammarion, 1974, p. 212.

[54] Ver René Metz, *Le statut de la femme en droit canonique médiéval,* compilação da Société Jean-Bodin sobre *La femme,* parte II, t. XII, Bruxelas, 1962, pp. 59-113.

[55] *Dictionnaire de théologie catholique,* t. IX, artigo "Mariage", cols. 2044-2317. Citação da col. 2186.

[56] Jean Portemer, *Le statut de la femme en France depuis la réformation des coutumes jusqu'à la rédaction du Code civil,* na compilação sobre *La femme,* citada na nota 53, parte II, t. XII, Bruxelas, 1962, pp. 447-497. Cf. pp. 454-455.

[57] Citado na mesma compilação, t. II, p. 454, nota 3.

[58] Ainda na mesma compilação, ver o trabalho de Pierre Petot e André Vandenbossche, *Le statut de la femme dans les pays coutumiers français du XIIIe au XVIIe siècle,* parte II, t. XII, pp. 243-254.

[59] C. G. Crump e E. F. Jacobs, *The Legacy of the Middle Ages,* Oxford, 1943. Para além do artigo de Eileen Power sobre a posição das mulheres, ver o artigo consagrado à lei romana, em especial pp. 380-391.

[60] Obra já citada de Jean Portemer, p. 462.

[61] John Gilissen, *Le statut de la femme dans l'ancien droit belge,* compilação da Société Jean Bodin, parte II, t. XII, pp. 255-321. Ver em especial a página de conclusão.

[62] Citado na obra de Crump e Jacobs, p. 416.

[63] Ver Jean Verdon, "La Femme vers le milieu du IXe siècle d'après le polyptyque de l'abbaye Saint-Remy de Reims", in *Mémoires de la société d'agriculture, commerce, sciences et arts de la Marne,* t. XCI, 1976, pp. 113-134; "Les femmes et la politique en France au XIIe siècle", in *Mélanges offerts à Edouard Perroy,* Paris, 1973, publicações da Sorbonne, série "Études", t. V, pp. 108-119. Ver também R. Fossier, *La rerre et les hommes en Picardie jusqu'à la fin du XIIIe siècle,* Paris-Lovaina, 1968, pp. 265-266 e 271-272; Pierre Bonnassie, *La Catalogne du milieu du Xe à la fin du XIe siècle: croissance et mutations d'une société,* Toulouse, 1975. Deverão consultar-se, por fim, os dois artigos de Jean Verdon: "Recherches sur les monastères féminins dans la France du Nord aux IXe e XIe siècles", in *Mabillon,* t. LIX, 1976, n. 266, pp. 49-66; e "Recherches sur les monastères féminins dans le sud de la France", in *Annales du Midi,* t. LXXXVIII, 1976, n. 127, pp. 117-138.

[64] David Herlihy e Christiane Klapisch-Zuber, *Les Toscans et leurs familles. Une étude du Catasto florentin de 1427,* ed. da École des Hautes Études, Paris, 1978.

[65] Jacques Boussard, *La Vie en Anjou aux XIe et XIIe siècles,* p. 46, in *Le Moyen Age,* t. LVI, 1950, pp. 29-68. Trabalhos deste gênero permitiriam reconstruir muitas existências seguindo-as no dia a dia e, consoante os tempos e os lugares, também conhecer os mais humildes, os que viveram *au ras du sol,* numa época anterior ao *Catasto* de Florença, que

foi uma cidade industrial excepcionalmente desenvolvida e que em 1427 se apresenta já como uma cidade da Renascença, marcada aliás pelas catástrofes do século anterior: a peste negra e a fome, em particular.

[66] Ver, na *Bibliothéque de l'École des Chartes,* t. CXIII, 1955, pp. 75ss, o artigo de L. Carolus-Barré intitulado "La commune de Condé et Celles-sur-Aisne".

[67] Estes inquéritos encontram-se no *Recueil des historiens de la France,* t. XXIV.

[68] *Recueil des historiens de la France*, t. XXIV, p. 486, n. 144.

[69] O que, no século XIII, se chamará corporação e que acarretava o monopólio do exercício do ofício no território da *Cité* (e que nas outras cidades do reino só aparecerá no fim da Idade Média). Assinale-se, a propósito de *"barbieres"*, que uma canção antiga se intitula *La belle barbiere.* Ver a coletânea *Le livre des chansons,* publicada por H. Marrou sob o pseudônimo de Henri Davenson (Neuchâtel, 1944), pp. 313ss.

[70] Sabemos que se trata dos "costumes" dos diversos ofícios parisienses, recolhidos e passados a escrito sob a autoridade de Estêvão Boileau, preboste de São Luís (entre 1254 e 1271).

[71] A seda, trabalhada e tecida no próprio lugar, não foi, enquanto indústria, implantada na França senão com grande dificuldade e apenas no fim do século XV. Na Sicília e na Itália, tinha-o sido bastante mais cedo. Trata-se aqui de pequenos trabalhos sobre seda crua, que as tecedeiras deviam "dobrar, fiar, dobrar e retorcer" para o bordado ou a tapeçaria, nos quais os fios de seda eram frequentemente misturados com os de lã, fazendo "barretes" ou outros tipos de "chapéus", ornamentos para as indumentárias, cintos e pequenas bolsas.

[72] A propósito destas luveiras, como poderíamos deixar de falar das luvas tricotadas, dotadas de uma extraordinária leveza, encontradas nos túmulos das famílias reais de Espanha, nomeadamente na de Fernando de la Cerda. Estão expostas no museu do Convento de Las Huelgas, em Burgos. A arte do tricô era conhecida já no século XIII.

[73] Theodore Evergates, *Feudal Society in the Bailliage of Troyes under the Counts of Champagne 1152-1284,* The John Hopkins University Press, Baltimore-Londres, 1975.

[74] *Histoire de la bourgeoisie en France,* Paris, Le Seuil, 1959-62.

[75] Na compilação sobre *La Femme* publicada pela Société Jean-Bodin, pp. 261-262.

[76] Cf. o meu próprio trabalho: *Les Hommes de la Croisade,* Paris, Tallandier, 1977, pp. 74ss.

[77] A maior parte das citações deste capítulo foi tirada da obra anteriormente citada de Reto Bezzola, *Les origines et la formation de la tradition courtoise en Occident.* Ver em especial os tomos II e III. Assinale-se ainda, sobre as mulheres na Normandia, o estudo de Anne Prah-Pérochon, *La reine Mathilde,* Paris, La Pensée Universelle, 1980.

[78] Roger Hallu, *Anne de Kiev, reine de France. Editiones Universitatis catholicae Ukrainorum S. Clementis papae,* t. IX, Roma, 1973. Não podemos deixar de agradecer a M. Dulong de Rosnay, que nos indicou este excelente trabalho.

[79] Matilde da Toscana tinha casado com Godofredo, o Corcunda, duque da Baixa Lorena (filho do segundo marido da sua mãe, Beatriz, a quem se chamava *Godofredo,* o Barbudo), do qual se separara em 1071 por causa das alianças do seu marido contra o papa.

[80] Augustin Fliche, no seu estudo integrado em G. Glotz, *Histoire générale,* t. II da *Histoire du Moyen Âge, L'Europe occidentale de 888 a 1125*, Paris, Presses Universitaires, 1940, p. 431.

[81] Entretanto, esta tinha doado ao papa os seus próprios estados na Itália, de Ceperano a Radicofani. Podem ainda ver-se nesta última localidade alguns restos da porta que marcava a fronteira do feudo pontifício legado pela "grande condessa".

[82] Lembremos que a abadessa de Las Huelgas era uma das grandes damas do seu tempo; as possessões dadas à abadia por sucessivos reis fizeram dela uma castelã com enormes poderes, ao mesmo tempo que, do ponto de vista espiritual, gozava de uma jurisdição semelhante à dos bispos, com direito a participar nos tribunais eclesiásticos, de conceder autorização para pregar e confessar, e até de convocar sínodos regionais. Controlava doze mosteiros e, quando do primeiro capítulo realizado em Burgos, reuniu sete abadessas, cada qual com seis servidores e cinco cavalos.

[83] Este túmulo de Isabel de Angoulême encontra-se ainda no transepto da abacial de Fontevraud.

[84] Marcel Gouron, "Aliénor de Castille en Guienne", in *Le Moyen Âge,* janeiro-abril de 1927, pp. 13-33. Contas reeditadas recentemente por J.-C. Parsons, Toronto, 1977.

[85] A mesma Margarida devia receber em Amesbury o último suspiro e os últimos desejos de Leonor da Provença, mulher de Henrique III, falecida com fama de santidade. Tal como tantas outras rainhas de Inglaterra, também ela decidira retirar-se para um mosteiro da Ordem de Fontevraud e lá vestir o hábito. Margarida levava o coração de Henrique II para o depositar em Fontevraud. Devia, aliás, ser abadessa de Fontevraud até sua morte, em 1304.

[86] Uma edição em livro de bolso do *Roman de la Rose* foi recentemente publicada por Daniel Poirion na Garnier-Flammarion, Paris, 1974.

[87] Cf. o comentário de Daniel Poirio, *op. cit.,* p. 22, bem como o artigo de René Metz já citado.

[88] Ver Paul Zumthor, *Histoire littéraire de la France médiévale: VIe-XIVe siècles,* Paris, PUF, 1954, em especial n. 530.

[89] Publicado por Urban Nystrõm, *Poemes français sur les biens de ménage*, Helsinque, 1940.

[90] *Poètes et romanciers du Moyen Âge.* Texto estabelecido e anotado por Albert Pauphilet, aumentado por novos textos apresentados por Régine Pernoud e Albert-Marie Schmidt, na Bibliothêque de la Pléiade, Paris, Gallimard, 1952, pp. 588-670.

[91] Robert Bossuat, "Le Moyen Âge", in *Histoire de la littérature française,* publicada sob a direção de J. Calvet, Paris, Del Duca de Gigord, 1955, p. 246. Note-se que não deixa de ser peculiar da parte de um professor de literatura esquecer as mulheres que se notabilizaram nas letras. Não tratamos aqui de história literária, senão teríamos sido obrigados a, entre os trovadores, citar Ermengarda de Narbona, a condensa de Die, Maria de Ussel, ou, entre os jograis, a delicada Maria de França, que foi talvez irmã bastarda de Henrique II Plantageneta. Igualmente nos seria necessário, depois de Cristina de Pisano, citar Pernette du Guillet ou Luísa Labbé.

[92] Ver o curto e substancial estudo *Gontier Col (1354-1418) d'apres un livre récent,* de Maurice Prou, Sens, 1926.

[93] Encontram-se ainda outras coligidas na compilação já citada da Société Jean-Bodin sobre *La Femme,* especialmente t. II, p. 450.

[94] Theodore Evergates (ver acima) cita numerosos exemplos que se enquadram mal na rigidez que supomos existir entre as diversas camadas sociais da época. Assim, vários cavaleiros no bailio de Troyes casaram-se com camponesas. A mulher de Milon de Quincy era uma tal Margarida, libertada pouco antes, em 1175, pelo seu senhor. Patrício de Chaource casa-se com Laura, filha de um curtidor de Troyes. Noutro caso, um simples camponês, Raul de Granges, casa-se com uma filha de cavaleiro; e, como era servo, o seu filho e a sua nora serão libertados pelo senhor. Cita-se ainda um cavaleiro, Thibaud, judeu convertido, e um Garin de Bardet que, embora assinalado como "burguês" em 1168, tem um filho cavaleiro em 1194.

[95] O jubileu de Puy tem lugar, sabemos, quando a Sexta-Feira Santa coincide com a festa da Anunciação, ou seja, a 25 de março, o que ocorreu em 1429. O acontecimento dava lugar a grandes peregrinações vindas de toda a França.

[96] E. W. McDonnell, *Béguines and Beghards in Medieval Culture with Special Emphasis on the Belgian Scene,* Nova Jersey, 1954.

[97] Matthew Paris, *Chronica majora,* t. IV, p. 278.

[98] Comunicação de Francis Rapp, da Universidade de Estrasburgo, a publicar nas atas do *Colloque d'Histoire Médiévale d'Orléans* (8 a 13 de outubro de 1979, por ocasião do 550º aniversário da libertação da cidade por Joana d'Arc), editado pelo CNRS em 1980.

[99] Abstemo-nos de indicar uma bibliografia de Catarina de Siena e de Joana d'Arc e citamos apenas duas obras essenciais para a questão deste capítulo: M. Denis-Boulet, *La carrière politique de sainte Catherine de Sienne,* Paris, Desclée, 1937; e E. Delaruelle, "La spiritualité de Jeanne d'Arc", in *Bulletin de littérature ecclésiastique,* Toulouse, 1964, nn. 1-2, pp. 17-33 e 81-98. Sobre a espiritualidade de Catarina, cf. o trabalho de P. J. M. Perrin, *Catherine de Sienne, contemplative dans l'action,* Paris, Téqui, 1980.

[100] Citamos aqui Jacques de Bourbon-Busset, na sua intervenção quando da sessão final do já citado colóquio de Orléans.

ESTE LIVRO ACABOU DE SE IMPRIMIR
A 15 DE AGOSTO DE 2024,
EM PAPEL IVORY SLIM 65 g/m^2.